公務員
採用試験
対策シリーズ

東京都の
公務員採用試験
（教養試験）

東京都の
Ⅰ類（過去問題集）

2025

公務員試験研究会　編　　協同出版

まえがき

　公務員は，国や地方の行政諸機関に勤務し，営利を目的とせず，国民や住民などの幸せのため，政策・諸事務を円滑に実施・進行して，社会の土台作りを行うことを職務としています。昨今では，少子高齢化の進行や公務のDX化，国際競争力の低下などの社会情勢の変化に伴って，行政の果たす役割はますます多岐にわたり，重要さを増しています。行政改革が常に論議されているのは，どのような情勢においても安心した生活が送れるよう，公務員に対して国民や市民が，期待を寄せているからでしょう。

　公務員になるためには，基本的には公務員採用試験に合格しなければなりません。公務員採用試験は，公務に携わる広い範囲の職種に就きたい人に対して課される選抜競争試験です。毎年多数の人が受験をして公務員を目指しているため，合格を勝ち取るのは容易ではありません。そんな公務員という狭き門を突破するためには，まずは自分の適性・素養を確かめると同時に，試験内容を十分に研究して対策を講じておく必要があります。

　本書ではその必要性に応え，公務員採用試験に関する基本情報や受験自治体情報はもちろん，「教養試験」，「論作文試験」，「面接試験」について，最近の出題傾向を分析した上で，ポイント，問題と解説，対応方法などを掲載しています。これによって短期間に効率よく学習効果が現れ，自信をもって試験に臨むことができると確信しております。なお，本書に掲載の試験概要や自治体情報は，令和5（2023）年に実施された採用試験のものです。最新の試験概要に関しましては，各自治体HPなどをよくご確認ください。

　公務員を目指す方々が本書を十分活用され，公務員採用試験の合格を勝ち取っていただくことが，私たちにとって最上の喜びです。

公務員試験研究会

東京都の公務員採用試験対策シリーズ

東京都のⅠ類（過去問題集）

◆ **目　次** ◆

第1部

試験の概要

- 公務員試験とは
- ［参考資料］
  試験情報と自治体情報

公務員試験とは

◆ 公務員とはどんな職業か

　一口でいえば，公務員とは，国家機関や地方公共団体に勤務する職員である。

　わが国の憲法では第15条で，「公務員を選定し，及びこれを罷免することは，国民固有の権利である」としたうえで，さらに「すべて公務員は，全体の奉仕者であつて，一部の奉仕者ではない」と定めている。

　また，その職務および人事管理などについては「国家公務員法」および「地方公務員法」という公務員に関する総合法規により，詳細に規定されている。たとえば「この法律は，……職員がその職務の遂行に当り，最大の能率を発揮し得るように，民主的な方法で，選択され，且つ，指導さるべきことを定め，以て国民に対し，公務の民主的且つ能率的な運営を保障することを目的とする」（「国家公務員法」第1条）と述べられ，その職務や人事管理についてはっきりと規定されているのである。すなわち，公務は民主的な方法で選択され，また国民に対しては，民主的・能率的な公務の運営が義務づけられているといえよう。

　現在の公務員の基本的性格を知るにあたって，戦前の公務員に触れておこう。戦前，すなわち明治憲法の時代には，公務員は「官吏」または「公吏」などと呼ばれ，「天皇の使用人，天皇の奉仕者」ということになっていた。したがって，官吏の立場は庶民の上に位置しており，封建時代の“お役人”とほとんど変わらない性格を帯びていた。つまり，民主主義に根ざしたものではなく，天皇を中心とした戦前の支配体制のなかで，その具体的な担い手になっていたといえるだろう。

　戦後，制度が一新されて「官吏」は「公務員」と名を変え，その基本的性格もすっかり変化した。つまり，公務員の「公」の意味が「天皇」から「国民」に変わり，国民によって選定された全体の奉仕者という立場が明確にされたのである。

　なお，公務員という職業は，その職務遂行にあたって国民に大きな影響をおよぼすものであるから，労働権・政治行為などの制限や，私企業からの隔離などの諸制限が加えられていることも知っておく必要がある。

◆ 公務員の種類と職務

（1） 公務員の種類

　本書は，東京都のⅠ類をめざす人のための参考書だが，ここでは公務員の種類の全体像をごく簡単に紹介しておこう。一般に公務員は国家公務員と地方公務員に大別でき，さらに一般職と特別職とに分けられる。

① 国家公務員と地方公務員

　国家公務員とは，国家公務員法の適用を受け（＝一般職），国家機関である各省庁やその出先機関などに勤務し，国家から給与を受ける職員をさす。たとえば，各省庁の地方事務局などに勤務する者も，勤務地が地方であっても国家公務員である。

　一方，地方公務員は，地方公務員法の適用を受け（＝一般職），各地方公共団体に勤務し，各地方公共団体から給与を受ける職員である。具体的には，都道府県や市町村の職員などを指している。

② 一般職と特別職

　国家公務員と地方公務員は，それぞれ一般職と特別職に分けられる。人事院または各地方公共団体の人事委員会（またはそれに準ずるところ）を通じて採用されるのが一般職である。

　特別職とは，国家公務員なら内閣総理大臣や国務大臣・国会職員などであり，地方公務員なら知事や収入役などである。それぞれ特別職は国家公務員法および地方公務員法に列記され，その特別職に属さないすべての職を一般職としている。

③ 上級職，中級職，初級職

　採用試験の区分であると同時に，採用後の職務内容や給与等の区分でもある。採用試験はこの区分に合わせて実施される。地域によっては，その名称も異なる。

（2） 地方公務員の対象となる職務

　地方公務員試験に合格して採用されると，各地方の職員として，事務および調査・研究または技術的業務などに従事することになる。

　公務員採用にあたって公開平等に試験を実施し，成績の良い者から順に採用することを徹底していて，民間企業の採用によくみられる「指定校制」などの"制限"は原則としてない。もちろん，出身地・思想・信条などによる差

別もない。これは公務員採用試験全般にわたって原則的に貫かれている大きな特徴といえよう。

◆「教養試験」の目的と内容

(1)「教養試験」の目的

　教養試験は，国家公務員，地方公務員の，高校卒程度から大学卒程度までのあらゆる採用試験で，職種を問わず必ず行われている。教養試験は，単なる学科試験とは異なり，今後ますます多様化・複雑化していく公務員の業務を遂行していくのに必要な一般的知識と，これまでの学校生活や社会生活の中で自然に修得された知識，専門分野における知識などが幅広く身についているかどうか，そして，それらの知識をうまく消化し，社会生活に役立てる素質・知的能力をもっているかどうかを測定しようとするものである。

　このことについては，公務員試験の受験案内には，「公務員として必要な一般的知識および知能」と記されている。このため，教養試験の分野は，大きく一般知識と一般知能の2つの分野に分けられる。

　一般知識の分野は，政治，法律，経済，社会，国際関係，労働，時事問題などの社会科学と，日本史，世界史，地理，思想，文学・芸術などの人文科学，物理，化学，生物，地学，数学などの自然科学の3つの分野からなっている。

　一般知識の分野の特徴は，出題科目数が非常に多いことや，出題範囲がとても広いことなどであるが，内容としては高校で学習する程度の問題が出題されているので，高校の教科書を丹念に読んでおくことが必要である。

　一般知能の分野は，文章理解，数的推理，判断推理，資料解釈の4つの分野からなっている。

　一般知能の分野の問題は，身につけた知識をうまく消化し，どれだけ使いこなせるかをみるために出題されているため，応用力や判断力などが試されている。そのため，知能検査に近い問題となっている。

　したがって，一般知識の分野の問題は，問題を解くのに必要な基本的な知識が身についていなければ，どんなに頭をひねっても解くことはできないが，一般知能の分野の問題は，問題文を丁寧に読んでいき，じっくり考えるようにすれば，だれにでも解くことができるような問題になっている。

(2)「一般知識分野」の内容

一般知識分野は，さらに大きく3分野に分けて出題される。

社会科学分野	われわれの社会環境，生活環境に密着した分野で，政治，経済，社会，労働，国際，時事などに分かれる。学校で学んだこと，日々の新聞などから知ることができる内容等が中心で，特に専門的な知識というべきものはほぼ必要がない。
人文科学分野	歴史・地理・文化・思想・国語など，人間の文化的側面，内容的要素に関する知識を問うもので，専門的知識よりも幅広いバランスのとれた知識が必要である。
自然科学分野	数学・物理・化学・生物・地学などを通じて，科学的で合理的な側面を調べるための試験で，出題傾向的には，前二者よりもさらに基本的な問題が多い。

以上が「一般知識分野」のあらましである。これらすべてについて偏りのない実力を要求されるのだから大変だが，見方を変えれば，一般人としての常識を問われているのであり，これまでの生活で身につけてきた知識を再確認しておけば，決して理解・解答ができないということはない問題ばかりである。

(3)「一般知能分野」の内容

一般知能分野は，さらに大きく4分野に分けて出題される。

文章理解	言語や文章についての理解力を調べることを目的にしている。現代文や古文，漢文，また英語などから出題され，それぞれの読解力や構成力，鑑賞力などが試される。
判断推理	論理的判断力，共通性の推理力，抽象的判断力，平面・空間把握力などを調べるもので，多くの出題形式があるが，実際には例年ほぼ一定の形式で出題される。
数的推理	統計図表や研究資料を正確に把握，解読・整理する能力をみる問題である。
資料解釈	グラフや統計表を正しく読みとる能力があるかどうかを調べる問題で，かなり複雑な表などが出題されるが，設問の内容そのものはそれほど複雑ではない。

　一般知能試験は，落ち着いてよく考えれば，だいたいは解ける問題である点が，知識の有無によって左右される一般知識試験と異なる。

　教養試験は，原則として5肢択一式，つまり5つの選択肢のなかから正解を1つ選ぶというスタイルをとっている。難しい問題もやさしい問題も合わせて，1問正解はすべて1点という採点である。5肢択一式出題形式は，採点時に主観的要素が全く入らず，能率的に正確な採点ができ，多数の受験者を扱うことができるために採用されている。

◆「適性試験」「人物試験」の目的と内容

（1）「適性試験」の目的と内容

　適性試験は一般知能試験と類似しているが，一般知能試験がその名のとおり，公務員として，あるいは社会人としてふさわしい知能の持ち主であるかどうかをみるのに対し，適性試験では実際の職務を遂行する能力・適性があるかどうかをみるものである。

　出題される問題の内容そのものはきわめて簡単なものだが，問題の数が多い。これまでの例では，時間が15分，問題数が120問。3つのパターンが10題ずつ交互にあらわれるスパイラル方式である。したがって，短時間に，できるだけ多くの問題を正確に解答していくことが要求される。

　内容的には，分類・照合・計算・置換・空間把握などがあり，単独ではなくこれらの検査が組み合わさった形式の問題が出ることも多い。

（2）「人物試験」の目的と内容

　いわゆる面接試験である。個別面接，集団面接などを通じて受験生の人柄，つまり集団の一員として行動できるか，職務に意欲をもっているか，自分の考えを要領よくまとめて簡潔に表現できるか，などを評価・判定しようとするものである。

　質問の内容は，受験生それぞれによって異なってくるが，おおよそ次のようなものである。

> ① 公務員を志望する動機や理由などについて
> ② 家族や家庭のこと，幼いときの思い出などについて
> ③ クラブ活動など学校生活や友人などについて
> ④ 自分の長所や短所，趣味や特技などについて
> ⑤ 時事問題や最近の風俗などについての感想や意見

　あくまでも人物試験であるから，応答の内容そのものより，態度や話し方，表現能力などに評価の重点が置かれている。

◆「論作文試験」の目的と内容

(1)「論作文試験」の目的
　「文は人なり」という言葉があるが，その人の人柄や知識・教養，考えなどを知るには，その人の文章を見るのが最良の方法だといわれている。その意味で論作文試験は，第1に「文章による人物試験」だということができよう。
　また公務員は，採用後に，さまざまな文章に接したり作成したりする機会が多い。したがって，文章の構成力や表現力，基本的な用字・用語の知識は欠かせないものだ。しかし，教養試験や適性試験は，国家・地方公務員とも，おおむね択一式で行われ解答はコンピュータ処理されるので，これらの試験では受験生のその能力・知識を見ることができない。そこで論作文試験が課せられるわけで，これが第2の目的といえよう。

(2)「論作文試験」の内容
　公務員採用試験における論作文試験では，一般的に課題が与えられる。つまり論作文のテーマである。これを決められた字数と時間内にまとめる。国家・地方公務員の別によって多少の違いがあるが，おおよそ1,000〜1,200字，60〜90分というのが普通だ。
　公務員採用試験の場合，テーマは身近なものから出される。これまでの例では，次のようなものだ。

① 自分自身について	「自分を語る」「自分自身のPR」「私の生きがい」「私にとって大切なもの」
② 学校生活・友人について	「学校生活をかえりみて」「高校時代で楽しかったこと」「私の親友」「私の恩師」
③ 自分の趣味など	「写真の魅力」「本の魅力」「私と音楽」「私と絵画」「私の好きな歌」
④ 時事問題や社会風俗	「自然の保護について」「交通問題を考える」「現代の若者」
⑤ 随想，その他	「夢」「夏の1日」「秋の1日」「私の好きな季節」「若さについて」「私と旅」

　以上は一例で，地方公務員の場合など，実に多様なテーマが出されている。ただ，最近の一般的な傾向として，どういう切り口でもできるようなテーマ，たとえば「山」「海」などという出題のしかたが多くなっているようだ。この題で，紀行文を書いても，人生論を展開しても，遭難事故を時事問題風に扱ってもよいというわけである。一見，やさしいようだが，実際には逆で，それだけテーマのこなし方が難しくなっているともいえよう。

　次に，試験情報と自治体情報を見てみよう。

東京都の試験情報

令和５年度

令和５年３月３日
東京都人事委員会

東京都職員Ⅰ類Ａ採用試験案内

Ⅰ類Ａ採用試験は、24歳～31歳の方を対象とした採用試験です（年齢は、令和６年４月１日時点の年齢です。）。筆記試験の出題の程度は、大学院修了程度です。ただし、教養試験については、大学卒業程度です。
※　Ⅰ類Ｂ採用試験との併願ができます。

～東京を想う心が未来をつくる力になる～

首都をフィールドとして行政を担う東京都職員は、誰もが安心して暮らし、希望と活力を持ち続けられる都市を実現するためのフロントランナーとして、道を切り拓く存在です。そのためには、変化に満ちた現場から、スピード感を持って、新しい政策を発信していかなければなりません。
東京都は、都民のために、都民に寄り添いながら、東京が直面する課題に挑んでいます。私たちと一緒に東京の未来をつくり上げていく皆さんのチャレンジを期待しています。

＜東京都の求める人材像＞
・高い志と豊かな感性を持った人材
・進取の気性に富み、自ら課題を見つけ、進んで行動する力を持った人材
・都民から信頼され、協力して仕事を進める力を持った人材
・困難な状況に立ち向かい、自ら道を切り拓く力を持った人材

新型コロナウイルス感染症への対応について
本試験案内の試験日・試験の方法・会場等については、感染状況により変更になる場合があります。

≪主な日程≫

申込受付	受付期間	３月28日（火曜日）午前10時00分から ４月４日（火曜日）午後３時00分まで（受信有効）	
	注意事項	・申込みは原則としてインターネットのみとなります。 ・申込みの際に、証明写真データ（縦横比４：３）の登録が必要です。 ・事務と土木など、複数の試験区分を申し込むことはできません。	
第１次試験日		５月14日（日曜日）	≪受験票発行日≫　４月21日（金曜日）
第１次合格発表日		６月15日（木曜日）	
第２次試験日		７月４日（火曜日）又は７月５日（水曜日）のうち指定する１日	
最終合格発表日		７月27日（木曜日）	

1 試験区分及び採用予定者数等

職種	試験区分	採用予定者数	主な配属予定先	主な職務内容
事 務	事 務	40人	知 事 部 局 交 通 局 水 道 局 下 水 道 局 行 政 委 員 会 学 校 ※	一般事務
土 木	土 木	38人	知 事 部 局 交 通 局 水 道 局 下 水 道 局	土木に関する計画、設計、工事監督等
建 築	建 築	10人	知 事 部 局 交 通 局	建築に関する計画、設計、工事監督等
機 械	機 械	14人	知 事 部 局 交 通 局 水 道 局 下 水 道 局	機械に関する計画、設計、工事監督、保守管理等
電 気	電 気	16人	知 事 部 局 交 通 局 水 道 局 下 水 道 局	電気に関する計画、設計、工事監督、保守管理等

(注) 1 配属先や職務内容により、交替制勤務や夜間勤務、島しょ勤務等の可能性があります。

　　 2 組織改正等により、局の名称等が変更になる場合があります。

※ 都立学校のほか、区市町村立小中学校等を含みます。

2 受験資格

受験資格の有無について、以下の事項をよく読んだ上で申し込んでください。

申込内容に虚偽があると、職員として採用される資格を失う場合があります。

次の①から③までの要件を全て満たす人が受験できます。

① 日本国籍を有する人で、**平成4年4月2日から平成12年4月1日までに生まれた人**

② 活字印刷文又は点字による出題に対応できる人

③ 地方公務員法第16条の欠格条項（※）に該当しない人

※ 地方公務員法第16条の欠格条項

　次の各号のいずれかに該当する者は、条例で定める場合を除くほか、職員となり、又は競争試験若しくは選考を受けることができない。

一　禁錮以上の刑に処せられ、その執行を終わるまで又はその執行を受けることがなくなるまでの者

二　当該地方公共団体において懲戒免職の処分を受け、当該処分の日から2年を経過しない者

三　人事委員会又は公平委員会の委員の職にあつて、第60条から第63条までに規定する罪を犯し、刑に処せられた者

四　日本国憲法施行の日以後において、日本国憲法又はその下に成立した政府を暴力で破壊することを主張する政党その他の団体を結成し、又はこれに加入した者

（注）　民法の一部を改正する法律（平成11年法律第149号）附則第3条第3項の規定により従前の例によることとされる準禁治産者は受験できません。

（注）　受験資格のうち年齢要件については、平成12年4月2日以降に生まれた人で、次のいずれかに該当する人も含みます。

1　学校教育法に基づく大学院の修士課程若しくは博士課程又は専門職大学院の専門職学位課程（いずれの課程も標準修業年限が2年以上のものに限る。）を修了した人（令和6年3月までに修了する見込みの人を含む。）

2　1と同等の資格があると東京都人事委員会が認める人

3　試験内容

（1）第1次試験

ア　試験日及び試験会場

試験日	試験会場
5月14日（日曜日）	都内で実施

（注）1　当日の集合時間、試験会場等の詳細は、第1次試験受験票発行時にお知らせします。
　　　2　受験票は印刷し、試験当日に必ずお持ちください。
　　　3　印刷した受験票の証明写真が不明瞭な場合、6か月以内に撮影した証明写真（4cm×3cm・上半身脱帽正面向き・裏面に受験番号と氏名を記入）を上から貼ってください。また、試験係員が不適切と判断した場合、受験票回収後に証明写真を貼っていただくことがあります。

イ　試験の内容

科目	試験区分	筆記試験の内容		試験時間
教養試験	事務	一般教養についての五肢択一式 出題範囲の内訳は、おおむね次のとおり <知能分野> 　文章理解、英文理解、判断推理、 　数的処理、資料解釈、空間概念 <知識分野> 　人文科学系（文化、歴史、地理） 　社会科学系（法律、政治、経済） 　自然科学系（物理、化学、生物、地学） 　社会事情	40題必須解答 <知能分野> 24題必須解答 <知識分野> 16題必須解答	2時間10分
	土木 建築 機械 電気		40題解答 <知能分野> 27題必須解答 <知識分野> （社会事情） 3題必須解答 （その他） 14題中10題 選択解答	2時間30分
論文	全試験区分共通	課題式（解答文字数：1,000字以上1,500字程度）	1題必須解答	1時間30分
専門試験	事務	高度な専門知識についての記述式 （出題範囲は、次ページの《別表》のとおり）	5題中1題 選択解答	2時間30分
	土木 建築 機械 電気		2題中1題 選択解答	

（注）1　上記試験の出題の程度は、大学院の修士課程又は専門職大学院の専門職学位課程修了程度です。ただし、教養試験については、大学卒業程度です。
　　　2　上記試験問題は、持ち帰ることができます。
　　　3　上記試験問題（著作権の関係により公開できない部分を除く。）は、5月17日（水曜日）に東京都職員採用ホームページで公開します。その際、教養試験の正答も併せて掲載します。

《別表》専門試験の出題範囲

試験区分	専門試験の出題範囲	
事　務	（出題区分）	
	公法	憲法、行政法
	民事法	民法、民事訴訟法
	経済原論	ミクロ経済学、マクロ経済学
	財政学	財政学
	公共政策	法学、政治学、行政学、経済学等を基礎とした公共政策
土　木	構造力学、水理学、土質工学、土木材料、測量、都市・土木計画、交通・道路工学、衛生工学、橋梁工学、河川・海岸工学、港湾工学、土木施工、技術情勢	
建　築	建築史、都市計画、建築計画、建築環境工学、建築設備、構造力学、建築構造、建築材料、建築施工、建築法規、技術情勢	
機　械	物理、材料力学、熱力学、熱機関、流体力学、流体機械、機械工作、機械材料、計測・制御、管理工学、技術情勢	
電　気	数学、電気磁気学、電気回路、電気機器、電子回路、発送配電、計測・制御、情報・通信、電気応用、電気法規、技術情勢	

ウ　第1次試験合格者の決定方法

全ての科目の成績を合わせた総合成績により決定します。

ただし、一つでも一定基準に達しない科目がある場合は、ほかの科目の成績にかかわらず不合格となります。そのため、総合成績が上位であっても不合格となる場合があります。

なお、教養試験の成績が一定基準に達しない場合は、論文及び専門試験が採点されません。

（2）第2次試験

第1次試験合格者に対して、次のとおり行います。

ア　試験日及び試験会場

試験日	試験会場
7月4日（火曜日）又は7月5日（水曜日）のうち指定する1日	都内で実施

（注）1　試験日、集合時間、試験会場等の詳細は、第2次試験受験票発行時にお知らせします。

　　　2　第2次試験日及び集合時間は、変更できません。

イ　試験の内容

口述試験	職務に関連する専門知識及び人物についての個別面接

（注）　事前に面接シートを作成し、第2次試験当日に提出していただきます。面接シートの様式及び作成方法等の詳細は、第1次試験の合格発表に併せて、東京都職員採用ホームページに掲載します。

ウ　最終合格者の決定方法

第1次試験及び第2次試験の成績を合わせた総合成績により決定します。

ただし、第2次試験の成績が一定基準に達しない場合は、第1次試験の成績にかかわらず不合格となります。そのため、総合成績が上位であっても不合格となる場合があります。

4　受験上の配慮

（1）受験方法

　　　次の①から③に該当する人は、第1次試験の受験方法として、「点字」、「拡大文字」又は「パソコン又はワープロ」による受験を選択できます。

　　　これらの方法による受験を希望する場合は、申込フォームの受験方法選択欄に下表の受験方法のいずれかを選択してください。申込フォームの受験方法選択欄への入力がない場合は、これらの方法による受験はできません。

　　　試験会場等の準備のため、申し込む前に、必ず東京都人事委員会事務局試験部試験課に連絡してください。

該当者	選択できる受験方法
次の①から③に該当しない人	受験方法の選択はできません。
①　点字による受験を希望する人	点字の試験問題により、点字で解答
	音声読み上げを併用しない
	音声読み上げを併用する（※）
②　視覚に障害があり、身体障害者手帳等を提示できる人	拡大文字の試験問題により解答
③　身体障害者手帳の交付を受けており、上肢障害又は言語及び上肢重複障害を有し、その障害の程度が1級又は2級の人（文字を書くことが困難な人に限る。）	パソコン又はワープロを使用して解答（パソコン又はワープロ等は貸出しできません。）

　　　障害により、受験時の配慮を希望する人は、試験会場等の準備のため、申し込む前に、必ず東京都人事委員会事務局試験部試験課に連絡してください。第2次試験について配慮を希望する場合も、事前に連絡してください。

　　　受験時の配慮とは、例えば補装具（車椅子、補聴器等）や環境調整用ヘッドホンの使用、着席位置の配慮などです。なお、最寄駅等から試験会場までの送迎は行いません。

　※　点字による受験を希望する人で、視覚に障害があり、身体障害者手帳等を提示できる人は、希望により、点字の補助として、音声による試験問題の読み上げを併用することが可能です。読み上げに使用するパソコン又はその他の機器類は、試験会場に御自身でお持ちください（貸出しはできません。）。希望する人は、申し込む前に、必ず東京都人事委員会事務局試験部試験課に連絡してください。試験会場等の準備及び読み上げに使用できる機器類の案内をします。なお、読み上げを併用した場合でも、解答は点字で行います。

（2）試験時間の延長

　　　次のア、イに該当する人は、第1次試験の試験時間を延長することができます。詳しくは、東京都人事委員会事務局試験部試験課にお問い合わせください。

　　ア　点字の試験問題により、点字で解答する人
　　イ　拡大文字の試験問題により解答する人のうち、以下のいずれかの要件に該当する人
　　　①　良い方の眼の矯正視力が0.15以下の人
　　　②　視野狭窄等で、上記①に相当すると医学的観点から認められる人

5 受験手続

（1）申込方法

受付期間	3月28日（火曜日）午前10時00分から 4月4日（火曜日）午後3時00分まで（受信有効）
アドレス	東京都職員採用ホームページ https://www.saiyou2.metro.tokyo.lg.jp ※　東京都職員採用試験受験者サイト（以下「受験者サイト」という。）へのリンクを掲載します。（3月28日（火曜日）午前10時公開）

・「受験者サイト」から、個人情報登録及び1類A採用試験申込手続を行ってください。申込手続を中断すると、申込みが完了せず、採用試験を受験することができません。また、申込手続は時間に余裕をもって行い、登録後、申込みが完了していることを必ず確認してください。

・申込みの際に、証明写真データ（縦横比4：3、上半身脱帽正面向き、6か月以内に撮影）の登録が必要です。画像サイズは「縦600×横450 pixel」以上に設定してください。ファイル形式はJPEG（.jpg/.jpeg）又はPNG（.png）、ファイルサイズは2MBまでアップロード可能です。なお、卒業（見込）証明書、住民票、履歴書等は必要ありません。

・システムの保守整備のため、受付期間中にシステムを停止する場合や、予期せぬ機器停止や通信障害などが起きた場合のトラブルについては、一切責任を負いません。

・個人ID・パスワードを忘れた場合は、「受験者サイト」にアクセスし、「ID・PASSWORDを忘れた方はこちら」から手続きを行ってください。なお、個人IDは個人情報登録完了のメールに記載しています。

※　入力された個人情報は、採用試験及び採用事務の目的以外には使用しません。

※　窓口での申込みは受け付けません。ただし、東京都人事委員会がやむを得ない事情があると認めたときは、郵送申込みを受け付けます。身体の障害等によりインターネット申込みが困難な人は東京都人事委員会事務局試験部試験課へお問い合わせください（午前10時から午後5時まで。土日祝日を除く。）。

　　なお、郵送申込みの場合、受付期間は3月28日（火曜日）から4月3日（月曜日）まで（消印有効）です。必ず簡易書留で郵送してください。3月28日（火曜日）以後にお問い合わせをいただいた場合は、郵送申込みの受付期間に間に合わない可能性がありますので御注意ください（受付期間の延長は行いません。）。

（2）第1次試験受験票

ア　発行日時

第1次試験受験票発行	4月21日（金曜日）午前10時以降

イ　入手方法

「受験者サイト」から受験票をダウンロードし、印刷してください。

※　受験票及びメールは、発行日に順次配信されます。なお、**最初に配信される人と、最後に配信される人では数時間の時間差が生じる場合があります。**

※　迷惑メールフィルタ等の影響により、メールが届かない場合があります。メールが届かなくても、「受験者サイト」にログインして、受験票をダウンロードし、印刷してください。

（注）受験票が発行日に配信されない場合は、5月11日（木曜日）までに「受験者サイト」の「お問い合わせ」から必ずお問い合わせください（回答は午前9時から午後6時まで。土日祝日を除く。）。

6 合格発表及び試験成績の通知

（1）発表日時

第1次合格発表	6月15日（木曜日）午前10時以降
最終合格発表	7月27日（木曜日）午前10時以降

（2）発表方法

受験者全員に「受験者サイト」で合否を通知します。

※ 本人通知及びメールは、発表日に順次配信されます。なお、最初に配信される人と、最後に配信される人では数時間の時間差が生じる場合があります。

※ 迷惑メールフィルタ等の影響により、メールが届かない場合があります。メールが届かなくても、「受験者サイト」にログインして、本人通知を確認してください。

※ ホームページへの合格者受験番号の掲載

合格発表日から1週間程度、合格者の受験番号を東京都職員採用ホームページに掲載します。なお、「受験者サイト」上の通知が正式な合格発表となりますので、合否は必ず「受験者サイト」で確認してください。

（注）1 電話による照会には応じません。

ただし、本人通知が発表日に配信されない場合は、「受験者サイト」の「お問い合わせ」から必ずお問い合わせください（回答は午前9時から午後6時まで。土日祝日を除く。）。

2 第1次試験合格者には、第2次試験受験票を兼ねた合格通知を「受験者サイト」で配信します。

3 最終合格は内定（採用）という意味ではありません。

最終合格発表後、任命権者が採用面談・受験資格の確認等を行い、その結果に基づき採用者を内定します（最終合格しても採用されない場合があります。）。

詳細は次ページの「7 採用、主な勤務条件等及び昇任制度」の「（1）採用の方法及び採用の時期」を参照してください。

4 最終合格者には、合格通知に併せて、任命権者が実施する採用面談について御案内する予定です。

（3）試験成績の通知

全ての科目を受験した人に対して、次のとおり試験成績をお知らせします。

対象者	通知内容	通知方法
第1次試験不合格者	第1次試験の総合得点及び順位	合格発表時の本人通知（「受験者サイト」で掲載）でお知らせします。
第2次試験受験者	第1次試験と第2次試験との総合得点及び順位	

7 採用、主な勤務条件等及び昇任制度

（1）採用の方法及び採用の時期

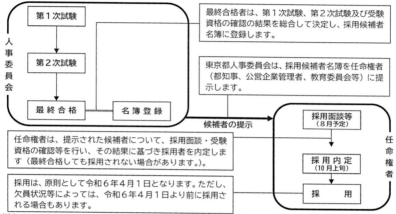

（注）1 4ページの「2 受験資格（注）1」の資格により受験する人で、令和6年3月までに大学院を修了できなかった場合は、採用されません。

　　　2 採用候補者名簿は、原則として名簿確定日から1年を経過すると失効します。

（2）主な勤務条件等

ア 勤務時間

原則として週38時間45分、1日7時間45分

イ 給与

初任給	約 244,400 円

（注）1 この初任給は、令和5年1月1日時点の給料月額に地域手当（20%地域勤務の場合）を加えたものです。

　　　　なお、採用前に給与改定等があった場合は、その定めるところによります。

　　　2 上記のほか、扶養手当、住居手当、通勤手当、期末・勤勉手当などの手当制度があります。

　　　3 学校卒業後に職歴等がある人は、一定の基準により加算される場合があります。

※ 上記のほか、職員の勤務時間、給与等の詳細は、東京都条例等により定められています。

（3）昇任制度

東京都では、学歴等に関係なく、能力・業績主義に基づく選考（主任級職選考、管理職選考等）により昇任する仕組みになっています（日本国籍を有しない職員は、管理職選考を受験できません。）。

東京都における主任とは、特に高度の知識又は経験を必要とする係員の職であり、職員の昇任選考である主任級職選考により選抜されます。

Ⅰ類A採用者は、原則として採用後3年目から主任級職選考を受験できます。

主任級職選考の合格者は、原則として翌年度から主任として任用され、主任2年目から管理職選考を受験できます。

令和５年度

令和５年３月３日
東京都人事委員会

東京都職員Ⅰ類Ｂ採用試験案内
（ 一 般 方 式 ・ 新 方 式 ）

　Ⅰ類Ｂ採用試験は、22歳〜29歳の方を対象とした採用試験です。獣医採用試験及び薬剤採用試験は、24歳〜29歳の方を対象とした採用試験で、Ⅰ類Ｂ採用試験の一部として実施します（いずれも年齢は、令和６年４月１日時点の年齢です。）。
　筆記試験の出題の程度は、大学卒業程度です。教養試験、論文、専門試験、口述試験を実施する「一般方式」と、教養試験、プレゼンテーション・シート作成、口述試験を実施する「新方式」とがあります。
　※　Ⅰ類Ａ採用試験との併願ができます。

〜東京を想う心が未来をつくる力になる〜

　首都をフィールドとして行政を担う東京都職員は、誰もが安心して暮らし、希望と活力を持ち続けられる都市を実現するためのフロントランナーとして、道を切り拓く存在です。そのためには、変化に満ちた現場から、スピード感を持って、新しい政策を発信していかなければなりません。
　東京都は、都民のために、都民に寄り添いながら、東京が直面する課題に挑んでいます。私たちと一緒に東京の未来をつくり上げていく皆さんのチャレンジを期待しています。

　　　＜東京都の求める人材像＞
　　　・高い志と豊かな感性を持った人材
　　　・進取の気性に富み、自ら課題を見つけ、進んで行動する力を持った人材
　　　・都民から信頼され、協力して仕事を進める力を持った人材
　　　・困難な状況に立ち向かい、自ら道を切り拓く力を持った人材

新型コロナウイルス感染症への対応について
　本試験案内の試験日・試験の方法・会場等については、感染状況により変更になる場合があります。

≪ 主 な 日 程 ≫

		一般方式、新方式共通
申込受付	受付期間	３月28日（火曜日）午前10時00分から ４月４日（火曜日）午後３時00分まで（受信有効）
	注意事項	・申込みは原則としてインターネットのみとなります。 ・申込みの際に、証明写真データ（縦横比４：３）の登録が必要です。 ・行政（一般方式）と行政（新方式）など、複数の試験区分を申し込むことはできません。
第１次試験日		４月30日（日曜日）　　≪受験票発行日≫　４月20日（木曜日）

	一般方式	新方式
第１次合格発表日	６月６日（火曜日）	６月２日（金曜日）
第２次試験日	６月21日（水曜日）から ７月３日（月曜日）までの間で 指定する１日	６月13日（火曜日）から ６月16日（金曜日）までの間で 指定する１日
第２次合格発表日	一般方式は、第２次合格発表及び 第３次試験はありません。	６月27日（火曜日）
第３次試験日		７月12日（水曜日）から ７月14日（金曜日）までの間で 指定する１日
最終合格発表日	７月14日（金曜日）	７月27日（木曜日）

1 試験区分及び採用予定者数等

	職種	試験区分	採用予定者数	主な配属予定先	主な職務内容
一般方式	事務	行政 (一般方式)	455人	知事部局 交通局 水道局 下水道局 行政委員会 学校 ※	一般事務
	土木	土木 (一般方式)	138人	知事部局 交通局 水道局 下水道局	土木に関する計画、設計、工事監督等
	建築	建築 (一般方式)	14人	知事部局 交通局	建築に関する計画、設計、工事監督等
	機械	機械	28人	知事部局 交通局 水道局 下水道局	機械に関する計画、設計、工事監督、保守管理等
	電気	電気	36人	知事部局 交通局 水道局 下水道局	電気に関する計画、設計、工事監督、保守管理等
	環境検査	環境検査	7人	環境局 水道局 下水道局	工場排水、生活排水及び産業廃棄物の規制・指導等、浄水場等における水質検査
	林業	林業	15人	産業労働局 水道局	森林の育成・保護、水道水源林の管理運営、治山工事等の設計及び実施
	畜産	畜産	1人	産業労働局	畜産業の振興に係る指導等
	水産	水産	6人	産業労働局	水産業に係る漁業施設等の整備、試験研究等
	造園	造園	6人	建設局	公園緑地等の設計、施工監督、管理等
	心理	心理	21人	福祉保健局	福祉施設における相談業務及び心理判定・心理治療
	衛生監視	衛生監視	6人	福祉保健局	食品関係営業施設及び製造業等に対する立入・監視指導・収去検査、環境衛生関係営業施設 (理・美容所、公衆浴場等) 及び特定建築物 (ビル、マンション等) に対する立入・監視指導 (勤務形態は早朝・深夜業務、高所作業を含む。)、食品・感染症・環境等に係る試験検査等
	栄養士	栄養士	30人	福祉保健局 学校 ※	都保健所、療育センター、学校等における栄養に関する業務
	獣医	獣医	8人	福祉保健局 産業労働局	家畜飼養者に対する衛生技術指導、家畜伝染病の発生予防検査、動物取扱業に対する監視指導及び動物の保護・管理、と畜検査、食品・医薬品・感染症・環境等に係る試験検査等
	薬剤	薬剤A	1人	福祉保健局	療育センター等における調剤業務
		薬剤B	9人		薬局及び医薬品・毒劇物製造業等に対する立入検査・指導、シアン廃水の指導取締り (＊1)、麻薬等の取締り (＊2)、食品・医薬品・感染症・環境等に係る試験検査等 ＊1 電気メッキ工場、金属処理工場の廃水の採取・検査 ＊2 麻薬取締法に基づく司法警察員としての犯罪捜査を含む。
新方式	事務	行政 (新方式)	174人		行政 (一般方式) と同様です。
	ICT	ICT (新方式)	9人	知事部局 交通局 水道局 下水道局 行政委員会	ICTに関する業務

(注) 1 配属先や職務内容により、交替制勤務や夜間勤務、島しょ勤務等の可能性があります。
　　 2 組織改正等により、局や事業所などの名称等が変更になる場合があります。
※ 都立学校のほか、区市町村立小中学校等を含みます。

2 受験資格

「(1) 国籍、年齢及び必要な資格・免許等」及び「(2) その他の受験資格」の両方を全て満たす人が受験できます。受験資格の有無について、以下の事項をよく読んだ上で申し込んでください。
　申込内容に虚偽があると、職員として採用される資格を失う場合があります。

(1) 国籍、年齢及び必要な資格・免許等

試験区分	受験資格	
	国籍・年齢	必要な資格・免許等
行政（一般方式） 土木（一般方式） 建築（一般方式） 機械 電気 環境検査 林業 畜産 水産 造園 行政（新方式） ＩＣＴ（新方式）	日本国籍を有する人で、平成6年4月2日から平成14年4月1日までに生まれた人	
心理	平成6年4月2日から平成14年4月1日までに生まれた人（日本国籍を有しない人も受験できます。）	
衛生監視	日本国籍を有する人で、平成6年4月2日から平成14年4月1日までに生まれた人	6ページの「(3)「衛生監視」の資格要件」①から④までのいずれかの資格要件
栄養士	平成6年4月2日から平成14年4月1日までに生まれた人（日本国籍を有しない人も受験できます。）	栄養士の免許
獣医	日本国籍を有する人で、平成6年4月2日から平成12年4月1日までに生まれた人	獣医師の免許
薬剤A	平成6年4月2日から平成12年4月1日までに生まれた人（日本国籍を有しない人も受験できます。）	薬剤師の免許
薬剤B	日本国籍を有する人で、平成6年4月2日から平成12年4月1日までに生まれた人	薬剤師の免許

（注）1　受験資格のうち年齢要件については、平成14年4月2日以降に生まれた人で、次のいずれかに該当する人も含みます。

　　ア　学校教育法に基づく大学（短期大学を除く。）を卒業（※1）した人

　　イ　アと同等の資格があると東京都人事委員会が認める人

　　　※1　令和6年3月までに卒業する見込みの人を含む。

　2　資格・免許等が必要な試験区分については、次のいずれかに該当する人が受験できます。

　　ア　既に資格・免許等を持っている人

　　イ　令和6年3月31日までに取得見込みの人（※2、3）

　　　※2　獣医師及び薬剤師については、令和6年の春までに行われる国家試験により、免許を取得する見込みの人

　　　※3　令和6年3月31日時点で、国家試験合格等により資格・免許等を取得する資格があり、これを申請中の人

　3　衛生監視、栄養士、獣医、薬剤A及び薬剤Bの受験資格の基礎となる資格・免許等については、**第1次合格発表以降に証明書等で確認します**。受験資格の基礎となる資格・免許等の証明ができない場合は、第1次試験合格後であっても、第2次試験を受験できないことがあります。

　　　必要となる証明書等については、5月8日（月曜日）に東京都職員採用ホームページに掲載します。

（2）その他の受験資格

次の①から③までの要件を全て満たす人が受験できます。

①　活字印刷文又は点字による出題に対応できる人

　　行政（新方式）及びICT（新方式）については活字印刷文による出題に対応できる人

②　地方公務員法第16条の欠格条項（※1）に該当しない人

③　行政（新方式）及びICT（新方式）については、申込日現在、東京都職員（※2）（教育公務員（※3）、任期付職員（※4）、特別職非常勤職員、会計年度任用職員及び臨時的任用職員を除く。）でない人

※1　地方公務員法第16条の欠格条項

　　次の各号のいずれかに該当する者は、条例で定める場合を除くほか、職員となり、又は競争試験若しくは選考を受けることができない。

　　一　禁錮以上の刑に処せられ、その執行を終わるまで又はその執行を受けることがなくなるまでの者

　　二　当該地方公共団体において懲戒免職の処分を受け、当該処分の日から2年を経過しない者

　　三　人事委員会又は公平委員会の委員の職にあつて、第60条から第63条までに規定する罪を犯し、刑に処せられた者

　　四　日本国憲法施行の日以後において、日本国憲法又はその下に成立した政府を暴力で破壊することを主張する政党その他の団体を結成し、又はこれに加入した者

　　（注）　民法の一部を改正する法律（平成11年法律第149号）附則第3条第3項の規定により従前の例によることとされる準禁治産者は受験できません。

※2　公益的法人等への東京都職員の派遣等に関する条例（平成13年東京都条例第133号）第10条に規定する団体への退職派遣者は東京都職員とみなす。

※3　教育公務員特例法施行令第9条第2項に定める教育公務員に準ずる者を含む。

※4　地方公共団体の一般職の任期付職員の採用に関する法律に規定する任期付職員及び地方公共団体の一般職の任期付研究員の採用等に関する法律に規定する任期付研究員をいう。

（3）「衛生監視」の資格要件

次の①から④までのいずれかの資格要件を満たす人が受験できます。

① 医師、歯科医師、薬剤師又は獣医師の免許を有する人（取得見込みは含まない。）

② 大学（短期大学を含む。）又は高等専門学校において、医学、歯学、薬学、獣医学、畜産学、水産学又は農芸化学の課程を修めて卒業した人（当該課程を修めて専門職大学の前期課程を修了した人を含む。）
※ 薬学については、4年生課程を修めて卒業した人を含みます。
※ 畜産学、水産学、農芸化学の課程を修めて卒業した人（当該課程を修めて専門職大学の前期課程を修了した人を含む。）については、厚生労働省の通達にある所定の科目を履修した人に限ります。下の≪別表≫を参照してください。

③ 都道府県知事の登録を受けた食品衛生監視員の養成施設（平成27年4月1日前に厚生労働大臣の登録を受けた食品衛生監視員の養成施設を含む。）において、所定の課程を修めて卒業した人
※ 養成施設については、出身校に問い合わせるか、厚生労働省ホームページに掲載されている「食品衛生管理者養成施設一覧」にて確認し、養成施設名、学部名、学科・専攻・課程・コース名等を正確に把握してから申し込んでください。

④ 大学（短期大学を含む。）又は高等専門学校において、衛生工学の課程を修めて卒業した人

（注） ②から④における卒業、修了は卒業見込み、修了見込みを含みます。
大学等での履修状況によっては、資格が取得できないこともあるので、大学等にも十分確認してから申し込んでください。

≪別表≫
平成16年2月27日付食安発第0227003号
「食品衛生管理者及び食品衛生監視員に係る資格要件の取扱いについて」

課程	畜産学	水産学	農芸化学
所定の科目	(1)家畜育種学 (2)家畜品種論 (3)家畜繁殖学 (4)家畜栄養学 (5)飼料学 (6)家畜管理学 (7)家畜解剖学又は組織学 (8)家畜生理学又は生化学 (9)畜産物利用学 (10)草地利用学 (11)家畜衛生学 (12)畜産学汎論 (13)畜産経営論	(1)水産資源学 (2)漁業学 (3)水産増殖学 (4)家畜物利用学 (5)水産生物学 (6)水族環境学 (7)水産生物化学	(1)土壌学 (2)植物栄養学 (3)生物化学 (4)応用微生物学 (5)栄養化学 (6)食品化学 (7)農産物利用学 (8)畜産物利用学、水産物利用学又は林産物利用学 (9)農薬化学 (10)生物有機化学
必要取得科目数	上記の13科目（相当する科目を含む。）のうち、11科目以上	上記の7科目（相当する科目を含む。）のうち、6科目以上	上記の10科目（相当する科目を含む。）のうち、8科目以上

（注） 所定の科目（相当する科目を含む。）の履修状況は、大学等に確認してください。

3　試験内容

（1）第1次試験

ア　試験日及び試験会場

試験日	試験会場
4月30日（日曜日）	都内で実施

（注）　1　当日の集合時間、試験会場等の詳細は、第1次試験受験票発行時にお知らせします。
　　　　2　**受験票は印刷し、試験当日に必ずお持ちください。**
　　　　3　印刷した受験票の証明写真が不明瞭な場合、6か月以内に撮影した証明写真（4㎝×3㎝・上半身脱帽正面向き・裏面に受験番号と氏名を記入）を上から貼ってください。また、試験係員が不適切と判断した場合、受験票回収後に証明写真を貼っていただくことがあります。

イ　試験の内容

（ア）一般方式

科目	試験区分	筆記試験の内容		試験時間
教養試験	行政（一般方式） その他の試験区分（※）	一般教養についての五肢択一式	40題必須解答	2時間10分
		出題範囲の内訳は、おおむね次のとおり ＜知能分野＞ 　文章理解、英文理解、判断推理、 　数的処理、資料解釈、空間概念	24題必須解答	
		＜知識分野＞ 　人文科学系（文化、歴史、地理）、 　社会科学系（法律、政治、経済）、 　自然科学系（物理、化学、生物、地学）、 　社会事情	16題必須解答	
	土木（一般方式） 建築（一般方式） 機械 電気	一般教養についての五肢択一式	40題解答	2時間30分
		出題範囲の内訳は、おおむね次のとおり ＜知能分野＞ 　文章理解、英文理解、判断推理、 　数的処理、資料解釈、空間概念	27題必須解答	
		＜知識分野＞ 　人文科学系（文化、歴史、地理）、 　社会科学系（法律、政治、経済）、 　自然科学系（物理、化学、生物、地学）、	14題中10題選択解答	
		社会事情	3題必須解答	
論文	全試験区分共通	課題式（解答文字数：1,000字以上1,500字程度）	1題必須解答	1時間30分
専門試験	行政（一般方式）	職務に必要な専門知識についての記述式 （出題範囲は、次ページの《別表》のとおり）	10題中3題選択解答	2時間
	土木（一般方式） 建築（一般方式） 機械、電気 その他の試験区分（※）		5題中3題選択解答	

（注）　1　上記試験の出題の程度は、大学卒業程度です。
　　　　2　上記試験問題は、持ち帰ることができます。
　　　　3　上記試験問題（著作権の関係により公開できない部分を除く。）は、5月8日（月曜日）に東京都職員採用ホームページで公開します。その際、教養試験の正答も併せて掲載します。
　　※　その他の試験区分とは、環境検査、林業、畜産、水産、造園、心理、衛生監視、栄養士、獣医、薬剤A、薬剤Bです。

《別表》専門試験の出題範囲

試験区分	専門試験の出題範囲
行　政 （一般方式）	憲法、行政法、民法、経済学、財政学、政治学、行政学、社会学、会計学、経営学
土　木 （一般方式）	構造力学、水理学、土質工学、土木材料、測量、都市・土木計画、交通・道路工学、衛生工学、橋梁工学、河川・海岸工学、港湾工学、土木施工、技術情勢
建　築 （一般方式）	建築史、都市計画、建築計画、建築環境工学、建築設備、構造力学、建築構造、建築材料、建築施工、建築法規、技術情勢
機　械	物理、材料力学、熱力学、熱機関、流体力学、流体機械、機械工作、機械材料、計測・制御、管理工学、技術情勢
電　気	数学、電気磁気学、電気回路、電気機器、電子回路、発送配電、計測・制御、情報・通信、電気応用、電気法規、技術情勢
環境検査	有機化学、無機化学、分析化学、物理化学、応用化学、生化学、生物学概論、生態学、微生物学
林　業	林政学、森林経理学、造林学、砂防工学、森林土木学、林産一般、生物学概論
畜　産	家畜繁殖学、家畜飼養学、飼料学、家畜衛生学、生物学概論、生態学、育種学
水　産	水産通論、海洋学、水産資源学、水産法制、水産生物学、水産増殖学、漁業学、水産利用学、水産経済学
造　園	造園原論（造園史を含む。）、造園植物（植栽を含む。）、造園工学（測量を含む。）、造園計画設計管理（自然・都市公園、都市・地方計画を含む。）、造園関連基礎（土壌肥料学、花き園芸学等）、生物学概論、生態学
心　理	心理学基礎論、心理学特論、臨床心理学
衛生監視	公衆衛生学、微生物学、食品化学、食品衛生学、有機化学、食品製造学、環境衛生学、衛生試験法、衛生工学
栄養士	公衆衛生学、解剖生理学、生化学、病理学、食品学、食品加工学、食品衛生学、栄養学、栄養教育論、臨床栄養学、公衆栄養学、調理学、給食経営管理論
獣　医	獣医公衆衛生学（人獣共通感染症学、食品衛生学、疫学）、獣医伝染病学、獣医薬理学、実験動物学、毒性学、獣医寄生虫学、獣医微生物学、獣医生理学、獣医生理化学、獣医解剖学、獣医病理学、獣医内科学（診断学を含む。）、獣医外科学、獣医衛生学、獣医臨床繁殖学
薬 剤 Ａ 薬 剤 Ｂ	物理・化学・生物、衛生、薬理、薬剤、病態・薬物治療、法規・制度・倫理、実務

（イ）新方式

科目	試験区分	筆記試験の内容		試験時間
教養試験	行政 （新方式）	一般教養についての五肢択一式	35題解答	2時間10分
		出題範囲の内訳は、おおむね次のとおり ＜知能分野＞ 　文章理解、英文理解、判断推理、 　数的処理、資料解釈、空間概念	30題必須解答	
		＜知識分野＞ 　人文科学系（文化、歴史、地理）、 　社会科学系（法律、政治、経済）、 　自然科学系（物理、化学、生物、地学）、 　社会事情（都政における重要施策を含 　む。）	10題中5題 選択解答	
	ICT （新方式）	一般教養についての五肢択一式	40題必須解答	2時間30分
		出題範囲の内訳は、おおむね次のとおり ＜知能分野＞ 　文章理解、英文理解、判断推理、 　数的処理、資料解釈、空間概念	30題必須解答	
		＜知識分野＞ 　情報通信技術（※）、社会事情（都政に 　おける重要施策を含む。）	10題必須解答	
プレゼンテーション ・シート作成	全試験区分 共通	都政課題に関する プレゼンテーション・シート作成	1題必須解答	1時間30分

（注）1　上記試験の出題の程度は、大学卒業程度です。

　　　2　上記試験問題は、持ち帰ることができます。

　　　3　上記試験問題（著作権の関係により公開できない部分を除く。）は、5月8日（月曜日）に東京都職員採用ホームページで公開します。その際、教養試験の正答も併せて掲載します。

　※　情報通信技術とは、情報通信技術全般にわたる素養及び基礎知識を問うものです。

　　　［出題範囲］①　テクノロジーに関するもの（基礎理論、情報テクノロジー、情報セキュリティ、開発技術　等）

　　　　　　　　　②　マネジメントに関するもの（プロジェクトマネジメント、サービスマネジメント等）

　　　　　　　　　③　ストラテジに関するもの（システム戦略、経営戦略、関係法令　等）

ウ　第1次試験合格者の決定方法

　全ての科目の成績を合わせた総合成績により決定します。

　ただし、一つでも一定基準に達しない科目がある場合は、ほかの科目の成績にかかわらず不合格となります。そのため、総合成績が上位であっても不合格となる場合があります。

　なお、教養試験の成績が一定基準に達しない場合は、一般方式は論文及び専門試験、新方式はプレゼンテーション・シート作成が採点されません。

（2）第2次試験

第1次試験合格者に対して、次のとおり行います。

ア　試験日及び試験会場

試験の方式	試験日	試験会場
一般方式	6月21日（水曜日）から 7月3日（月曜日）までの間で指定する1日	都内で実施
新方式	6月13日（火曜日）から 6月16日（金曜日）までの間で指定する1日	

（注）1　試験日、集合時間、試験会場等の詳細は、第2次試験受験票発行時にお知らせします。
　　　2　第2次試験日及び集合時間は、変更できません。

イ　試験の内容

科目	試験の方式	試験の内容
口述試験	一般方式	主として人物についての個別面接
	新方式	プレゼンテーション及び人物についての個別面接

（注）1　事前に面接シートを作成し、第2次試験当日に提出していただきます。面接シートの様式及び作成方法等の詳細は、第1次試験の合格発表に併せて、東京都職員採用ホームページに掲載します。
　　　2　新方式のプレゼンテーションは、第1次試験で提出されたプレゼンテーション・シートを使用して行います。プレゼンテーション・シートは、第2次試験当日にお渡しします。試験日より前にお渡しすることはできません。

ウ　第2次試験合格者（一般方式は最終合格者）の決定方法

第1次試験及び第2次試験の成績を合わせた総合成績により決定します。

ただし、第2次試験の成績が一定基準に達しない場合は、第1次試験の成績にかかわらず不合格となります。そのため、総合成績が上位であっても不合格となる場合があります。

（3）第3次試験（新方式のみ）

第2次試験合格者に対して、次のとおり行います。

ア　試験日及び試験会場

試験日	試験会場
7月12日（水曜日）から 7月14日（金曜日）までの間で指定する1日	都内で実施

（注）1　試験日、集合時間、試験会場等の詳細は、第3次試験受験票発行時にお知らせします。
　　　2　第3次試験日及び集合時間は、変更できません。

イ　試験の内容

科目	試験の内容
口述試験	グループワーク及び人物についての個別面接

（注）　グループワークテーマ（過去3年分）は、東京都職員採用ホームページで公開しています。

ウ 第3次試験合格者（最終合格者）の決定方法

第1次試験、第2次試験及び第3次試験の成績を合わせた総合成績により決定します。

ただし、第3次試験の成績が一定基準に達しない場合は、第1次試験及び第2次試験の成績にかかわらず不合格となります。そのため、総合成績が上位であっても不合格となる場合があります。

（4）行政（一般方式）と行政（新方式）の比較

下記のとおり、試験科目及び内容が異なります。採用後の職務の内容、配属、給与及び昇任等の取扱いに違いはありません。

		行政（一般方式）			行政（新方式）	
第1次試験	教養試験 ［2時間10分］	<知能分野> 文章理解、英文理解、判断推理、数的処理、資料解釈、空間概念	24題 必須解答	教養試験 ［2時間10分］	<知能分野> 文章理解、英文理解、判断推理、数的処理、資料解釈、空間概念	30題 必須解答
		<知識分野> 人文科学系、社会科学系、自然科学系、社会事情	16題 必須解答		<知識分野> 人文科学系、社会科学系、自然科学系、社会事情（都政における重要施策を含む。）	10題中5題 選択解答
	論文 ［1時間30分］	課題式	1題 必須解答	プレゼンテーション・シート作成 ［1時間30分］	都政課題に関するプレゼンテーション・シート作成	1題 必須解答
	専門試験 ［2時間］	職務に必要な専門知識についての記述式	10題中3題 選択解答			
第2次試験	主として人物についての個別面接			プレゼンテーション及び人物についての個別面接		
第3次試験	（第3次試験はありません。）			グループワーク及び人物についての個別面接		

4 受験上の配慮

（1）受験方法

次の①から③に該当する人は、第1次試験の受験方法として、「点字」、「拡大文字」又は「パソコン又はワープロ」による受験を選択できます。

これらの方法による受験を希望する場合は、**申込フォームの受験方法選択欄で下表の受験方法のいずれかを選択してください。申込フォームの受験方法選択欄への入力がない場合は、これらの方法による受験はできません。**

試験会場等の準備のため、申し込む前に、必ず東京都人事委員会事務局試験部試験課に連絡してください。

該当者	選択できる受験方法	
次の①から③に該当しない人	受験方法の選択はできません。	
① 行政（新方式）及びICT（新方式）以外の試験区分を受験する人で、点字による受験を希望する人	点字の試験問題により、点字で解答	
	音声読み上げを併用しない	
	音声読み上げを併用する（※）	
② 視覚に障害があり、身体障害者手帳等を提示できる人	拡大文字の試験問題により解答	
③ 身体障害者手帳の交付を受けており、上肢障害又は言語及び上肢重複障害を有し、その障害の程度が1級又は2級の人（文字を書くことが困難な人に限る。）	パソコン又はワープロを使用して解答（パソコン又はワープロ等は貸出しできません。）	

障害により、受験時の配慮を希望する人は、試験会場等の準備のため、**申し込む前に、必ず東京都人事委員会事務局試験部試験課に連絡してください。**第2次試験及び第3次試験（新方式のみ）について配慮を希望する場合も、事前に連絡してください。

受験時の配慮とは、例えば補装具（車椅子、補聴器等）や環境調整用ヘッドホンの使用、着席位置の配慮などです。なお、最寄駅等から試験会場までの送迎は行いません。

※ 点字による受験を希望する人で、視覚に障害があり、身体障害者手帳等を提示できる人は、希望により、点字の補助として、音声による試験問題の読み上げを併用することが可能です。読み上げに使用するパソコン又はその他の機器類は、試験会場に御自身でお持ちください（貸出しはできません。）。希望する人は、申し込む前に、必ず東京都人事委員会事務局試験部試験課に連絡してください。試験会場等の準備及び読み上げに使用できる機器類の案内をします。なお、読み上げを併用した場合でも、解答は点字で行います。

（2）試験時間の延長

次のア、イに該当する人は、第1次試験の試験時間を延長することができます。詳しくは、東京都人事委員会事務局試験部試験課にお問い合わせください。

ア 点字の試験問題により、点字で解答する人
イ 拡大文字の試験問題により解答する人のうち、以下のいずれかの要件に該当する人
　① 良い方の眼の矯正視力が0.15以下の人
　② 視野狭窄等で、上記①に相当すると医学的観点から認められる人

5　受験手続

（1）申込方法

受付期間	3月28日（火曜日）午前10時00分から 4月4日（火曜日）午後3時00分まで（受信有効）
アドレス	東京都職員採用ホームページ https://www.saiyou2.metro.tokyo.lg.jp ※ 東京都職員採用試験受験者サイト（以下、「受験者サイト」という）への 　リンクを掲載します。（3月28日（火曜日）午前10時公開）

- 「受験者サイト」から、個人情報登録及び1類B採用試験申込手続を行ってください。申込手続を中断すると、申込みが完了せず、採用試験を受験することができません。また、申込手続は時間に余裕をもって行い、登録後、申込みが完了していることを必ず確認してください。
- 申込みの際に、証明写真データ（縦横比4：3、上半身脱帽正面向き、6か月以内に撮影）の登録が必要です。画像サイズは「縦 600×横 450 pixel」以上に設定してください。ファイル形式は JPEG（.jpg/.jpeg）又は PNG（.png）、ファイルサイズは2MBまでアップロード可能です。なお、卒業（見込）証明書、住民票、履歴書等は必要ありません。
- システムの保守整備のため、受付期間中にシステムを停止する場合や、予期せぬ機器停止や通信障害などが起きた場合のトラブルについては、一切責任を負いません。
- 個人 ID・パスワードを忘れた場合は、「受験者サイト」にアクセスし、「ID・PASSWORD を忘れた方はこちら」から手続きを行ってください。なお、個人 ID は、個人情報登録完了のメールに記載しています。
- ※ 入力された個人情報は、採用試験及び採用事務の目的以外には使用しません。
- ※ 窓口での申込みは受け付けません。ただし、東京都人事委員会がやむを得ない事情があると認めたときは、郵送申込みを受け付けます。身体の障害等によりインターネット申込みが困難な人は東京都人事委員会事務局試験部試験課にお問い合わせください（午前10時から午後5時まで。土日祝日を除く。）。
　　なお、郵送申込みの場合、受付期間は3月28日（火曜日）から4月3日（月曜日）まで（消印有効）です。必ず簡易書留で郵送してください。3月28日（火曜日）以後にお問い合わせをいただいた場合は、郵送申込みの受付期間に間に合わない可能性がありますので御注意ください（受付期間の延長は行いません。）。

（2）第1次試験受験票

ア　発行日時

第1次試験受験票発行	4月20日（木曜日）午前10時以降

イ　入手方法

「受験者サイト」から受験票をダウンロードし、印刷してください。

- ※ 受験票及びメールは、発行日に順次配信されます。なお、最初に配信される人と、最後に配信される人では数時間の時間差が生じる場合があります。
- ※ 迷惑メールフィルタ等の影響により、メールが届かない場合があります。メールが届かなくても、「受験者サイト」にログインして、受験票をダウンロードし、印刷してください。
- （注）受験票が発行日に配信されない場合は、4月27日（木曜日）までに「受験者サイト」の「お問い合わせ」から必ずお問い合わせください（回答は午前9時から午後6時まで。土日を除く。）。

6 合格発表及び試験成績の通知

（1）発表日時

	一般方式	新方式
第1次合格発表	6月6日（火曜日）	6月2日（金曜日）
第2次合格発表	一般方式は、第2次合格発表はありません。	6月27日（火曜日）
最終合格発表	7月14日（金曜日）	7月27日（木曜日）

※ いずれも午前10時以降に発表します。

（2）発表方法

受験者全員に「受験者サイト」で合否を通知します。

※ 本人通知及びメールは、発行日に順次配信されます。なお、最初に配信される人と、最後に配信される人では数時間の時間差が生じる場合があります。

※ 迷惑メールフィルタ等の影響により、メールが届かない場合があります。メールが届かなくても、「受験者サイト」にログインして、本人通知を確認してください。

※ ホームページへの合格者受験番号の掲載

合格発表日から1週間程度、合格者の受験番号を東京都職員採用ホームページに掲載します。なお、「受験者サイト」上の通知が正式な合格発表となりますので、合否は必ず「受験者サイト」で確認してください。

（注）1 電話による照会には応じません。

ただし、本人通知が発表日に配信されない場合は、「受験者サイト」の「お問い合わせ」から必ずお問い合わせください。（回答は午前9時から午後6時まで。土日祝日を除く。）。

2 第1次試験合格者には、第2次試験受験票を兼ねた合格通知を、新方式の第2次試験合格者には第3次試験受験票を兼ねた合格通知を、それぞれ「受験者サイト」で配信します。

3 最終合格は内定（採用）という意味ではありません。

最終合格発表後、任命権者が採用面談・受験資格の確認等を行い、その結果に基づき採用者を内定します（最終合格しても採用されない場合があります。）。

詳細は次ページの「7 採用、主な勤務条件等及び昇任制度」の「（1）採用の方法及び採用の時期」を参照してください。

4 最終合格者には、合格通知に併せて、任命権者が実施する採用面談について御案内する予定です。

（3）試験成績の通知

全ての科目を受験した人に対して、次のとおり試験成績をお知らせします。

対象者	通知内容	通知方法
第1次試験不合格者	第1次試験の総合得点及び順位	合格発表時の本人通知（「受験者サイト」で配信）でお知らせします。
（一般方式）第2次試験受験者 （新方式）第2次試験不合格者	第1次試験と第2次試験との総合得点及び順位	
（新方式）第3次試験受験者	第1次試験、第2次試験及び第3次試験の総合得点及び順位	

7　採用、主な勤務条件等及び昇任制度

（1）採用の方法及び採用の時期

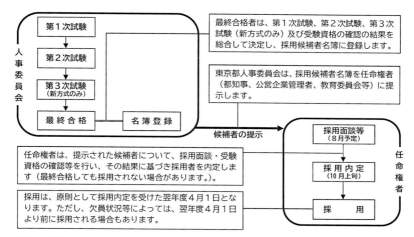

（注）1　資格・免許等を必要とする試験区分で、資格・免許等を取得できなかった場合は、採用されません。

　　　2　5ページの「2　受験資格（1）（注）1　ア」の資格により受験する人で、令和6年3月までに大学を卒業できなかった場合は、採用されません。

　　　3　令和5年度東京都職員Ⅰ類B採用試験の採用候補者名簿は、原則として名簿確定日から1年を経過すると失効します。ただし、行政（一般方式）、土木（一般方式）、建築（一般方式）、機械、電気、行政（新方式）については名簿確定日から3年を経過すると失効します。

（2）主な勤務条件等

ア　勤務時間

原則として週38時間45分、1日7時間45分

イ　給与

初任給	約　225,400 円

（注）1　この初任給は、令和5年1月1日時点の給料月額に地域手当（20％地域勤務の場合）を加えたものです。

　　　　上記の初任給については、職種により異なる場合があります。

　　　　なお、採用前に給与改定等があった場合は、その定めるところによります。

　　　2　上記のほか、扶養手当、住居手当、通勤手当、期末・勤勉手当などの手当制度があります。

　　　3　学校卒業後又は資格・免許等取得後に職歴等がある人は、一定の基準により加算される場合があります。

※　上記のほか、職員の勤務時間、給与等の詳細は、東京都条例等により定められています。

（3）昇任制度

　東京都では、学歴等に関係なく、能力・業績主義に基づく選考（主任級職選考、管理職選考等）により昇任する仕組みになっています（日本国籍を有しない職員は、管理職選考を受験できません。）。

> 　東京都における主任とは、**特に高度の知識又は経験を必要とする係員の職であり、職員の昇任選考である主任級職選考により選抜されます。**
>
> 　原則として、獣医及び薬剤を除くⅠ類Ｂ採用者は採用後**５年目**から、獣医及び薬剤採用者は採用後**３年目**から、主任級職選考を受験できます。
>
> 　主任級職選考の合格者は、原則として翌年度から主任として任用され、**主任２年目から管理職選考を受験できます。**

東京都人事委員会事務局 試験部 試験課
Tel 　　03（5320）6952〜4
E-mail　S9000049（at）section.metro.tokyo.jp
　　　　※（at）を@に変えて送信してください。
URL　　https://www.saiyou2.metro.tokyo.lg.jp

令和4年度職員採用試験(選考)実施状況

I類A採用試験

試験区分	採用予定者数	受験者数 [A]	受験率（%）	1次合格者数	2次受験者数	3次受験者数	最終合格者数 [B]	倍率 [A/B]
事務	60	359	49.0	163	149		82	4.4
土木	30	59	64.1	44	33		27	2.2
建築	7	30	69.8	22	18		12	2.5
機械	14	31	57.4	24	19		15	2.1
電気	15	23	48.9	19	16		12	1.9
合計	126	502	51.8	272	235		148	3.4

I類B採用試験（一般方式）

試験区分	採用予定者数	受験者数 [A]	受験率（%）	1次合格者数	2次受験者数	3次受験者数	最終合格者数 [B]	倍率 [A/B]
行政(一般方式)	360	1,677	67.1	1,040	924		540	3.1
土木(一般方式)	130	236	75.9	205	174		154	1.5
建築(一般方式)	10	50	73.5	44	39		28	1.8
機械	35	60	68.2	51	39		37	1.6
電気	33	54	65.9	48	33		27	2.0
環境検査	10	74	69.8	32	28		15	4.9
林業	5	61	81.3	22	18		14	4.4
畜産	2	28	90.3	11	10		4	7.0
水産	6	37	72.5	22	20		9	4.1
造園	8	30	76.9	22	18		10	3.0
心理	29	135	80.8	99	90		53	2.5
福祉A	34	80	78.4	57	52		45	1.8
福祉C	1	-	-	-	-		-	-
衛生監視	9	44	78.6	33	31		11	4.0
栄養士	16	125	76.2	44	43		21	6.0
獣医	10	34	77.3	29	26		17	2.0
薬剤A	1	1	100.0	1	1		1	1.0
薬剤B	8	44	75.9	21	17		9	4.9
合計	707	2,770	70.2	1,781	1,563		995	2.8

I類B採用試験（新方式）

試験区分	採用予定者数	受験者数 [A]	受験率（%）	1次合格者数	2次受験者数	3次受験者数	最終合格者数 [B]	倍率 [A/B]
行政(新方式)	105	521	74.7	352	311	189	139	3.7
ICT(新方式)	10	39	55.7	36	29	21	15	2.6
合計	115	560	73.0	388	340	210	154	3.6

II類採用試験

試験区分	採用予定者数	受験者数 [A]	受験率（%）	1次合格者数	2次受験者数	3次受験者数	最終合格者数 [B]	倍率 [A/B]
司書	4	94	67.6	22	21		5	18.8
栄養士	9	105	71.9	32	29		13	8.1
合計	13	199	69.8	54	50		18	11.1

III類採用試験

試験区分	採用予定者数	受験者数 [A]	受験率（%）	1次合格者数	2次受験者数	3次受験者数	最終合格者数 [B]	倍率 [A/B]
事務	60	682	71.5	190	140		93	7.3
土木	37	147	83.5	128	96		86	1.7
建築	1	8	61.5	7	5		3	2.7
機械	16	32	74.4	27	21		18	1.8
電気	17	48	82.8	44	33		29	1.7
合計	131	917	73.7	396	295		229	4.0

障害者を対象とするIII類採用選考

職種	採用予定者数	受験者数 [A]	受験率（%）	1次合格者数	2次受験者数	3次受験者数	最終合格者数 [B]	倍率 [A/B]
事務	40	290	72.7	144	133		47	6.2

就職氷河期世代を対象とした採用試験

試験区分	採用予定者数	受験者数 [A]	受験率（%）	1次合格者数	2次受験者数	3次受験者数	最終合格者数 [B]	倍率 [A/B]
事務	10	492	60.8	36	32		16	30.8

就職氷河期世代を対象とした採用試験

試験区分	採用予定者数	受験者数 [A]	受験率（%）	1次合格者数	2次受験者数	3次受験者数	最終合格者数 [B]	倍率 [A/B]
事務	10	434	63.3	38	35		15	28.9

東京都の自治体情報

令和5年度予算のポイント

予 算 編 成 方 針

令和5年度予算は、

「明るい『未来の東京』の実現に向け、
将来にわたって『成長』と『成熟』が両立した
光り輝く都市へと確実に進化し続ける予算」

と位置付け、次の点を基本に編成しました。

① 持続可能な未来へと歩みを進めるため、都民にとって重要な諸課題の解決にスピード感を持って取り組む。

長期的な視点に立ち、従来の発想を打ち破る大胆な施策を積極的に展開する。

② 「東京大改革」を爆速で進める。

一層活発で機動的な組織へと進化させる。

無駄を無くす取組を徹底する。

活力ある都政で強靱な財政基盤を堅持する。

◆ 令和5年度予算フレーム等の概要

 一般会計歳出総額　　　**8 兆　410 億円**
（前年度当初予算比　+2,400億円、+3.1%）

● 一般会計の予算規模は、子供たちへの投資、都市活動の基盤となる安全・安心、持続可能で美しい地球を未来に残す取組に重点的に予算配分したことなどにより、前年度に比べて2,400億円の増と、**過去最大**となりました。

 一般歳出（政策的経費）　　　**5 兆 9,354 億円**
（前年度当初予算比　　+947億円、+1.6%
うちコロナ対策除く　+4,532億円、+8.3%）

● 一般歳出は、チルドレンファースト社会の実現に向けた取組や都市強靱化に向けた取組、脱炭素社会の実現に向けた取組などにより、前年度に比べて947億円の増と、**3年連続のプラス**となりました。

＊ 新型コロナウイルス感染症対策については、東京 iCDC 専門家ボードにおける調査・研究などの平時対応に係る経費を計上しており、空床確保などの特別対応に係る経費については、社会情勢を踏まえ、2月上旬を目途に追加補正予算を編成します。

＊ 「コロナ対策除く」は、前年度当初予算からコロナ対策特別対応分を除いた場合の額です（以下同じ）。

 税収　　　**6 兆 2,010 億円**
（前年度当初予算比　+5,702億円、+10.1%）

● 都税収入は、企業収益の持ち直しによる法人二税の増などにより、**約5,700億円増加し、6兆2,010億円**となりました。

◆ 政策評価・事業評価の推進

✓ **政策評価 公表件数 11 事業ユニット** ✓ **事業評価 公表件数 1,436 件**
（ユニット内事業 89 件） **財源確保額 1,141 億円**

- 外部有識者の意見を取り入れたより客観性の高い評価の実施や、事業展開のスピードアップの検証など、**政策評価・事業評価の取組を更に強化しました。**

- 政策評価では**11事業ユニット**、事業評価では**1,436件**の評価結果を公表し、事業評価の取組を通じて過去最高となる**1,141億円**の財源確保へとつなげました。

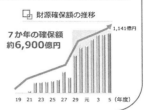
財源確保額の推移

7か年の確保額
約6,900億円

1,141億円

19 21 23 25 27 29 元 3 5（年度）

◆ 基金残高

1 兆 7,288 億円
（前年度最終補正後予算比
▲4,246億円、▲19.7%）
＊普通会計ベース

- 令和5年度予算では、都市の強靭化や社会資本等の整備、福祉先進都市の実現に向けた施策などを着実に進めるため、**3つのシティ実現に向けた基金を積極的に活用**しました。

- 引き続き、税収動向なども見極めながら、「**『未来の東京』戦略**」で掲げる政策を着実に進めていくための**財源**などとして、**戦略的に基金を活用**していきます。

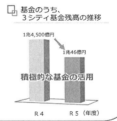
基金のうち、
3シティ基金残高の推移

1兆4,500億円

1兆46億円

積極的な基金の活用

R4　　R5（年度）

都債残高

4 兆 8,314 億円
（前年度最終補正後予算比
▲252億円、▲0.5%）

- これまで、財政再建の取組を通じて都債発行の抑制に努めるとともに、その後も、都税収入などの状況に応じた都債の発行を行ってきました。

- 令和5年度予算では、税収増などを活用し、**発行額を抑制したことから、5年度末の都債残高は減少する見込み**です。

都債残高の推移

7兆6,384億円

4兆8,314億円

ピーク時と比較
して約4割減少

H13　　R5（年度）

令和5年度予算における施策展開の視点

- 一刻の猶予も許さない気候変動問題、欧米各国の金融引締めによる景気後退懸念など、世界を取り巻く環境は厳しさを増す一方、国内に目を転じれば、社会の存立基盤を揺るがす少子化、自然災害の頻発化・激甚化など、どの分野をとっても戦後最大の試練を迎えているといっても過言ではありません。

- 歴史の転換点に立つ今こそ、これらの試練に正面から向き合い、世界の知恵、都庁全体の知恵を結集し、**東京が新たな価値を生み出す都市へと進化するべく果敢に挑戦**していかなければなりません。

- 令和5年度予算では、**チルドレンファースト社会の実現、都市の強靱化、脱炭素社会の実現に向けた取組**など、大都市東京が抱える課題の解決に向け**「未来への投資」**に大胆に財源を振り向けており、都政のあらゆる分野の施策をバージョンアップすることで、**新たな時代に先鞭をつける対策を総合的**に講じていきます。

- さらに、こうした施策を力強く展開し、**都政のQOS（クオリティ・オブ・サービス）を飛躍的に高めていく**ため、一層活発で機動的な組織への進化や、無駄を無くす取組の徹底など、**東京大改革を爆速で進めていきます。**

子供の笑顔があふれ、子供が輝く東京

- **次の世代を担う子供たちは、今を生きる私たちにとって、まさに未来そのもの**です。国家の最も基本的な要素は人口であり、少子化による人口減少は、国力そのものの先細りに繋がりかねません。

- **社会の存立基盤を揺るがす少子化に、東京から歯止めをかける**ため、子供が産まれる前から健やかに育つまでの**切れ目のない支援を総合的かつ継続的に推進**していきます。

「人」の力を高め、引き出し、一人ひとりが主役になる東京

- 少子高齢・人口減少社会の進行が深刻化する中において、付加価値を生み出し、**明るい未来の東京を切り拓く原動力は「人」の力**です。

- **将来を担う子供・若者たちが国際社会を牽引できる力**を身に付けられるよう、**育ちを支える取組の抜本的な充実**を図るとともに、DX・GXの進展による産業構造の転換などに柔軟に適応できるよう、**リスキリング等に関する取組を強化**し、**学び直しからキャリアアップまでを強力に後押し**します。

誰もが個性を活かし、いきいきと活躍できる東京

- あらゆる人が互いを理解・尊重し合い、自分らしく活躍することで発揮されるパワーこそ、**より豊かな都市へと更なる発展をもたらすエンジン**です。
- 年齢や性別、障害の有無などに関わらず、誰もが個性を活かし、力を発揮することができる、**多様性と包摂性にあふれた共生社会の実現に向け、総合的に施策を推進**します。

挑戦者が生まれ、世界から集まり、挑戦者を応援する東京

- **スタートアップは、**革新的なテクノロジーやアイデアでイノベーションを創出し、社会課題の解決、雇用の創出、経済の活性化により世界に貢献する、**新しい成長の先導役です。**
- 未来を開拓する挑戦者たちを全力でバックアップし、**スタートアップが生まれ、集まり、いきいきと躍動できる環境を整えていきます。**

都民の生命・健康・財産を守り抜く安全・安心な東京

- 自然災害の猛威は留まることを知らず、**大規模な風水害や地震、火山噴火、新たな感染症の流行**など、いつ起きてもおかしくありません。
- **関東大震災の発生から100年**となる今こそ、多様な主体と連携をしながら、「自助・共助・公助」の取組を更に強化し、ハード・ソフト両面から積極的な施策展開を図ることで、**100年先も安心できる強靱で持続可能な都市東京**を作り上げていきます。

脱炭素社会の実現に向け、世界をリードする東京

- **気候危機とエネルギー危機という2つの危機に直面**する今、世界は脱炭素化とエネルギー自給率の向上に向け構造転換が求められています。
- エネルギーを㊐**減らす** ㊉**創る** ㊉**蓄める**「**HTT**」の観点から政策を磨き上げ、**脱炭素化とエネルギーの安全保障の一体的実現**を図るとともに、令和7年度から開始される新築住宅等への**太陽光発電設備設置義務化の円滑な実施**に向け、**多彩な支援**を展開します。

> これらの視点を踏まえ、令和5年度予算では**実効性の高い施策を積極的に展開**していきます。次頁から、主要事項を分野ごとに紹介します。

大都市東京が抱える課題の解決に向けた「未来への投資」

チルドレンファースト社会の実現に向けた施策の強化

- 日本の出生数は、初めて年間80万人を下回る見通しとなっており、この「静かなる脅威」と呼ばれる**少子化問題は、社会の存立基盤を揺るがす由々しき事態**です。
- もはや一刻の猶予もないこの問題を先送りにせず、少子化からの脱却に向けて、**都が先駆けて総合的かつ継続的な対策**を講じていきます。

令和4年度 約**1.4**兆円

＋2,000億円

東京から少子化に
歯止めをかけるため
約**1.6**兆円を計上

| これまでの取組 | ・不妊治療費助成　・東京都出産応援事業　・第二子以降の保育料負担軽減
・保育の待機児童対策　・医療的ケア児への支援　・高校授業料の実質無償化　など |

結婚 ／ 妊娠・出産 ／ 子育て

子供が産まれる前から成長するまで継続的に寄り添う支援

1 出会い・結婚への希望を叶える支援
- 新 結婚支援マッチング事業
- 新 マッチングアプリにかかる消費者被害への対策

2 妊娠・出産を希望する方への支援
- 新 凍結卵子を活用した生殖補助医療への助成
- ◆ 妊娠・出産・子育ての切れ目ない支援の充実

3 子育て世帯に寄り添った支援
- 新 018サポート
- 新 第二子の保育料無償化

4 子供を安心して産み育てられる環境の整備
- 新 結婚予定者のための都営住宅・JKK住宅の継続的な提供

全ての子供が自分らしく健やかに成長できる社会の実現

5 新たな子供施策の展開
- 新 ファミリー・アテンダント　新 子供・子育てメンター
- 新 ヤングケアラー普及啓発事業

6 障害を持つ子供への支援
- 新 障害者(児)ショートステイ事業(短期入所開設支援)

7 児童虐待対策
- 新 練馬児童相談所の設置準備

8 不登校・いじめへの対応
- 新 校内別室指導支援員の配置

9 自殺対策
- ◆ こころといのちの相談・支援 東京ネットワーク

幼稚園、小中学校、高等学校の運営など、教育関係の取組

都市強靱化に向けた施策の強化

- 気候変動の影響により頻発化・激甚化する風水害や、社会の変化に伴い新たな課題も重みを増す首都直下地震などに加え、これらが複合的に発生するリスクも懸念されています。
- こうした中にあっても、都民の生命と暮らしを守り、日本を支える首都東京の機能や経済活動を維持するため、災害に対する各施策をレベルアップすることで、「強靱化された首都東京」を実現していきます。

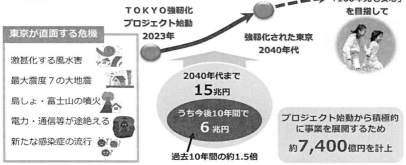

脱炭素社会の実現に向けた施策の強化

- 気候危機の一層の深刻化、水・大気環境の変化など、環境を取り巻く状況は世界規模で大きな課題となっており、もはや一刻の猶予もありません。

- 気候危機とエネルギー危機という2つの危機に直面する今、脱炭素化とエネルギーの安全保障の観点から、国や世界を先導する取組で、多様化・深刻化する環境課題の解決に先鞭をつけていかなければなりません。

- 環境確保条例改正を契機に、再エネ利用を拡大する支援策や制度の強化、高度なエネルギーマネジメントや先端技術の実装など、まち全体の脱炭素化を複合的・重層的に進め「ゼロエミッション東京」に向けた社会変革を促進していきます。

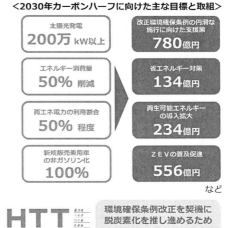

令和5年度予算の体系と主な取組

Ⅰ　子供の笑顔があふれる都市

- 次世代へ希望を引き継ぐ社会の実現に向け、**子供の健やかな成長に向けた社会全体でのサポート**や、**子供や子育て家庭に寄り添った支援**などの施策を**総合的かつ継続的に展開**していきます。

主な取組

新	結婚支援マッチング事業（P43）	⑤	0.9億円
新	卵子凍結への支援に向けた調査（P44）	⑤	1億円
新	第二子の保育料無償化（P46）	⑤	110億円
新	018サポート（P46）	⑤	1,261億円
新	多様な他者との関わりの機会の創出（P49）	⑤	24億円

Ⅱ　人の力を高め、引き出す人材育成

- 国際社会を牽引できる人材育成に向けた**子供・若者への投資**や、**学び直しからキャリアアップまでの強力な後押し**し、誰もが希望に応じて働くことができる環境の整備を促進します。

主な取組

新	外国語に触れる機会の創出（P53）	⑤	0.9億円
新	都立高校生の海外交流事業（P54）	⑤	6億円
	再就職促進等委託訓練（専門人材育成訓練）（P57）	⑤	8億円（④5億円）
新	女性向けキャリアチェンジ支援事業（P57）	⑤	2億円
新	新たな時代のニーズに対応するためのシニアの再活躍応援講座（P57）	⑤	1億円

Ⅲ　誰もが個性を活かし、いきいきと活躍できる共生社会

- 様々なバリアを取り除き、年齢や性別、障害の有無などに関わらず**誰もが輝ける、多様性と包摂性にあふれた共生社会の実現**に向けた施策を推進します。

主な取組

新	高齢者のQOL向上のためのデジタル活用支援（P60）	⑤	2億円
新	医療的ケア児日中預かり支援事業（P62）	⑤	0.8億円
新	男性育業もっと応援事業（P64）	⑤	5億円
新	フードバンク寄贈促進事業（P66）	⑤	1億円
	不登校等対応（P67）	⑤	70億円（④52億円）

Ⅳ　世界から選ばれる金融・経済・文化都市

- 東京のプレゼンス向上やイノベーションの創出、都市機能の向上など、**世界から選ばれ、世界をリードする都市の実現に向け、積極的な施策展開**を図ります。

主 な 取 組

新	SusHi Tech Tokyo の戦略的展開（P 71）	⑤0.8億円
新	プロジェクションマッピングの展開（P 73）	⑤ 18億円
新	大学発スタートアップ等促進ファンド（仮称）（P 81）	⑤ 50億円
新	ＧＸ関連企業誘致促進補助金（P 83）	⑤ 3億円
新	ファンドによる脱炭素化に向けたスコープ３対応に取り組む中小企業支援（P 84）	⑤ 60億円

Ⅴ　世界一安全・安心・強靭な都市

- **「100年先も安心」な強靭で持続可能な都市**の実現に向け、風水害、地震、火山噴火など都が直面する危機に対して、**ハード・ソフト両面から積極的な施策展開**を図ります。

主 な 取 組

	新たな調節池の整備（P 95）	⑤11億円（④ 8億円）
	住宅の耐震化のための助成制度（P 97）	⑤ 6億円（④ 4億円）
新	「東京防災」・「東京くらし防災」のリニューアル（P 101）	⑤32億円
新	防災船による災害対応力の強化（P 103）	⑤ 4億円
新	在宅医療推進強化事業（P 105）	⑤ 2億円

Ⅵ　脱炭素社会の実現

- 環境確保条例改正を契機に、**再エネ利用拡大など**あらゆる施策を総動員し、電力を㋥減らす ㋡創る ㋡蓄める「ＨＴＴ」を社会全体で加速することで、**2030年カーボンハーフの実現**を着実に進めます。

主 な 取 組

	建築物環境報告書制度推進事業（P 109）	⑤ 34億円（④補正計上）
	災害にも強く健康にも資する断熱・太陽光住宅普及拡大事業（P 110）	⑤496億円（④ 247億円）
新	家庭のＨＴＴムーブメント普及促進事業（P 111）	⑤ 4億円
新	ゼロエミッション化に向けた省エネ設備導入・運用改善支援事業（P 111）	⑤ 34億円
新	グリーン水素製造・利用の実機実装等支援事業（P 113）	⑤ 12億円

Ⅶ 「スマート東京」「シン・トセイ」の推進

- 「スマート東京」の実現や都政の構造改革の取組など、**各分野でDX
を強力に推進**することで、**東京の潜在力を引き出し、都民のQOL
（クオリティ・オブ・ライフ）を高めて**いきます。

主 な 取 組

新	「つながる東京」Wi-Fiアクセスポイントの整備（P118）	⑤	12億円
新	新団体（GovTech東京）の設立等（P121）	⑤	23億円
新	デジタルコンテンツの体感拠点（P122）	⑤	4億円
	都知事杯オープンデータ・ハッカソンの開催（P124）	⑤	1億円（④ 0.6億円）
新	ＴＤＡ（東京デジタルアカデミー）ポータルサイトの構築及び運用（P124）	⑤	0.2億円

デジタル関連経費

- 令和5年度予算における「スマート東京」の実現など、東京のDXを推進するための**デジタル関連
経費は2,758億円**となり、前年度に比べて**424億円増加**しました。
- **都政のQOS（クオリティ・オブ・サービス）の更なる向上**に向け、改革の次なるステージに挑戦
していきます。

「スマート東京」の実現

・５ＧやＡＩ活用といったスマートサービスの
充実など、豊かで便利な暮らしを実現　　　　1,126億円

都政の構造改革「シン・トセイ」の推進

・都庁ワークスタイル変革やサービスデザイン徹底
など、デジタルガバメント・都庁の基盤を構築　601億円

システム維持管理等

・既存システムの運用や維持管理などを実施　　1,578億円

＊一部重複（547億円）があるため、内訳と合計が一致しません。

凡例：■ヒト ■モノ ■ソフトウェア

（億円）

R3	R4	R5
1,737	2,334	2,758

Ⅷ 多摩・島しょの振興

- 国内外におけるプレゼンスの向上や、地域の魅力とポテンシャルを活
かしたまちづくりの推進など、**持続的な発展に向けた実効性ある取組
を推進**します。

主 な 取 組

新	多摩東京移管130周年記念イベントの開催（P125）	⑤	1億円
新	多摩・島しょ暮らし体験ツアー（P125）	⑤	2億円
新	多摩・島しょアドベンチャーツーリズム推進事業（P128）	⑤	2億円
	外来生物対策事業（キョン）（P128）	⑤	8億円（④ 7億円）
	東京宝島　サステナブル・アイランド創造事業（P130）	⑤	13億円（④ 4億円）

財政規模

一般会計予算規模　8兆410億円（前年度比　+2,400億円、+3.1%）

- 一般会計の予算規模は、前年度に比べて3.1%増の8兆410億円で、**過去最大**となりました。
- 都税収入は、企業収益の持ち直しによる法人二税の増などにより、前年度に比べて10.1%増の6兆2,010億円となりました。
- 政策的経費である一般歳出は、チルドレンファースト社会の実現に向けた取組や都市強靱化に向けた取組、脱炭素社会の実現に向けた取組などに重点的に財源を振り向けた結果、前年度に比べて1.6%増の5兆9,354億円となりました。

区　　　　　分			令和5年度	令和4年度	増　減　額	増　減　率
一般会計	歳　　　　入		8兆410億円	7兆8,010億円	2,400億円	3.1%
		うち都税	6兆2,010億円	5兆6,308億円	5,702億円	10.1%
	歳　　　　出		8兆410億円	7兆8,010億円	2,400億円	3.1%
		うち一般歳出	5兆9,354億円	5兆8,407億円	947億円	1.6%
		うちコロナ対策除く	5兆9,354億円	5兆4,822億円	4,532億円	8.3%

区分	令和5年度	令和4年度	増減額	増減率
特別会計 [18会計]	6兆2,782億円	5兆8,382億円	4,400億円	7.5%
公営企業会計 [9会計]	1兆7,629億円	1兆7,547億円	82億円	0.5%
全会計合計 [28会計]	16兆821億円	15兆3,939億円	6,882億円	4.5%

* 一般歳出とは、一般会計のうち公債費及び特別区財政調整会計繰出金、地方消費税交付金など税の一定割合を区市町村に交付する経費（税連動経費）などを除いた、いわゆる政策的経費のことをいいます。

財政規模・一般歳出の推移（一般会計当初予算）

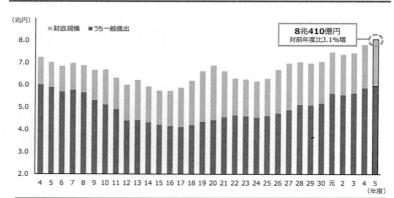

区　　分	平成30年度	令和元年度	令和２年度	令和３年度	令和４年度	令和５年度
財　政規　模	7兆　460億円 1.3%	7兆4,610億円 5.9%	7兆3,540億円 ▲1.4%	7兆4,250億円 1.0%	7兆8,010億円 5.1%	8兆　410億円 3.1%
一　般歳　出	5兆1,822億円 2.7%	5兆5,979億円 8.0%	5兆5,332億円 ▲1.2%	5兆6,122億円 1.4%	5兆8,407億円 4.1%	5兆9,354億円 1.6%

＊　いずれも、当初予算ベースの数値です。
＊　下段の数値は、対前年度増減率です。

■ 都予算・国予算・地方財政対策の状況

区　　　　　分	都 （一般会計当初予算）	国 （一般会計当初予算）	地方財政対策 （通常収支分）
財　政　規　模	⬆ 8兆　410億円 （3.1%）	⬆ 114兆3,812億円 （6.3%）	⬆ 92兆　400億円 （1.6%）
一　般　歳　出	⬆ 5兆9,354億円 （1.6%）	⬆ 72兆7,317億円 （8.0%）	⬆ 76兆4,800億円 （0.8%）
税　　　　　収	⬆ 6兆2,010億円 （10.1%）	⬆ 69兆4,400億円 （6.4%）	⬆ 42兆8,751億円 （4.0%）
起　債　依　存　度	⬇ 3.6% ▲0.2ポイント	⬇ 31.1% ▲3.2ポイント	⬇ 7.4% ▲1.0ポイント
起　債　残　高	⬇ 4.8兆円 （▲2.9%） 税収比0.8倍	⬆ 1,068兆円 （4.1%） 税収比15.4倍	⬇ 182兆円 （▲3.2%） 税収比4.2倍

＊　（　）内の数値は、対前年度増減率です。
＊　起債依存度は、歳入に占める起債の割合です。
＊　国の一般歳出は、歳出総額から国債費及び地方交付税交付金等を除いた額です。
＊　国の起債残高は、復興債を含んだ額です。
＊　地方財政対策の起債残高は、東日本大震災分を含んだ額です。

歳入の状況（一般会計）

歳入合計　8兆410億円（前年度比　＋2,400億円、＋3.1%）

- 都税収入は、企業収益の持ち直しによる**法人二税の増**などにより前年度に比べて5,702億円、10.1%の増となりました。
- 国庫支出金は、新型コロナウイルス感染症対策への特別対応に係る経費を当初予算に計上していないことから、**新型コロナ対策に関する交付金の減**などにより前年度に比べて3,541億円、47.7%の減となりました。
- 繰入金は、自然災害等の危機から都民の生命と暮らしを守るため、東京強靱化推進基金（仮称）などを積極的に活用する一方で、社会資本等整備基金繰入金の減などにより前年度に比べて656億円、11.6%の減となりました。
- 都債は、税収増などを活用し、**発行額を抑制**した結果、前年度に比べて38億円、1.3%の減となりました。そのうち、**ESG債**については、**昨年度と同水準の1,000億円程度を発行**し、ESG投資の更なる促進と、金融分野からのSDGs実現を後押しします。

歳入の状況

区　　　　　　　　分	令和5年度	令和4年度	増　減　額	増　減　率
都　　　　　　　税	6兆2,010億円	5兆6,308億円	5,702億円	10.1%
地　方　譲　与　税	672億円	492億円	180億円	36.6%
国　庫　支　出　金	3,881億円	7,422億円	▲ 3,541億円	▲ 47.7%
繰　　入　　金	5,016億円	5,673億円	▲ 656億円	▲ 11.6%
都　　　　　債	2,908億円	2,946億円	▲ 38億円	▲ 1.3%
そ　の　他　の　収　入	5,923億円	5,170億円	753億円	14.6%
合　　　　　計	8兆410億円	7兆8,010億円	2,400億円	3.1%

都税

● 都税収入は、企業収益の持ち直しによる法人二税の増や、繰入地方消費税の増などにより、**前年度に比べて5,702億円、10.1%の増**で、6兆2,010億円となりました。

■ 都税の内訳

区　　　　　　　分	令 和 5 年 度	令 和 4 年 度	増　減　額	増　減　率
都　　　　　　税	6兆 2,010億円	5兆 6,308億円	5,702億円	10.1%
法 人 二 税	2兆 2,089億円	1兆 9,138億円	2,951億円	15.4%
繰入地方消費税	7,690億円	6,567億円	1,122億円	17.1%
固 定 資 産 税 都 市 計 画 税	1兆 7,174億円	1兆 6,283億円	891億円	5.5%
そ の 他 の 税	1兆 5,057億円	1兆 4,319億円	738億円	5.2%

[社会保障施策に要する経費の財源]
・ 今後も増加が見込まれる社会保障施策に要する経費の財源確保のため、平成26年4月1日から、消費税率（国・地方）が5％から8％（うち地方消費税率1.7%）に、また、令和元年10月1日から、8％から10%（うち地方消費税率2.2%）に引き上げられました。
・ 地方消費税の税率引上げに伴う増収については、全額を社会保障施策に要する経費の財源に充当することとしています。

[固定資産税等の負担軽減措置]
・ 固定資産税等の既存の3つの負担軽減措置（小規模非住宅用地の2割減免等）については、令和5年度も継続します。

■ 都税収入の推移

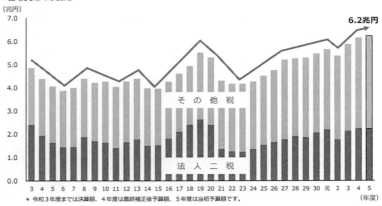

＊ 令和3年度までは決算額、4年度は最終補正後予算額、5年度は当初予算額です。

歳出の状況（一般会計）

一般歳出　5兆9,354億円　（前年度当初予算比　　+947億円、+1.6%
うちコロナ対策除く　+4,532億円、+8.3%）

● 一般歳出は、前年度に比べて1.6%増の5兆9,354億円となりました。

● **経常経費**は、チルドレンファースト社会の実現や脱炭素社会の実現、スタートアップが躍動する東京の実現に向けた取組などにより、前年度に比べて**0.9%増の4兆9,079億円**となりました。

● **投資的経費**は、都市強靱化に向けた取組や、便利で快適な交通・物流ネットワークの形成に向けた取組などにより、前年度に比べて**5.1%増の1兆275億円**となりました。

● **公債費**は、都債の償還をこれまで着実に進めてきた結果、前年度に比べて**0.4%減の3,442億円**となりました。

歳出の状況

区　　　　　　　　分	令和5年度	令和4年度	増　減　額	増　減　率
一　般　歳　出	5兆9,354億円	5兆8,407億円	947億円	1.6%
うちコロナ 対策除く	5兆9,354億円	5兆4,822億円	4,532億円	8.3%
経　常　経　費	4兆9,079億円	4兆8,631億円	448億円	0.9%
給　与　関　係　費	1兆6,237億円	1兆6,188億円	49億円	0.3%
その他の経常経費	3兆2,842億円	3兆2,443億円	400億円	1.2%
投　資　的　経　費	1兆275億円	9,776億円	498億円	5.1%
公　債　費	3,442億円	3,456億円	▲　14億円	▲　0.4%
税　連　動　経　費　等	1兆7,614億円	1兆6,146億円	1,468億円	9.1%
合　　　計	8兆410億円	7兆8,010億円	2,400億円	3.1%

目的別内訳

● 歳出を目的別にみると、前年度と比較して「福祉と保健」が1,949億円、14.5%の増（コロナ対策経費を除いた場合）、「労働と経済」が808億円、13.1%の増となりました。**限りある財源を重点的・効率的**に配分し、都民生活の質の向上に努めています。

区　　　　　分	令 和 5 年 度	構成比	令 和 4 年 度	構成比	増 減 額	増 減 率
福 祉 と 保 健	1兆5,384億円	25.9%	1兆7,019億円	29.1%	▲ 1,635億円	▲　9.6%
うちコロナ対策除く	1兆5,384億円	25.9%	1兆3,435億円	24.5%	1,949億円	14.5%
教 育 と 文 化	1兆1,980億円	20.2%	1兆1,724億円	20.1%	255億円	2.2%
労 働 と 経 済	6,963億円	11.7%	6,155億円	10.5%	808億円	13.1%
生 活 環 境	3,205億円	5.4%	2,408億円	4.1%	797億円	33.1%
都 市 の 整 備	8,913億円	15.0%	8,424億円	14.4%	489億円	5.8%
警 察 と 消 防	9,218億円	15.5%	9,115億円	15.6%	102億円	1.1%
企 画 ・ 総 務	3,691億円	6.2%	3,562億円	6.1%	129億円	3.6%
一 般 歳 出	5兆9,354億円	100.0%	5兆8,407億円	100.0%	947億円	1.6%
うちコロナ対策除く	5兆9,354億円	100.0%	5兆4,822億円	100.0%	4,532億円	8.3%
公 債 費	3,442億円	－	3,456億円	－	▲ 14億円	▲ 0.4%
税 連 動 経 費 等	1兆7,614億円	－	1兆6,146億円	－	1,468億円	9.1%
歳 出	8兆 410億円	－	7兆8,010億円	－	2,400億円	3.1%

■ 分野ごとの増減理由

福祉と保健	０１８サポートや第二子の保育料無償化の開始、東京都出産・子育て応援事業の増などにより、14.5%の増となりました。＊コロナ対策除く
教育と文化	都立学校の校舎改築費や、「使える英語力」の育成に係る経費の増などにより、2.2%の増となりました。
労働と経済	中小企業制度融資やしごとセンターの整備に係る経費の増、新エネルギー推進に係る技術開発支援事業の開始などにより、13.1%の増となりました。
生活環境	災害にも強く健康にも資する断熱・太陽光住宅普及拡大事業に係る経費の増や、ZEV普及促進事業の拡充などにより、33.1%の増となりました。
都市の整備	中小河川整備や鉄道の連続立体交差化の推進に係る経費の増、新宿駅直近地区整備事業の拡充などにより、5.8%の増となりました。
警察と消防	警察署の用地取得や警察施設の管理に係る経費の増などにより、1.1%の増となりました。
企画・総務	次期税務基幹システムの構築に係る経費の増や、「東京防災」・「東京くらし防災」のリニューアルなどにより、3.6%の増となりました。

コラム 都民1人当たりの予算

- 令和5年度予算を、目的別に、都民1人当たりの予算に置き換えました。**少子高齢化対策や学校教育の充実、警察活動・消防活動などに、多くの予算が配分**されています。

- 30年前の平成5年度と比較すると、少子高齢化に伴う児童や高齢者のための施策など「**福祉と保健**」が大きく増加しています。

- このように、時代とともに変化する都民のニーズを的確に把握し、**限られた都税収入などの財源を、必要な施策に対して適切に配分**しています。

分　　　野	令和5年度 （2023年度） 予算	平成5年度 （1993年度） 予算
少子高齢化対策など「**福祉と保健**」に	109,555円	52,673円
学校教育の充実など「**教育と文化**」に	85,312円	94,335円
産業の活性化など「**労働と経済**」に	49,590円	37,404円
廃棄物対策など「**生活環境**」に	22,823円	57,488円
道路の整備など「**都市の整備**」に	63,475円	134,550円
警察活動・消防活動など「**警察と消防**」に	65,642円	72,631円
職員の研修・福利厚生など「**企画・総務**」に	26,287円	46,838円
都債の元利償還など「**公債費**」に	24,511円	20,849円
区市町村への交付金など「**税連動経費等**」に	125,439円	74,835円
合　　　　　　計	572,634円	591,602円
都　　　　　　税	441,598円	363,514円

* 令和5年度の都内総人口は、「東京都の人口（推計）」（東京都総務局）における令和4年12月1日現在です。
* 平成5年度の都内総人口は、「東京都の人口（推計）」（東京都総務局）における平成5年12月1日現在です。

「令和5年度　東京都予算案の概要」より抜粋

第2部

教養試験
実施問題

令和5年度　Ⅰ類A　教養試験 実施問題

1　次の文章で述べられていることとして，最も妥当なのはどれか。

［この部分は，著作権の関係により，掲載できません。］

（高階秀爾「日本人にとって美しさとは何か」による）

1. 伊勢神宮は，余計なものを拒否するという美意識から，大陸から渡来した仏教寺院の建築技術の影響を一切受けることなく，今日にまで継承されてきた。
2. 大陸から渡来した多彩な仏教建築は，信仰と深く結びついた日本固有の美意識の中で変遷し，次第に簡素で質素な様式美を備えることとなった。
3. 日本の美意識の特質とは，伝統建築で受け継がれてきた簡素な様式美と美術作品に見られる華麗な装飾美という，相反する2つの美意識の共存である。
4. わびさびを追及し庭の花を切り捨てた利休と燕子花図屏風に金地を加えた光琳の手法は，日本人の持つ美意識の二面性を象徴するものである。
5. 金雲や金地は，確かに鮮やかな装飾効果を目指すものではあるが，同時に，それらが余計なものを排除するという役割を果たしている。

2　次の文中で述べられていることとして，最も妥当なのはどれか。

［この部分は，著作権の関係により，掲載できません。］

（暉峻淑子「豊かさとは何か」による）

1. 経済価値だけが突出し，カネとモノを持つことが最大の願望となっている社会においても，人の生活に必要な物には限りがあるため，個人の欲望は，充足していずれは落ちつくものである。
2. 自分を他人と横並びに比較する時間があったら，その分懸命に働き，カネとモノに不自由のない，豊かな生活を自分の手で作り出すべきである。
3. 日本において個人生活が利殖欲にひきずられやすくなっている社会的背景として，住宅事情や老後保障の課題などが挙げられる。

4. 限りない富の蓄積が人生の目的になっていても，仕事の量には限りがあるので，効率よく仕事を仕上げていけば，自由な自分の時間を持つ余裕が生まれ，ゆとりのある生活を実現できる。

5. 人生の時間が有限であることに気づけば，いかに自分らしい，よき人生を生きるか，ということに関心が集中するので，万人が万人の敵になることはなくなる。

3 次の文を並べ替えて一つのまとまった文章にする場合，最も妥当なのはどれか。

[この部分は，著作権の関係により，掲載できません。]

(渡部昇一「英語の語源」による)

1. C ― D ― E ― A ― B
2. C ― E ― A ― B ― D
3. C ― E ― D ― A ― B
4. D ― A ― B ― C ― E
5. D ― A ― C ― E ― B

4 次の文章の空欄に当てはまる語句の組合せとして，最も妥当なのはどれか。

[この部分は，著作権の関係により，掲載できません。]

(鯖田豊之「戦争と人間の風土」による)

＊シレジア‥‥ポーランド南西部のオーデル川上流地方

	A	B	C	D	E ぎょ
1.	奇妙	いいかえれば	しかし	攻撃	防禦
2.	奇妙	しかしながら	しかし	防禦	攻撃
3.	奇妙	しかしながら	このため	防禦	攻撃
4.	普遍的	しかしながら	しかし	攻撃	防禦
5.	普遍的	いいかえれば	このため	防禦	攻撃

5 次の英文の中で述べられていることと一致するものとして，最も妥当なのはどれか。

[この部分は，著作権の関係により，掲載できません。]

(Henry James「The portrait of a lady」による)

＊ partake‥‥飲む　　＊ wane‥‥弱くなる　　＊ dusk‥‥夕暮れ

＊ ebb‥‥退潮する　　＊ votary‥‥支持者　　＊ angular‥‥角張った

＊ wicker‥‥枝編み細工　　＊ desultory‥‥とりとめのない

＊ circumspection‥‥細心の注意

1. 午後のお茶として知られているセレモニーは，実に心地よいひと時だが，お茶をたしなまない人にとってはその良さがなかなか理解できないものである。

2. よく晴れた夏の午後もだいぶ過ぎ，あとわずかで夕闇が訪れるまでのこの穏やかなひと時こそが，お茶をたしなむ人にとっては実に素晴らしく，貴重な時間なのである。

3. 大気はまろやかになり，影が手入れの行き届いた，密生した芝生の上に長く伸びていくその場の情景は，これから訪れるゆったりした楽しみへの期待感を表していた。

4. 芝生に映る人影は，椅子に腰を下ろして，お茶を飲みながらとりとめのない話をしている，老人と二人の青年のものだった。

5. 青年達は，派手な色彩のカップでお茶を飲みながら，イギリス独特の風景の中でも最も英国的な住居の赤味がかったファサードに視線を向け，老人はそんな彼らをぼんやり眺めていた。

6 次の英文の中で述べられていることと一致するものとして，最も妥当なのはどれか。

[この部分は，著作権の関係により，掲載できません。]

(Bob Greene「Cheeseburgers」による)

＊ weird‥‥奇妙な　　＊ cherish‥‥なつかしく思う

＊ jarring‥‥不調和な　　＊ cavity‥‥虫歯

＊gleeful‥‥大喜びの ＊gum‥‥歯茎

1. 私は，17歳の頃は毎日が退屈で，当時のことはほとんど記憶に残っていないが，当時付き合っていた友達とは今でも連絡をとりあっている。
2. 私は，年齢への不安から，定期的に歯の検診に通う決心をし，初診の時に，歯科医に虫歯があるかどうかを尋ねた。
3. 歯科医は，私に，中年になったら，虫歯のことよりも歯茎に気を付けたほうが賢明であると言った。
4. 私は，30歳が中年の入り口であって，そこを過ぎれば，35歳も36歳もほとんど変わりがないと思っていた。
5. 私の36歳の誕生日に，歯科医が私を中年と決めつけたのも無理がないことであるので，私は気にしなかった。

⁷ 次の英文の中で述べられていることと一致するものとして，最も妥当なのはどれか。

［この部分は，著作権の関係により，掲載できません。］

（Gene Stratton-Porter「FRECKLES」による）

＊freckle‥‥そばかす ＊vigilance‥‥警戒 ＊creek‥‥入り江
＊rank‥‥繁茂した ＊cudgel‥‥こん棒 ＊skim‥‥水平に飛ぶ
＊whirl‥‥渦巻く ＊quill‥‥羽軸 ＊iridescent‥‥虹色の
＊ether‥‥天空 ＊awe‥‥畏敬させる
＊reverently‥‥うやうやしく ＊moult‥‥羽根を落とす

1. 河口付近では，材木泥棒に出くわすことがよくあるので，「そばかす」は警戒心をゆるめることなく，森との境界線になっている柵へと続く道を歩いて行った。
2. 「そばかす」は，炎天下の湿原を雑草をかき分けて進んでいかなければならなかったので，しばしば日陰で体を休めた。
3. 湿原を進んでいると，大きな羽根が空中を漂っているのが見えたので，「そばかす」は，その羽根を追いかけ，地面に落ちてしまう前に手でつかまえた。
4. 羽根がどこからきたのか不思議に思った「そばかす」は，空を仰ぎ見たが，のんびりと浮かんでいる雲のほかには，何も見当たらなかった。

5. よく考えてみると黒い天使などいるわけがないので,「そばかす」は天使の羽根を手に入れたとぬか喜びした自分を責めた。

8 次の英文の中で述べられていることと一致するものとして,最も妥当なのはどれか。

[この部分は,著作権の関係により,掲載できません。]

(Max Weber「The vocation lectures」による)

＊infancy‥‥初期　　＊reengrocer‥‥青果店

1. アメリカの青年たちは,多くの試験を受けなければならないため,ドイツの青年たちよりも勉強量が多く,学校を卒業して社会に出た後は,様々な分野で活躍している。
2. アメリカの青年たちは,学生のあいだは成績主義にとらわれており,試験でいい点を取ることが,自分の将来にとって最も重要なことだと考えている。
3. アメリカの青年たちは,「民主主義」の本質を正しく理解しており,伝統や役職に加え,その人に関する個人的業績についても敬意を払っている。
4. アメリカの青年たちは,教師の仕事は,八百屋がキャベツを売るのと同様,お金と引き換えに自身の知識などを売ることだと考えており,普通の教師から「世界観」や人生の大原則を教えてもらえるなどとは夢にも思っていない。
5. アメリカの青年たちは,ドイツの青年たちと同様,サッカーなどのスポーツをその分野の一流プレイヤーから教わっている。

9 ある団体に加盟する会社300社について,A,B,Cの3種類のWeb会議システムの利用状況を調査したところ,次のことが分かった。

ア　Aを利用している会社は166社,Bを利用している会社は148社,Cを利用している会社は82社である。

イ　Aだけを利用している会社は86社,Bだけを利用している会社は52社である。

ウ　A,B,Cのいずれも利用していない会社は,A及びBの両方を利用している会社の半分である。

エ　A及びBの両方を利用している会社は，A及びCの2つだけを利用している会社の4倍である。

　以上から判断して，A，B，Cの3種類のWeb会議システム全てを利用している会社の数として，正しいのはどれか。

1. 2社
2. 4社
3. 8社
4. 16社
5. 32社

10　下の図のようなトーナメントにより，A～Gの7チームがラグビーの試合を行ったとき，次のことが分かっている。

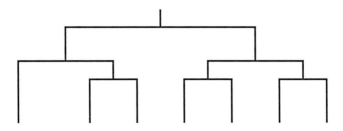

ア　AとGは対戦していない。
イ　BとC，DとFは対戦した。
ウ　BはEに負けた。
エ　Gが優勝した。
　以上から判断して，確実にいえるのはどれか。

1. AとEは対戦した。
2. AとFの試合数は同じであった。
3. Dは1回だけ勝った。
4. Eは1回だけ勝った。
5. FとGは対戦した。

11 A〜Eの5人が100m走を三回行ったときの順位について，次のことが分かっている。

ア　AとBの順位は，2回目と3回目のいずれも前走に比べて一つずつ上がった。

イ　Bの3回目の順位は，Cの1回目の順位と同じであった。

ウ　Dの2回目の順位は，Dの1回目の順位より二つ下がった。

エ　Dの順位は，Eの順位より常に上であった。

オ　Eの順位は，5位が二回あった。

　以上から判断して，Cの3回目の順位として，確実にいえるのはどれか。ただし，各回とも同着はなかった。

　　1．1位
　　2．2位
　　3．3位
　　4．4位
　　5．5位

12 ある商店街の福引抽選会において，2本の当たりくじを含む15本のくじの中から，3人が順番にそれぞれ1本ずつくじを引いたとき，3人のうち2人が当たる確率として，正しいのはどれか。ただし，引いたくじは戻さないものとする。

　　1．$\dfrac{8}{3375}$

　　2．$\dfrac{1}{105}$

　　3．$\dfrac{4}{225}$

　　4．$\dfrac{2}{105}$

　　5．$\dfrac{1}{35}$

13 A，B，Cの3人は，一周400mのトラックを，同じスタート地点から，Aは反時計回り，BとCは時計回りに，それぞれ一定の速さで同時に走り出した。Aは1分36秒で一周し，スタートしてから最初にBとすれ違うまでに32秒かかり，Bが一周したとき，CはBの80m後ろを走っていた。このとき，Cの速さとして，最も妥当なのはどれか。

1. 200m／分
2. 300m／分
3. 400m／分
4. 500m／分
5. 600m／分

14 下の図のようなパスカルの三角形において，上から12段目の左から3番目の数と，上から15段目の右から9番目の数との和として，正しいのはどれか。

```
1段目                          1
2段目                        1   1
3段目                      1   2   1
4段目                    1   3   3   1
5段目                  1   4   6   4   1
6段目                1   5  10  10   5   1
7段目              1   6  15  20  15   6   1
8段目            1   7  21  35  35   ·   ·   ·
              ·           ·       ·   ·   ·
            ·       ·   ·   ·   ·   ·
```

1. 3,058
2. 3,597
3. 5,071
4. 6,655
5. 7,158

⑮ ある牧場では，牛500頭を放牧すると，ちょうど10日間で牧草は食べ尽くされ，また，牛800頭を放牧するとちょうど6日間で牧草は食べ尽くされる。この牧場で，ある頭数の牛の放牧を開始し，その翌日から1日10頭ずつ牛を出荷していったところ，ちょうど20日間で牧草は食べ尽くされた。1頭の牛が1日に食べる牧草の量は全て等しく，牧草は毎日一定量生えるものとするとき，放牧開始日の牛の頭数はいくらか。

    1.　360頭

    2.　370頭

    3.　380頭

    4.　390頭

    5.　400頭

⑯ 次のような計算式①～③がある。

    ①　A ア B イ 5 ウ C エ D

    ②　(A ア B) イ 5 ウ C エ D

    ③　A ア B イ 5 ウ (C エ D)

  A～Dは2，3，4，6のいずれかの異なる数を表し，ア～エには＋，－，×，÷のいずれかの異なる演算記号が入る。計算式①～③の答えが全て異なり，計算式①の答えが正の整数であるとき，計算式①の答えとして最も小さい値はどれか。

    1.　4

    2.　5

    3.　6

    4.　7

    5.　8

17 次の図から正しくいえるのはどれか。

日本における乳製品の種類別輸入量の推移

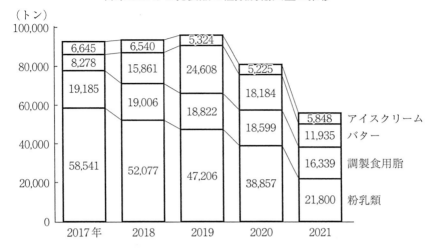

1. 2017年から2019年までの各年についてみると，アイスクリームの輸入量に対する粉乳類の輸入量の比率は，いずれの年も8.1を上回っている。

2. 2017年から2020年までの4か年におけるバターの輸入量の年平均は，2018年のバターの輸入量を上回っている。

3. 2018年の輸入量の合計に占める調製食用脂の輸入量の割合は，2020年の輸入量の合計に占める調製食用脂の輸入量の割合より大きい。

4. 2019年から2021年までについてみると，粉乳類の輸入量の3か年の累計は，調製食用脂の輸入量の3か年の累計を55,000トン以上，上回っている。

5. 2021年における輸入量の対前年増加率を種類別にみると，最も高いのはアイスクリームであり，最も低いのはバターである。

18 次の図から正しくいえるのはどれか。

日本における民生用電気機械器具4種の生産台数の対前年増加率の推移

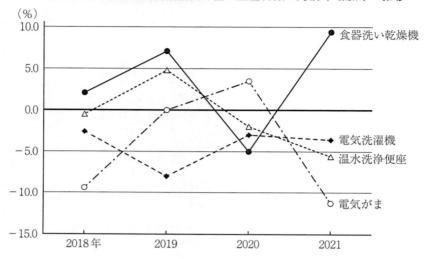

1. 電気洗濯機の生産台数についてみると，2017年と2019年の生産台数の差は，2018年と2021年の生産台数の差を上回っている。

2. 2017年から2021年までのうち，食器洗い乾燥機の生産台数が最も少ないのは2017年であり，2番目に少ないのは2020年である。

3. 2018年に対する2021年の民生用電気機械器具4種の生産台数の比率を種類別にみると，2番目に大きいのは電気がまである。

4. 2019年から2021年までの3か年における温水洗浄便座の生産台数の年平均は，2018年の温水洗浄便座の生産台数を上回っている。

5. 2019年における食器洗い乾燥機の生産台数を100としたとき，2021年における食器洗い乾燥機の生産台数の指数は102を下回っている。

19 次の図から正しくいえるのはどれか。

日本における項目別公害苦情件数の構成比の推移

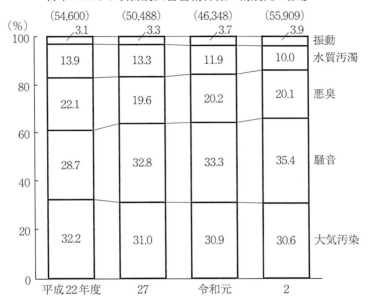

（注）（　）の数値は，項目別公害苦情件数の合計（単位：件）を示す。

1. 平成22年度についてみると，大気汚染の公害苦情件数は水質汚濁の公害苦情件数を10,100件以上，上回っている。

2. 平成22年度，平成27年度，令和元年度，令和2年度のうち，騒音の公害苦情件数が最も多いのは令和2年度であり，最も少ないのは平成22年度である。

3. 平成22年度，平成27年度，令和元年度，令和2年度において，悪臭の公害苦情件数に対する振動の公害苦情件数の比率は，いずれの年度も0.3を下回っている。

4. 平成27年度と令和元年度の公害苦情件数を項目別にみると，全ての項目において，平成27年度が令和元年度を上回っている。

5. 令和元年度における大気汚染の公害苦情件数と騒音の公害苦情件数をそれぞれ100としたとき，令和2年度における指数は，どちらも125を下回っている。

20 次の図から正しくいえるのはどれか。

日本における水産缶・びん詰生産量の状況

水産缶・びん詰生産量の対前年増加率の推移

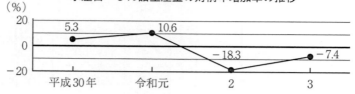

水産缶・びん詰生産量の構成比の推移

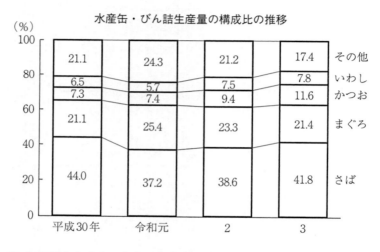

1. 平成29年から令和2年までの各年についてみると，水産缶・びん詰生産量の合計が最も少ないのは，平成29年である。

2. 「かつお」の水産缶・びん詰生産量についてみると，平成30年を100としたとき，令和2年の指数は，110を下回っている。

3. 平成30年から令和2年までの各年の水産缶・びん詰生産量についてみると，「まぐろ」に対する「いわし」の比率は，いずれの年も0.3を上回っている。

4. 「その他」の水産缶・びん詰生産量についてみると，令和元年から令和3年までの3か年の年平均は，平成30年を下回っている。

5. 「さば」の水産缶・びん詰生産量についてみると，令和3年は，令和元年を上回っている。

21 下の図のように, 面積196cm²の正方形ABCDの辺AB, BC, CD, DAの上に, それぞれ点E, F, G, Hをとり, 四角形EFGHが面積100cm² の正方形となるとき, 線分EBの長さとして, 正しいのはどれか。ただし, AE＜EBとする。

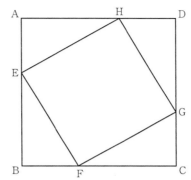

1. $5\sqrt{2}$ cm
2. 7.5cm
3. 8cm
4. $5\sqrt{3}$ cm
5. 9cm

22 下の図のように, 同じ大きさの正方形を縦に3つ, 横に4つずつ互い に接するように並べ, 12個全ての正方形に対角線を描いたとき, この図の 中にある正方形の数として, 正しいのはどれか。

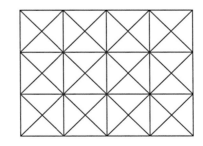

1. 42
2. 43
3. 44
4. 45
5. 46

23 下の図のように，∠ABC＝90°の直角三角形ABCを，辺ABを軸として1回転させてできた円すいの表面積として正しいのはどれか。ただし，辺ACの長さを16cm，辺ACの中点を点D，点Dを通り底面に平行な平面と円すいが交わってできる円の中心を点E，点Eを中心とする円の周の長さを4πcmとする。

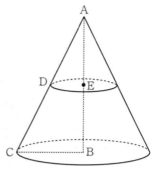

1. $16\pi\,\mathrm{cm}^2$
2. $64\pi\,\mathrm{cm}^2$
3. $80\pi\,\mathrm{cm}^2$
4. $83\pi\,\mathrm{cm}^2$
5. $128\pi\,\mathrm{cm}^2$

24 下の図のように，半径$4a$の円があり，長さ$4a$の線分ABが両端を円周に接しながら，円の内側を1周して元の位置に戻るとき，線分ABが通過する部分の面積として，正しいのはどれか。ただし，円周率はπとする。

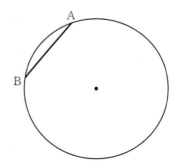

1. $4\pi a^2$
2. $(1+2\sqrt{3})\,\pi a^2$
3. $5\pi a^2$
4. $6\pi a^2$
5. $(1+3\sqrt{3})\,\pi a^2$

25 放射線に関する記述として，妥当なのはどれか。

1. 放射能をもつ同素体をラジオアイソトープ，放射能をもつ物質を放射性物質といい，主な放射線には，α線，β線，X線，赤外線などがある。

2. α線は，エネルギーの大きなヘリウムの原子核であり，電離作用が大きく，透過力が小さい。

3. β線は，非常に波長の短い電磁波で，磁場内で力を受けず直進し，アルミニウムなどの薄い金属板を透過する。

4. 半減期とは，放射性元素が崩壊して原子核が消滅し，もとの放射性元素の半分の質量になるまでにかかる時間をいい，周囲の温度や圧力などの影響を受ける。

5. 人体が放射線を受けることを被ばくといい，被ばくによる人体への影響を考慮した吸収線量を表す単位として，ベクレル（記号Bq）を用いる。

26 化学者に関する記述として，妥当なのはどれか。

1. アボガドロは，同温・同圧の下で，同体積の気体に含まれる分子の数は，気体の種類によらず同じになるという説を提唱した。

2. ゲーリュサックは，密閉容器の中で空気とスズを熱する研究から，物質が化合や分解をしても，その前後で物質全体の質量の総和は変わらないことを発見した。

3. メンデレーエフは，当時知られていた95種類の元素を原子量順に並べた周期表を発表し，元素を「Ⅰ〜Ⅴ」の族に分けて表示した。

4. プルーストは，化合物の成分元素の質量の比は，天然物と人工物では異なることを発見した。

5. ラボアジエは，同温・同圧の下で，気体どうしの反応や反応により気体が生成するときは，それらの気体の体積には簡単な整数の比が成り立つことを発見した。

27 植物に関する記述として，妥当なのはどれか。

1. おしべの先端にある小さな袋をやくといい，中には花粉が入っており，めしべの先端を柱頭といい，花粉がつきやすくなっている。

2. 根から吸収された水や水にとけた肥料分などの通り道を師管といい，葉でつくられた栄養分の通り道を道管という。

3. 気孔は，葉の表裏にあり，気孔から水が水蒸気として出ていくことを蒸発といい，単位面積当たりの気孔の数は葉の表側の方が多い。

4. シダ植物は，種子植物と異なり，からだに維管束がなく，主に道管と師管でからだを支え，種子ではなく胞子によって増える。

5. コケ植物は，葉，茎，根の区別がなく，必要な水分などはからだを地面に固定する仮根から主に吸収し，胞子ではなく菌糸によって増える。

[28] **太陽と惑星に関する記述として，最も妥当なのはどれか。**

1. 太陽の表面では，1つのヘリウムの原子核から4つの水素の原子核をつくる核分裂反応により莫大なエネルギーが生まれており，地球は太陽から膨大な量のエネルギーを受け取っている。

2. 太陽系の8つの惑星のうち，金星・地球・火星・海王星は，地球型惑星と呼ばれ主に岩石でできた固体の表面を持ち，水星・木星・土星・天王星は，木星型惑星と呼ばれ，岩石と氷からなる核に水素とヘリウムのガスの外層部を持っている。

3. 火星は，自転周期と自転軸の傾きが地球とほぼ同じで，半径は地球の約2倍，質量は約10倍，大気の主成分は二酸化炭素となっており，表面に流水によって形成されたと考えられる地形や砂岩・礫岩が存在することがわかっている。

4. ハビタブルゾーンとは，恒星周辺で生命が存在するために必要であると考えられている水が，惑星の表面に液体で存在できる温度が保たれている領域であり，生存に適した場所をいう。

5. 日本の小惑星探査機はやぶさ2は，地球上の水や生命の起源につながる物質の手がかりになると期待される小惑星イトカワのサンプルを，2024年に持ち帰ることになっている。

[29] **国風文化に関する記述として，妥当なのはどれか。**

1. 国風文化とは，菅原道真による遣唐使の停止により，東アジアとの交流がとだえた結果，日本独自の文化として発展したもので，天平文化ともよばれる。

2. 仮名文字の発達は，日本人の感覚や感情をいきいきと表現することを可能にし，国風文化の形成に重要な役割をはたしたとされている。

3.「古今和歌集」は藤原定家により編集され，「万葉集」と比べて素朴で力

強い歌風は，古今調とよばれて長く和歌の模範となった。

4. 物語文学では，皇后定子に仕えた紫式部が，宮廷生活の体験を随筆風に記した「源氏物語」を創作し，清少納言の「枕草子」とともに国風文化を代表した。

5. 日記文学では，紀貫之が紀行文「更級日記」をあらわしたほか，菅原孝標の女が自らの一生を回顧して「蜻蛉日記」をあらわした。

30 日本の土地政策の歴史に関する記述として，妥当なのはどれか。

1. 班田収授法とは，戸籍に基づき全ての男女に口分田が与えられ，その子，孫，曽孫まで三世にわたる土地の使用を認めた法令をいう。

2. 官省符荘とは，国衙の検田使などの立ち入りを拒否する権利である不輸の権が与えられた荘園をいう。

3. 半済令とは，室町幕府が，軍費調達のために守護に一国内の荘園や公領の年貢の半分を徴発する権限を認めた法令などをいう。

4. 太閤検地とは，豊臣秀吉が全国的にほぼ同一基準で実施した土地の調査であり，これにより，荘園制度が完成するとともに，一地一作人の制度は崩壊した。

5. 地租改正とは，明治政府が，課税基準を所有地における収穫高とすることを明文化した制度改革であり，併せて土地所有権の確認証である地券が発行された。

31 16世紀のヨーロッパにおける宗教改革に関する記述として，妥当なのはどれか。

1. ルターは，贖宥状（免罪符）を肯定しつつその改善点を示した「95か条の論題」を発表し，聖書信仰のあり方を見直すことによって，ローマ教皇の権威の回復に努めた。

2. カルヴァンは，スイスのジュネーヴで改革を指導し，神は全能者として救う者とそうでない者をあらかじめ区別しているとする予定説を唱えた。

3. イギリスでは，国王ヘンリ8世が，カトリック信仰を擁護するため，イギリス国教会を解散させ，ローマ教会との統合を果たした。

4. フランスで広まったカルヴァン派はユグノーと呼ばれたが，サンバルテルミの祭日にカトリック信徒を虐殺し，ナントの王令により国外追放された。

5. ドイツでは，カルヴァン派の説教師であったミュンツァーが指導者となって，ドイツのシュマルカルデンの農民とともに同盟を結成し，カトリック教会に対抗して，宗教内戦を引き起こした。

32 オセアニアに関する記述として，妥当なのはどれか。

1. オセアニアはオーストラリア大陸やメラネシアなどからなり，メラネシアは小さい島々という意味で，ハワイ諸島やニューギニア島が含まれる。

2. オーストラリア大陸西岸には，グレートディバイディング山脈が南北に走り，大陸の東岸には平坦な地形が広がっている。

3. オーストラリアは鉄鉱石や石炭など鉱産資源の産出量が多く，最近では，鉱産資源の輸出先は，アジアの国々の占める割合が高くなっている。

4. ニュージーランドは古期造山帯の一部をなす北島と南島からなり，南島は活火山を有する火山性の地形である。

5. ニュージーランドでは，オーストラリアと異なり，ヨーロッパからの入植者と先住民であるアボリジニとの対立がなかったため，多文化社会が形成されている。

33 憲法に定める天皇に関する記述として，妥当なのはどれか。

1. 天皇は，日本国の象徴であり，天皇の地位は，内閣が定める皇室典範により世襲のものとされており，日本国民の総意から独立したものとして保障されている。

2. 天皇は，国会の指名に基づいて，内閣総理大臣及び最高裁判所の長たる裁判官を任命する。

3. 天皇は，憲法の定める国事に関する行為のみを行い，国政に関する権能を有しないため，国会を召集することはできない。

4. 天皇の国事に関するすべての行為には，内閣の助言と承認を必要とし，内閣がその責任を負う。

5. 天皇の国事に関する行為は，天皇自ら行わなければならず，摂政に国事に関する行為を行わせることはできない。

34 各国の政治制度に関する記述として，妥当なのはどれか。

1. イギリスの議会は上院と下院の二院制であり，選挙で選ばれた議員からなる上院が優越し，行政府である内閣は上院の多数党の党首が首相となっ

て組織される。

2. アメリカ合衆国の大統領は，議会が可決した法案への拒否権と議会に対して政策を示す教書を送る権限を持つが，議会の解散権と法案の提出権は持たない。

3. ドイツやイタリアでは，大統領が存在するため，民主的な選挙において多数となった政党が，行政権を担う内閣を組織する制度は採用されていない。

4. スハルト政権下のインドネシアでは，国民の代表である議会に権力を集中させる体制がとられるなど，民主化運動に向けた動きが活発化した。

5. 中国では，立法府である全国人民代表大会，行政府である最高人民法院及び最高司法機関である国務院がおかれ，事実上の三権分立が確立されている。

[35] 物価の動きに関する記述として，妥当なのはどれか。

1. 企業物価指数とは，小売段階で購入する財・サービスの価格の指標で，総務省から公表されている。

2. コスト・プッシュ・インフレとは，財・サービスへの需要の高まりにより，需要が供給を上回るときに生じるインフレをいう。

3. ディマンド・プル・インフレとは，輸入製品や原材料の価格上昇が要因となって引き起こされるインフレをいう。

4. スタグフレーションとは，激しいデフレと景気後退が一時的に同時に進行することをいい，リーマンショック直後に発生した現象である。

5. デフレスパイラルとは，企業の倒産が増加すると，さらに失業が増加し，需要の低下をまねくことでデフレを悪化・長期化させることをいう。

[36] 昨年7月に総務省が公表した「令和4年版情報通信白書」に関する記述として，妥当なのはどれか。

1. 過去10年間でインターネットやスマートフォンが急速に普及し，SNSなどのIoTサービスが社会に浸透していくなど，IoTは国民生活に不可欠な社会・経済インフラとして大きな役割を果たすようになったとしている。

2. インフラの整備状況をみると，2020年度末時点で5G基盤展開率は49.5％，5G基地局数は約10万局となっており，2025年度末に5Gの人口カバー率を全国で70％とすることを目指すとしている。

3. 2021年における年齢階層別のインターネット利用率は，6〜12歳までの階層では6割を下回るが，13歳〜69歳までの各階層では9割を超えている。

4. 自由で信頼性の高い情報空間の構築に向け，プラットフォーム事業者等の取組の透明性やアカウンタビリティの確保，誹謗中傷や偽情報等への対応，利用者情報の取り扱い等に対する取組を推進していくとしている。

5. 固定通信による超低消費電力化を可能とする次世代ネットワーク（NGN）に向けて，研究開発・実装・国内標準化を推進するとしている。

[37] 本年4月に施行された「民法等の一部を改正する法律」のうち，民法の改正に関する記述として，妥当なのはどれか。

1. 土地の所有者は，隣地の竹木の根が境界線を越えるときは，その枝が境界線を越えるときと同様に，自らその根を切除することができると新たに明文化された。

2. 土地の所有者は，所定の目的のため必要な範囲内で隣地を使用することができるが，境界に関する測量は，隣地使用が認められる目的の対象外とされた。

3. 土地の所有者は，他の土地に設備を設置しなければ電気，ガス又は水道水等の継続的給付を受けることができないときは，継続的給付を受けるため必要な範囲内で他の土地に設備を設置することができると明文化された。

4. 共有物に形状又は効用の著しい変更を伴わない軽微な変更を加える行為であっても，共有者全員の同意が必要であるとされた。

5. 所在等不明共有者がいる場合において，所在等不明共有者以外の各共有者の持ち分合計が全体の二分の一に達したときは，裁判所の関与なく，管理に関する事項を決定できるとされた。

[38] 昨年12月に閣議決定された「国家防衛戦略」に関する記述として，妥当なのはどれか。

1. 本戦略は，平成31年度に策定された「国家防衛戦略」を見直し，我が国の防衛目標を設定し，それを達成するためのアプローチとその手段について包括的に示す事項を新たに加え，改定したものである。

2. 北朝鮮は近年，宇宙・サイバー・電磁波などの新たな領域において，関連技術・運用能力を急速に向上させており，これまでと同様の脅威が継

続しているとされた。

3. 力による一方的な現状変更を許容しない安全保障環境を創出し，現状変更の試みを同盟国・同志国等と協力・連携して抑止することや日米同盟の抑止力と対処力の強化などが基本方針とされた。

4. 我が国に対する武力攻撃が発生した場合，武力行使の5要件に基づき，相手の領域において攻撃を加えることが可能であるとした。

5. 有事の際には機動性を重視した臨時の統合運用体制により対処するとしたため，防衛大臣による海上保安庁の統制は行われないこととされた。

39 昨年12月に閣議決定された「令和5年度税制改正の大綱」に関する記述として，妥当なのはどれか。

1. 家計の資産を貯蓄から投資へと振り向け，資産所得倍増につなげるため，iDeCoの非課税期間については，非課税限度額に達するまでとした。

2. 所得が10億円を超えると税負担率が下がる「10億円の壁」の是正に向けて，年間所得が50億円を超す超富裕層への課税強化策を導入した。

3. 暦年課税における相続開始前贈与の加算期間を3年から7年に延長するなど，資産移転の時期の選択により中立的な税制の構築を行うとした。

4. これまで免税事業者であった者に対する負担軽減措置を終了し，令和5年4月に消費税のインボイス制度を開始するとした。

5. 防衛費増額の税財源として，令和7年12月から，法人税，所得税，たばこ税，消費税の4税の増税の実施を目指す方針が明記された。

40 本年1月に実施された日本の外交活動に関する記述として，妥当なのはどれか。

1. 日仏2プラス2において，両国の外務・防衛当局は，中国を念頭に東シナ海や南シナ海での力を背景とした一方的な現状変更に反対するとともに，台湾海峡における安全保障分野での連携を強化していくことを確認した。

2. 日伊首脳会談において，両首脳は，米国を含む3カ国で次期戦闘機を共同開発すること及びウクライナに対する支援を継続することなどで一致した。

3. 日英首脳会談において，両首脳は，両国の安全保障分野での連携強化を図ることを目的とした「日英部隊間協力円滑化協定」の署名に向け，外務・防衛当局間の協議の立ち上げで合意した。

4. 日米2プラス2において，両国の外務・防衛当局は，守りに徹する自衛隊が「盾」，打撃力を持つ米軍が「矛」という，日米同盟における両国間の役割分担に変わりがないことを確認した。
5. 日米首脳会談において，両首脳は，厳しい安全保障環境も踏まえつつ，「核兵器のない世界」に向けて，日米で共に取り組んでいくことなどで一致した。

《 解 答 ・ 解 説 》

1 5

解説 出典は高階秀爾著『日本人にとって美しさとは何か』。本文の内容と合致するものを選ぶ選択問題である。正解以外の選択肢には，本文と食い違うところや大げさに書かれているところなどが必ずある。細部までよく読んで見極めるようにしよう。

2 3

解説 出典は暉峻淑子著『豊かさとは何か』。本文の内容と合致するものを選ぶ選択問題である。「カネとモノ」「時間」など本文に出てくるキーワードがどの選択肢にも含まれているが，選択肢の単語に引きずられずに文章全体の内容を正しく把握するように努めたい。

3 5

解説 出典は渡部昇一著『英語の語源』。文整序問題である。最初の選択肢がCDの二択，次の選択肢がADEの三択になっていることがヒントになるだろう。

4 1

解説 出典は鯖田豊之著『戦争と人間の風土』。空欄補充問題である。BCの「このため」は順接，「しかし」「しかしながら」は逆接，「いいかえれば」は言換の接続詞。またDEの「攻撃」「防禦」は対義語の関係にある。どの組み合わせで文章が最もスムーズにつながるかを考えよう。

5 3

解説 出典はヘンリー・ジェイムズの小説『The Portrait of a Lady（ある婦人の肖像）』。手順としては、まず選択肢を読んでから本文を読んで、次に選択肢の吟味をする。小説では、動作や発言が誰のものかを把握することが大切である。主語と述語の関係や、代名詞が誰をさしているのかなどに注意をしよう。

6 3

解説 出典はボブ・グリーンのエッセイ『Cheeseburgers（チーズバーガー）』。先に選択肢に目を通し、エピソードとなっている場面を想像することで、解答にたどり着きやすくなる。英文を読んでだいたいの意味を把握するつもりで臨むようにしよう。

7 4

解説 出典はジーン・ストラトン・ポーターの小説『FRECKLES（そばかすの少年）』。選択肢には少年だけが登場しているので、彼の行動だけを追うようにしたい。また、英文を読む際、準否定語とよばれる hardly, seldom, few, little などに注意すること。部分否定や二重否定についても文法書などで確認しておくとよいだろう。

8 4

解説 出典はマックス・ウェーバーの『The vocation lectures（「職業としての学問」「職業としての政治」）』。選択肢の「最も重要なことだと考えている」、「夢にも思っていない」、「〜と同様」などの英語表現が正誤判断として狙われやすいので気をつけて読み進めよう。

9 4

解説 与えられた条件を下図のようにベン図で表し，それぞれの領域をa〜hとする。

条件アより，$a + d + e + g = 166$…①，$b + d + f + g = 148$…②，$c + e + f + g = 82$…③

条件イより，$a = 86$…④，$b = 52$…⑤

条件ウより，$2h = d + g$…⑥

条件エより，$d + g = 4e$…⑦

①④⑦より，$5e = 80$　ゆえに$e = 16$…⑧

⑥⑦⑧より，$2h = 4 \times 16$　ゆえに$h = 32$…⑨

②⑤⑦⑧より，$f = 148 - 52 - 64 = 32$…⑩

③⑦⑧⑩より，$c = d - 30$…⑪

また，⑦より，$g = 64 - d$…⑫

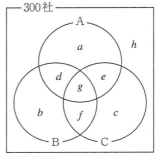

ここで，すべての合計が300であるので，$a + b + c + d + e + f + g + h = 300$

④⑤⑧⑨⑩⑪⑫を代入すると，$d = 48$…⑬

よって，⑫⑬より，$g = 64 - 48 = 16$

したがって，A，B，Cの3種類のWeb会議システム全てを利用している会社の数は，16社である。

10 1

解説 トーナメントの試合を便宜上下図のようにする。

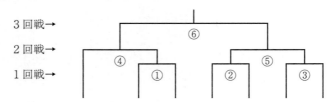

条件イ，ウより，BはEと対戦する前にCと対戦したことが分かる。また，条件エより優勝したのはGであるため，Bは1回戦でCと，2回戦でEと対戦したことが分かる。

ここでBとCが①と②と③のどこで対戦したか場合分けして考える。

（i）BとCが①で対戦した場合

BはEと2回戦④で対戦するため，Eがシードの部分に入ることが分かる。

条件アより，AとGは対戦しないためそれぞれ②と③にはいることがわかる。一方，残ったDとFもそれぞれ②と③に入るが，条件イよりDとFは対戦をするためそれぞれ勝ち上がらなければならない。しかし，条件エより優勝したのはGなのでGが勝ち上がるため，DとFは対戦することが出来ない。よって，この場合は不適となる。

（ⅱ）BとCが②で対戦した場合

BはEと2回戦⑤で対戦をするため，Eは③に入ることが分かる。一方，⑤はEが勝ち上がるため，条件イよりDとFが対戦をするのは①しか当てはまらない。条件エより優勝したのはGのため，シード部分にG，残った③のもう1枠にAが入る。以上をまとめると次のようになる。

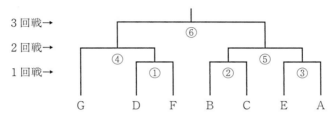

（ⅲ）BとCが③で対戦した場合

（ⅱ）と同様となり，下図のようになる。

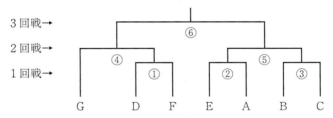

ここで，各選択肢を吟味していく。

1　正しい。AとEは必ず対戦をしている。

2　誤り。Aは1回戦で負けているが，Fは1回戦で勝ったか負けたかはわからない。

3　誤り。Dは1回戦で勝ったか負けたかはわからない。

4　誤り。Eは2回勝っている。

5　誤り。1回戦でFは負ける場合もあるため，FとGは対戦しないこともある。

11 5

解説 与えられた条件を整理すると次のように整理できる。

条件アより，A，Bそれぞれの1回目が3位のとき，2回目は2位，3回目は1位，1回目が4位のとき，2回目は3位，3回目は2位，1回目が5位のとき，2回目は4位，3回目は3位である。

条件イより，Bの3回目＝Cの1回目となる。

条件ウより，Dの1回目が1位のとき，2回目は3位，1回目が2位のとき，2回目は4位，1回目が3位のとき，2回目は5位となる。

条件エより，常にD＞Eとなる。

条件オより，Eは5位が2回である。

ここで，Eが5位となった回数について場合分けをして考えていく。

（ⅰ）Eが1回目と2回目に5位となった場合

また，条件アより，A，Bの順位でさらに場合分けをする。

（ⅰ－1）Aの1回目が3位，Bの1回目が4位の場合

	1位	2位	3位	4位	5位
1回目			A	B	E
2回目		A	B		E
3回目	A	B			

また，条件イより，1回目のCが2位とDが1位である。

	1位	2位	3位	4位	5位
1回目	D	C	A	B	E
2回目		A	B		E
3回目	A	B			

しかしここで，条件ウより，Dの2回目の順位は3位となるはずのため矛盾する。よって，この場合は不適。

（ⅰ－2）Aの1回目が4位，Bの1回目が3位の場合

	1位	2位	3位	4位	5位
1回目			B	A	E
2回目		B	A		E
3回目	B	A			

また，条件イより，1回目のCが1位，Dが2位の順位も確定する。

さらに，条件ウより，2回目のDが4位，残ったCの1位が確定する。

ここで，3回目のＥは5位ではないため3位か4位になるはずだが，条件エよりＤが3位，Ｅが4位，残ったＣの5位が確定する。よって，全体の順位は次の表のようになる。

	1位	2位	3位	4位	5位
1回目	C	D	B	A	E
2回目	C	B	A	D	E
3回目	B	A	D	E	C

（ⅱ）Ｅが1回目と3回目に5位となった場合
また，条件アより，Ａ，Ｂの順位でさらに場合分けをする。
（ⅱ-1）Ａの1回目が3位，Ｂの1回目が4位の場合

	1位	2位	3位	4位	5位
1回目			A	B	E
2回目		A	B		
3回目	A	B			E

また，条件イより，1回目のＣが2位，Ｄが1位である。

	1位	2位	3位	4位	5位
1回目	D	C	A	B	E
2回目		A	B		
3回目	A	B			E

しかしここで，条件ウより，Ｄの2回目の順位は3位となるはずのため矛盾する。よって，この場合は不適。
（ⅱ-2）Ａの1回目が4位，Ｂの1回目が3位の場合

	1位	2位	3位	4位	5位
1回目			B	A	E
2回目		B	A		
3回目	B	A			E

また，条件イより，1回目のＣが1位，Ｄが2位である。

	1位	2位	3位	4位	5位
1回目	C	D	B	A	E
2回目		B	A		
3回目	B	A			E

しかしここで，条件ウより，Dの2回目の順位は4位となるが，条件エより，
Eの順位は5位となってしまうため，この場合は不適。

（iii） Eが2回目と3回目に5位となった場合

また，条件アより，A，Bの順位でさらに場合分けをする。

（iii－1） Aの1回目が5位，Bの1回目が4位の場合

	1位	2位	3位	4位	5位
1回目				B	A
2回目			B	A	E
3回目		B	A		E

また，条件イよりCの1回目は2位，条件エよりDの1回目が1位，Eが3位
である。

	1位	2位	3位	4位	5位
1回目	D	C	E	B	A
2回目			B	A	E
3回目		B	A		E

さらに，条件ウよりDの2回目は3位となるはずだが，これは矛盾している。
よってこの場合は不適。

（iii－2） Aの1回目が5位，Bの1回目が3位の場合

	1位	2位	3位	4位	5位
1回目			B		A
2回目		B		A	E
3回目	B		A		E

また，条件イよりCの1回目は1位，条件エよりDの1回目が2位，Eが4位
である。

	1位	2位	3位	4位	5位
1回目	C	D	B	E	A
2回目		B		A	E
3回目	B		A		E

さらに，条件ウよりDの2回目は4位となるはずだが，これは矛盾している。
よってこの場合は不適。

（ⅲ－3）　Ａの１回目が4位，Ｂの１回目が5位の場合

	1位	2位	3位	4位	5位
1回目				A	B
2回目			A	B	E
3回目		A	B		E

また，条件イよりＣの１回目は3位，条件エよりＤの１回目が1位，Ｅが2位である。

	1位	2位	3位	4位	5位
1回目	D	E	C	A	B
2回目			A	B	E
3回目		A	B		E

さらに，条件ウよりＤの２回目は3位となるはずだが，これは矛盾している。よってこの場合は不適。

（ⅲ－3）　Ａの１回目が3位，Ｂの１回目が5位の場合

	1位	2位	3位	4位	5位
1回目			A		B
2回目		A		B	E
3回目	A		B		E

また，条件イよりＣの１回目は3位となるはずだが，これは矛盾している。よってこの場合は不適。

以上より，（ⅰ－2）の場合に確定するため，Ｃの3回目の順位は5位である。

12　5

解説　１人目と２人目が当たりを引く確率は $\frac{_2C_1}{_{15}C_1} \times \frac{_1C_1}{_{14}C_1} \times \frac{_{13}C_1}{_{13}C_1}$，２人目と３人目が当たりを引く確率は $\frac{_{13}C_1}{_{15}C_1} \times \frac{_2C_1}{_{14}C_1} \times \frac{_1C_1}{_{13}C_1}$，１人目と３人目が当たりを引く確率は $\frac{_2C_1}{_{15}C_1} \times \frac{_{13}C_1}{_{14}C_1} \times \frac{_1C_1}{_{13}C_1}$ である。よって，３人のうち２人が当たる確率は，$\frac{_2C_1}{_{15}C_1} \times \frac{_1C_1}{_{14}C_1} \times \frac{_{13}C_1}{_{13}C_1} + \frac{_{13}C_1}{_{15}C_1} \times \frac{_2C_1}{_{14}C_1} \times \frac{_1C_1}{_{13}C_1} + \frac{_2C_1}{_{15}C_1} \times \frac{_{13}C_1}{_{14}C_1} \times \frac{_1C_1}{_{13}C_1} = \frac{3 \times 13 \times 2 \times 1}{15 \times 14 \times 13} = \frac{1}{35}$

13 3

解説 Aの速さは $400 \div 96 = \dfrac{25}{6}$ 〔m／秒〕である。Bと32秒後にすれ違う

より，すれ違った地点はAから $\dfrac{25}{6} \times 32 = \dfrac{400}{3}$ 〔m〕，Bから $400 - \dfrac{400}{3} = \dfrac{800}{3}$

〔m〕の地点である。よって，Bの速さは $\dfrac{800}{3} \div 32 = \dfrac{25}{3}$ 〔m／秒〕である。B

はゴールするのに $400 \div \dfrac{25}{3} = 48$ 〔秒〕かかるので，Cは48秒で320m進んで

いることになる。ゆえに，Cの速さは $320 \div 48 = \dfrac{20}{3}$ 〔m／秒〕＝ 400 〔m／分〕

である。

14 1

解説 パスカルの三角形の性質より，
12段目の左から3番目の数は，$_{11}C_2 = 55$
15段目の右から9番目の数は，左から7番目の数なので，$_{14}C_6 = 3003$
よってこれらの和は，$55 + 3003 = 3058$

15 2

解説 牛1頭が1日に食べる牧草の量を a，牧草が1日に生える量を b，もと
もとあった牧草の量を c とすると，$500 \times 10 \times a = b \times 10 + c \cdots$①，$800 \times 6 \times$
$a = b \times 6 + c \cdots$②が成り立つ。①②を整理すると，$b = 50a \cdots$③と表せる。ま
た，これを①に代入すると，$c = 4500a$ と表せる。
ここで，牛の頭数を x とすると，
$4500a + 20b = ax + (x-10)a + (x-20)a \cdots (x-190)a$ が成り立つ。
③を代入して右辺を整理すると，$4500a + 1000a = a(20x - 1900)$
よって，$x = 370$ 〔頭〕

16 4

解説 ①〜③の答えがすべて異なるより，（　　）によって計算の順序が変
わる必要がある。よって，（　　）を含む空欄ア，エには「＋」と「－」が入る。
また空欄イとウには「×」と「÷」がはいる。
（ⅰ）アに「＋」，イに「－」，ウに「×」，エに「÷」が入る場合
　　A＋B×5÷C－Dの式において答えが整数となるので，B×5÷Cも整数

にならなければいけない。よって、これを満たすB，Cの値はCが2，Bが4，6しかないが、答えを最も小さくしたいためBが4に決まる。さらに、A，Dには残った3と6が入るが、答えが最も小さい正の整数となるのは、Aが3，Dが6の場合である。よって、この場合の答えは、$3 + 4 \times 5 \div 2 - 6 = 7$となる。なお、②の答えは$\frac{23}{2}$，③の答えは$-2$のため、題意を満たしている。

（ⅱ）アに「＋」，イに「－」，ウに「÷」，エに「×」が入る場合

$A + B \div 5 \times C - D$の式において答えが整数となるので、$B \div 5 \times C$も整数にならなければいけない。しかしこれを満たすA～Dの値はないため、この場合は不適である。

（ⅲ）アに「－」，イに「＋」，ウに「×」，エに「÷」が入る場合

$A - B \times 5 \div C + D$の式において答えが整数となるので、$B \times 5 \div C$も整数にならなければいけない。よって、これを満たすB，Cの値はCが2，Bが4，6しかない。ここで、残りのA，Dについて各数字をあてはめても、残りのどの数字をあてはめても答えが正の整数となることはできない。よって、この場合は不適である。

（ⅳ）アに「－」，イに「＋」，ウに「÷」，エに「×」が入る場合

$A - B \div 5 \times C + D$の式において答えが整数となるので、$B \div 5 \times C$も整数にならなければいけない。しかしこれを満たすA～Dの値はないため、この場合は不適である。

以上より、計算式①の答えで最も小さい値は7である。

17 2

解説 1：誤り。2018年のアイスクリームの輸入量に対する粉乳類の輸入量の比率は、$\frac{52,077}{6,540} \div 7.96$より、8.1を下回っている。　2：正しい。2017年から2020年までの4か年におけるバターの輸入量の年平均は$\frac{8,278 + 15,861 + 24,608 + 18,184}{4} \div 16,733$で、2018年のバターの輸入量15,861を上回っている。　3：誤り。2018年の輸入量の合計に占める調整食用脂の輸入量の割合は$\frac{19,006}{6,540 + 15,861 + 19,006 + 52,077} \times 100 \div 20.3$で、2020年のそれの$\frac{18,599}{5,225 + 18,184 + 18,599 + 38,857} \times 100 \div 23.0$より小さい。

4：誤り。2019年から2021年までの粉乳類の輸入量の3か年の累計は47,206 + 38,857 + 21,800 = 107,863で，調整食用脂のそれの18,822 + 18,599 + 16,339 = 53,760より107,863 − 53,760 = 54,103〔トン〕上回っているため，55,000トン以上，上回ってはいない。　5：誤り。それぞれの乳製品の対前年増加率は，アイスクリームは$\frac{5,848}{5,225} \times 100 - 100 ≒ 11.9$〔％〕，バターは$\frac{11,935}{18,184} \times 100 - 100 ≒ -34.4$〔％〕，調整食用脂は$\frac{16,339}{18,599} \times 100 - 100 ≒ -12.2$〔％〕，粉乳類は$\frac{21,800}{38,857} \times 100 - 100 ≒ -43.9$〔％〕である。よって，最も高いのはアイスクリームだが，最も低いのは粉乳類である。

18　4

解説　1：誤り。2017年の電気洗濯機の生産台数を100とすると，2018年の生産台数は100 × 0.975 = 97.5，2019年の生産台数は0.975 × 0.925 ≒ 90.19，2021年の生産台数は90.19 × 0.97 × 0.96 ≒ 83.98である。よって，2017年と2019年の生産台数の差は100 − 90.19 = 9.81，2018年と2021年の生産台数の差は97.5 − 83.98 = 13.52より，2018年と2021年の生産台数の差の方が大きい。2：誤り。2017年の食器洗い乾燥機の生産台数を100とすると，2018年の生産台数は100 × 1.02 = 102，2019年の生産台数は102 × 1.07 = 109.14，2020年の生産台数は109.14 × 0.95 = 103.683，2021年の生産台数は103.683 × 1.095 ≒ 113.53より，最も少ないのは2017年だが2番目に少ないのは2018年である。3：誤り。この表からは生産台数の比率を読み取ることはできない。　4：正しい。2018年の温水洗浄便座の生産台数を100とすると，2019年の生産台数は100 × 1.045 = 104.5，2020年の生産台数は104.5 × 0.975 ≒ 101.89，2021年の生産台数は101.89 × 0.945 ≒ 96.29である。よって，2019年から2021年までの3か年における温水洗浄便座の生産台数の年平均は$\frac{104.5 + 101.89 + 96.29}{3} ≒ 100.89$より，2018年の生産台数を上回っている。　5：誤り。2019年における食器洗い乾燥機の生産台数を100とすると，2020年の生産台数は100 × 0.95 = 95，2021年の生産台数は95 × 1.095 = 104.025より，102を上回っている。

19 3

解説 1：誤り。平成22年度の大気汚染の公害苦情件数 $54{,}600 \times \dfrac{32.2}{100} =$ 17,581.2 は，水質汚濁のそれの $54{,}600 \times \dfrac{13.9}{100} = 7{,}589.4$ より，17,581.2 − 7,589.4 = 9,991.8〔件〕上回っている。よって，10,100件以上，上回ってはいない。

2：誤り。各年度の騒音の公害苦情件数はそれぞれ，平成22年度は $54{,}600 \times$ $\dfrac{28.7}{100} = 15{,}670.2$，平成27年度は $50{,}488 \times \dfrac{32.8}{100} ≒ 16{,}560$，令和元年度は46,348 $\times \dfrac{33.3}{100} ≒ 15{,}433.9$，令和2年度は $55{,}909 \times \dfrac{35.4}{100} = 19{,}791.8$ である。よって，苦情件数が最も多いのは令和2年度だが，最も少ないのは令和元年度である。

3：正しい。各年度の悪臭の公害件数に対する振動の公害苦情件数の比率は，平成22年度は $\dfrac{3.1}{21.1} ≒ 0.14$，平成27年度は $\dfrac{3.3}{19.6} ≒ 0.17$，令和元年度は $\dfrac{3.7}{20.2} ≒$ 0.18，令和2年度は $\dfrac{3.9}{20.1} ≒ 0.19$ であり，いずれの年度も0.3を下回っている。

4：誤り。平成27年度の振動の公害苦情件数は $50{,}488 \times \dfrac{3.3}{100} ≒ 1{,}666$，令和元年のそれは $46{,}348 \times \dfrac{3.9}{100} ≒ 1{,}808$ で，令和元度年が平成27年度を上回っている。 5：誤り。令和元年度における大気汚染の公害苦情件数を100としたときの令和2年度のそれは $\dfrac{100}{46{,}348 \times 30.9} \times \dfrac{55{,}909 \times 30.6}{100} \times 100 ≒ 119.5$，令和元年度における騒音の公害苦情件数を100としたときの令和2年度のそれは $\dfrac{100}{46{,}348 \times 33.3} \times \dfrac{55{,}909 \times 35.4}{100} \times 100 ≒ 128.2$ より，大気汚染は125を下回っているが騒音は125を超えている。

20 4

解説 1：平成29年の水産缶・びん詰生産量の合計を100とすると，平成30年のそれは $100 \times \dfrac{105.3}{100} = 105.3$，令和元年のそれは $105.3 \times \dfrac{110.6}{100} ≒ 116.5$，令和2年のそれは $116.5 \times \dfrac{81.7}{100} ≒ 95.2$，令和3年のそれは $95.2 \times \dfrac{92.6}{100} ≒ 88.2$ であるので，平成29年が最も少ないわけではない。 2：誤り。かつおの平成30年の生産量を100とすると，令和2年のそれは $105.3 \times \dfrac{7.3}{100} : 100 = 95.2 \times$

$\frac{9.4}{100}$：x より，$x \fallingdotseq 116.4$ で，110 を上回っている。　3：誤り。まぐろに対するいわしの平成30年から令和2年までの各年の水産缶・びん詰生産量の比率は，平成30年は $\frac{6.5}{21.1} \fallingdotseq 0.31$，令和元年は $\frac{5.7}{25.4} \fallingdotseq 0.22$，令和2年は $\frac{7.5}{23.3} \fallingdotseq 0.32$ なので，令和元年は0.3を下回っている。　4：正しい。その他の水産缶・びん詰生産量は，平成30年は $105.3 \times \frac{21.1}{100} \fallingdotseq 22.2$，令和元年は $116.5 \times \frac{24.3}{100} \fallingdotseq$ 28.3，令和2年は $95.2 \times \frac{21.2}{100} \fallingdotseq 20.2$，令和3年は $88.2 \times \frac{17.4}{100} \fallingdotseq 15.3$ である。よって，令和元年から令和3年までの3か年の年平均は，$\frac{28.3 + 20.2 + 15.3}{3} \fallingdotseq 21.3$ で，平成30年の22.2を下回っている。　5：誤り。令和3年のさばの水産缶・びん詰生産量 $88.2 \times \frac{41.8}{100} \fallingdotseq 36.9$ は，令和元年のそれの $116.5 \times \frac{37.2}{100} \fallingdotseq 43.3$ を下回っている。

21 3

解説 正方形ABCDの面積が196より，1辺の長さは $\sqrt{196} = 14$，正方形EFGHの面積が100より，1辺の長さは $\sqrt{100} = 10$ である。また，CF $= x$ とおくと，BF $= 14 - x$ と表せる。

ここで，△EBFと△FCGに着目すると，

$\angle$EBF $= \angle$FCG $= 90°\cdots$①

EF $=$ FG $= 10\cdots$②

$\angle$BEF $= a$ とすると，三角形の内角の和は180°より $\angle$BFE $= 180 - 90 - a = 90 - a$，また $\angle$BFC $= 180°$ より $\angle$CFG $= 180 - (90 - a) - 90 = a$，よって $\angle$FGC $= 180 - 90 - a = 90 - a$，ゆえに $\angle$BFE $= \angle$FGC$\cdots$③

①〜③より1組の辺とその両端の角がそれぞれ等しいので，△EBF $\equiv$ △FCG

よって，FC $=$ EB $= x$

ここで，△EBFで三平方の定理より，$10^2 = x^2 + (14 - x)^2$

整理すると，$x^2 - 14x + 48 = 0$

$(x - 6)(x - 8) = 0$

AE＜EBより，$x = 8$

22 5

解説 問題の図の中にある正方形の数は，図1の正方形が9個，図2の正方形が8個，図3の正方形が12個，図4の正方形が8個，図5の正方形が6個，図6の正方形が1個，図7の正方形が2個である。

よって，合計は，9 ＋ 8 ＋ 12 ＋ 8 ＋ 6 ＋ 1 ＋ 2 ＝ 46〔個〕ある。

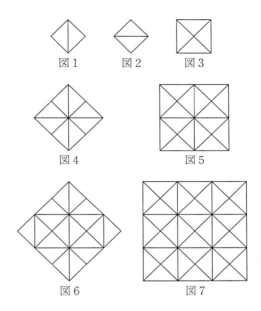

図1　　図2　　図3

図4　　　　　図5

図6　　　　　図7

23 3

解説 円Eの半径は$\dfrac{4\pi}{2\pi} = 2$〔cm〕，円Eを底面とする円すいと，円Bを底面とする円すいは相似な円すいで，その相似比はAD：AC＝1：2だから，円Bの半径は$2 \times 2 = 4$〔cm〕である。

以上より，半径r，弧の長さℓのおうぎ形の面積が$\dfrac{1}{2}\ell r$で求められることを用いると，求める円すいの表面積は，（底面積）＋（側面積）＝$\pi \times \mathrm{BC}^2 + \dfrac{1}{2} \times$

$(2\pi \times \mathrm{BC}) \times \mathrm{AC} = \pi \times 4^2 + \dfrac{1}{2} \times (2\pi \times 4) \times 16 = 80\pi$〔cm²〕

24 1

解説 半径$4a$の円の中心をO，線分ABの中点をCとすると，△OABは正三角形であることから，△OACは30°，60°，90°の直角三角形である。この三角形の3辺の比は$2：1：\sqrt{3}$だから，$OC = OA \times \dfrac{\sqrt{3}}{2} = 4a \times \dfrac{\sqrt{3}}{2} = 2\sqrt{3}\,a$

これより，求める線分ABが通過する部分の面積は，半径OAの円の面積から半径OCの円の面積を引いたものであるので，$\pi \times OA^2 - \pi \times OC^2 = \pi \times (4a)^2 - \pi \times (2\sqrt{3}\,a)^2 = 4\pi a^2$

25 2

解説 1：誤り。放射能を持つ同位体をラジオアイソトープという。　2：正しい。　3：誤り。β線は電子の流れで磁場によって曲げられる。　4：誤り。半減期は周囲の温度や圧力の影響を受けない。　5：誤り。人体への放射線の吸収線量を表す単位はシーベルト［Sr］である。ベクレル［Bq］は放射能の量を表す単位である。

26 1

解説 1：正しい。　2：誤り。化学反応の前後で質量は変らない（質量保存の法則）は，ラボアジェによって発見された。　3：誤り。メンデレーエフは，当時知られていた約60の元素を原子量の順に並べつつ，性質の似た元素を同じ列に並べて周期表をつくった。その際，Ⅰ～Ⅷの8つの族に分けていた。　4：誤り。プルーストは，化合物の成分元素の質量の比は製法等によらず常に一定である（定比例の法則）を提唱した。　5：誤り。同温・同圧の下では，気体同士の反応や反応により気体が生成するときには，それらの気体の体積には簡単な整数比が成り立つ（気体反応の法則）ことを提唱したのはゲーリュサックである。

27 1

解説 1：正しい。　2：誤り。根から吸収された水や水に溶けた養分の通り道は道管，葉でつくられた養分の通り道は師管である。　3：誤り。気孔から水が水蒸気として出ていくことを蒸散といい，単位面積当たりの気孔の数は葉の裏の方が多い。　4：誤り。シダ植物は維管束を持つ。　5：誤り。コ

ケ植物は胞子でふえ，水分は体全体から吸収する。

28 4

解説 1：誤り。太陽のエネルギー源は，4つの水素の原子核から1つのヘリウムの原子核ができる核融合反応によって得られている。　2：誤り。地球型惑星に属するのは，水星・金星・地球・火星，木星型惑星に属するのは木星・土星・天王星・海王星である。　3：誤り。火星の半径は地球の約半分，質量は地球の約10分の1である。　4：正しい。　5：誤り。はやぶさ2は2020年に小惑星リュウグウのサンプルを持ち帰ってきた。

29 2

解説 1：前半は妥当だが，天平文化は誤りである。国風文化は平安時代の文化であるが，天平文化は8世紀，奈良時代の文化である。　2：妥当である。　3：「古今和歌集」の編集を行ったのは，紀貫之らである。「古今和歌集」は，優美・繊細・技巧的な歌風で，古今調と呼ばれる。素朴で力強い歌風は，「万葉集」のものである。　4：紫式部は中宮彰子に仕え，世界最古の長編小説である「源氏物語」を創作した。皇后定子に仕えたのは清少納言で，宮廷生活の体験を随筆風に記した「枕草子」を著した。　5：紀貫之が著した紀行文は「土佐日記」であり，菅原孝標の女が著したのが「更級日記」である。

30 3

解説 1：前半は妥当だが，後半は三世一身法の内容である。　2：官省符荘とは，太政官符や太政官の指令に基づいて発せられた民部省符によって不輸の権が公認された荘園のことである。不輸とは租税免除のことで，検田使の立ち入りを拒否する権利は，不入の権という。　3：妥当である。　4：太閤検地により，荘園制度は崩壊し，一地一作人の制度が完成した。　5：地租改正で，課税基準は収穫高から地価になった。

31 2

解説 1：ルターは，贖宥状を批判して「95カ条の論題」を発表し，聖書信仰のあり方を見直すことによって新教派を指導し，ドイツ宗教改革を始めた。2：妥当である。　3：イギリスの国王ヘンリー8世は，自らの離婚問題でロー

マ教会と対立，国王を首長とするイギリス国教会を成立させた。　4：サンバ
ルテルミの祭日に，カトリック教徒がユグノー派を急襲して惨殺した。ナン
トの王令により，新教徒は旧教徒と同等の権利を認められるようになった。
5：ミュンツァーは，ルター派の説教師であり，ドイツ農民戦争を指導した。
ドイツ農民戦争は，宗教内戦というより農奴制・領主制の廃止を目指した反
乱であった。

32　3

解説 1：メラネシアは黒い島々という意味であり，ニューギニア島やソロ
モン諸島が含まれる。ハワイ諸島はメラネシアではなくポリネシアである。
2：オーストラリア大陸東岸にグレートディバイディング山脈があり，西岸に
は平坦な地形が広がっている。　3：妥当である。　4：ニュージーランドは
新期造山帯の一部であり，北島は活火山を有する火山性の地形である。
5：ニュージーランドの先住民は，アボリジニではなくマオリである。

33　4

解説 1：皇室典範は，内閣ではなく国会が定めたものである。天皇の地
位は，国民の総意に基づく。　2：最高裁判所の長たる裁判官は，内閣の指
名に基いて天皇が任命する。　3：国会を召集することは，天皇の国事行為の
一つである。　4：妥当である。　5：皇室典範の定めるところにより摂政を
置くときは，摂政は天皇の名でその国事に関する行為を行う。

34　2

解説 1：イギリスにおいて選挙で選ばれた議員からなるのは下院で，下院
の多数党の党首が首相となって内閣を組織する。　2：妥当である。　3：ド
イツやイタリアでは大統領が存在し，首相によって内閣が組織されている。
4：スハルト政権下のインドネシアでは，開発独裁が行われていた。民主化運
動により，スハルト政権は崩壊した。　5：中国の最高人民法院は司法を司
り，国務院が行政府である。

35 5

解説 1：企業物価指数とは，企業間で取り引きされる商品の価格の変動を示す。　2：コスト・プッシュ・インフレは，人件費や材料費などの費用（コスト）増加が価格を押し上げることで生じる。　3：ディマンド・プル・インフレは，景気の過熱により需要が増加して供給を上回り物価を引き上げることで生じる。　4：スタグフレーションとは，不況にも拘わらずインフレが進行する状況をいう。　5：妥当である。

36 4

解説 1：IoTとは「モノのインターネット」のことで，あらゆるものをインターネットにつなげることをいう。SNSなどソーシャルメディアを利用してコミュニケーションをとることを，ICT（情報通信技術）という。　2：2020年度末時点での5G基盤展開率は16.5％，5G基地局数は約2.1万局，2025年度末に5Gの人口カバー率を全国で97％とすることを目指すとしている。
3：2021年における年齢階層別インターネット利用率は，13〜59歳までの各階層では9割を超え，60歳以降は年齢が上がるにつれ利用率が低下している。
4：妥当である。　5：超低消費電力化と固定，移動，宇宙通信の統合を可能にする次世代ネットワークを，Beyond5Gという。

37 3

解説 1：隣地の竹木の枝が境界線を越えるときは，自らその枝を切除することができると明文化された。　2：境界に関する測量は，隣地使用が認められる目的の対象である。　3：妥当である。　4：共有物に軽微な変更を加える行為については，持分の価格の過半数で決定できる。　5：「裁判所の関与なく」は誤りである。「裁判所の決定を得て」が正しい。

38 3

解説 1：「国家防衛戦略」は，見直し・改定されたものではなく新たに策定されたものである。　2：「北朝鮮は近年，大量破壊兵器や弾道ミサイル等の増強に集中的に取り組みミサイル発射を活発化させており，従前よりも一層重大かつ差し迫った脅威」と記されている。　3：妥当である。　4：武力行使の5要件は誤りである。正しくは3要件である。　5：「有事を念頭におい

た，自衛隊と警察や海上保安庁との間の連携要領の確立」と記されている。
「統制は行われないこととされた」は誤りである。

39 3

解説 1：iDeCoは誤りで，NISAが妥当である。非課税期間は，無期限化された。　2：所得が1億円を超えると税負担率が下がることを，「1億円」の壁という。年間所得が30億円を超す超富裕層への課税強化策を導入した。3：妥当である。　4：「これまで免税事業者であった者がインボイス発行事業者になった場合の納税額を，売上税額の2割に軽減する3年間の負担軽減措置を講ずる」と記されている。　5：防衛費増額の税財源として，法人税，所得税，たばこ税の3税の増税の実施を目指す方針が明記された。増税の時期は，令和6年以降の適切な時期とされた。

40 5

解説 1：日仏2プラス2は，令和5年1月ではなく令和4年1月のことである。　2：日伊首脳会談における3か国とは，日本・イタリアとイギリスである。　3：「日英部隊間協力円滑化協定」は，令和5年1月11日に署名された。4：日本の反撃能力保有をアメリカが支持することにより，自衛隊が「盾」米軍が「矛」という同盟関係は変容すると考えられる。　5：妥当である。

令和５年度 Ⅰ類Ｂ（新方式）教養試験 実施問題

Ⅰ類Ｂ（新方式）教養試験では，問題 1 〜 30 は必答問題，31 〜 40 は10題中５題を選択して解答する選択問題となっております。

1 次の文章で述べられていることとして，最も妥当なのはどれか。

［この部分は，著作権の関係により，掲載できません。］

（谷崎潤一郎「陰翳礼讃（らいさん）」による）

1. 日本座敷の床の間は，障子から引き入れられる光線が，落懸のうしろ，花活の周囲，違い棚の下にある闇を照らすよう工夫されている。
2. 日本座敷における東洋の神秘とは，清楚な木材等で仕切られる凹んだ空間が，無気味な静かさが持つ怖れや寒気を解消することを意味する。
3. 日本人は，光りと蔭を巧妙に使い分け，虚無の空間を任意に遮蔽した時に生ずる陰翳の世界に幽玄味を持たせることに長けている。
4. 書院の障子と異なり，床脇の窓，落懸，床框などは陰翳を生み出さず，結果としてそれらで構成される床の間は，忽焉としてただの空白に帰する。
5. 書院の窓は，床の間の明り取りであり，障子によって外光は適当に弱められるものの，書見に必要な，物を照らし出す十分な明るさを得ることができる。

2 次の文中で述べられていることとして，最も妥当なのはどれか。

［この部分は，著作権の関係により，掲載できません。］

（今西錦司「私の自然観」による）

1. 同一の環境下であれば，そこで形成される社会は，それぞれが必ず同一の生活様式や文化を持つこととなる。
2. 伝播の道がかたく閉ざされていても，ちがった環境に対する適応の結果，同一の文化が形成されることは，可能性の範囲内において，ないとはいえない。

3. 人間以外の生物であっても，おびただしい時間をかけさえすれば，最終的には人間と同じように独自の文化をつくりあげることができるに違いない。

4. 人間は，身体のつくりが極めて高度に進化した結果，様々な環境に適応できるようになったので，身体のつくりかえをする必要がなくなった。

5. 生物が，特定の環境に適応して特殊な文化をつくりあげたとしても，それだけでは，人間レベルの進化が達成されたことにはならない。

3 次の文を並べ替えて一つのまとまった文章にする場合，最も妥当なのはどれか。

[この部分は，著作権の関係により，掲載できません。]

（野中郁次郎，竹内弘高「知識創造企業」による）
＊クルー・メンバー‥‥社内において知識創造に従事している者

1. B－E－F－D－C－A
2. B－F－A－E－C－D
3. B－F－E－C－D－A
4. D－A－C－E－B－F
5. D－A－F－C－B－E

4 次の文章の空欄に当てはまる語句の組合せとして，最も妥当なのはどれか。

[この部分は，著作権の関係により，掲載できません。]

（戸部良一ほか「失敗の本質」による）

	A	B	C	D	E
1.	軽視	小破	加賀	つまり	以上
2.	軽視	小破	赤城	一方で	通り
3.	軽視	大破	赤城	つまり	以上
4.	無視	大破	加賀	一方で	通り
5.	無視	小破	加賀	つまり	通り

5 　次の文章の空欄に当てはまる語句の組合せとして，最も妥当なのはどれか。

［この部分は，著作権の関係により，掲載できません。］

（堀田善衞，司馬遼太郎，宮崎駿「時代の風音」による）

	A	B	C	D	E
1.	ヒト	受け入れて	優秀な	大丈夫	憤然
2.	ヒト	誇りにして	奇妙な	駄目	憤然
3.	モノ	誇りにして	奇妙な	大丈夫	暗然
4.	モノ	受け入れて	優秀な	大丈夫	憤然
5.	モノ	誇りにして	優秀な	駄目	暗然

6 　次の英文の中で述べられていることと一致するものとして，最も妥当なのはどれか。

［この部分は，著作権の関係により，掲載できません。］

（Konrad Lorenz「King Solomon's Ring」による）

＊ indigenous‥‥土着の 　　＊ starling‥‥ホシムクドリ

＊ governess‥‥女性家庭教師 　　＊ fortnight‥‥２週間

＊ forceps‥‥ピンセット 　　＊ cram‥‥詰め込む

＊ greedily‥‥貪欲に 　　＊ gape‥‥大口を開ける

＊ nestling‥‥雛 　　＊ encapsulate‥‥包む 　　＊ smear‥‥汚す

＊ nappy‥‥おむつ

1. 犬は飼い主より寿命が短いことから，飼い主には，短い期間であっても一緒に暮らしてよかったと思ってもらえるくらい，面倒をみる責任がある。

2. ホシムクドリが「庶民のための犬」と呼ばれるのは，犬より値段が安く，生まれつき人懐っこい性格で，人によく懐くからである。

3. 立派な大人になるためには教育が重要であるように，成犬を素晴らしいペットに育て上げるためには，調教師によるしっかりした訓練が不可欠である。

97

4. ホシムクドリの雛を育てる場合，いつでも給餌できるように準備する手間さえ我慢すれば，2週間くらいで飼い主に愛情を示す鳥としてひとり立ちできる。
5. ホシムクドリを生まれて間もない雛の時から自分自身で手塩にかけて育てれば，ペットとして，犬と変わらぬ親密な関係を飼い主との間で築くことができる。

7 次の英文の中で述べられていることと一致するものとして，最も妥当なのはどれか。

[この部分は，著作権の関係により，掲載できません。]

(Stephen C.Lundin, Ph.D., Harry Paul, and John Christensen「FISH!」による)
＊ unresponsive‥‥鈍感な　　＊ zombie‥‥ゾンビ
＊ wasteland‥‥不毛の地　　＊ fiasco‥‥大失敗
1. メアリー・ジェーンは仕事熱心で，いちばん早く出社して最後まで残り，誠実に仕事をこなした。
2. メアリー・ジェーンは仕事熱心で，自分の子供が病気になったり，大事な用ができたりしたときも，部下に自分の仕事をお願いすることなどしなかった。
3. 三階にある業務部門は，会社のどの部署とも交流がほとんどなく，重要性の低い業務を行っており，みんながこの部門への異動を嫌がっていた。
4. 三階に行った人は，そこがあまりにも活気に乏しいので，こちらまで生気を吸い取られてしまうと話した。
5. メアリー・ジェーンは，マネージャーのひとりが，「三階の業務部門を活性化させたらノーベル賞ものだ」と言って皆を大笑いさせたことを覚えている。

8 次の英文の中で述べられていることと一致するものとして，最も妥当なのはどれか。

[この部分は，著作権の関係により，掲載できません。]

(Daniel Kahneman「Thinking, Fast and Slow」による)

＊proverbial‥‥よく知られた　　＊watercooler‥‥立ち話
＊spontaneously‥‥自然に　　＊diagnostician‥‥診断医
＊antecedent‥‥前例　　＊mitigate‥‥やわらげる

1. 読者が本から得た知識をどこで使うのか，作家はその場面を思い描いているものだが，私の場合は世俗的ないわゆる井戸端会議の場ではない。
2. 井戸端会議は，互いの欠点を見つけ出して批判しあうような場になるので，忙しい時に時間をつくってまで，積極的に参加するものではない。
3. 自分の信念や願望を疑うことは，上手くいっている時には難しいものだが，事情に通じた第三者の意見からは得るものが多いことだろう。
4. 同僚が自分の判断をどう評価するかについては，あえて知りたいと思ったことはなかったが，これからは同僚からの評価を新年の抱負の参考とすることにした。
5. 医者などの専門的な職業以外では，日常用語の語彙さえあれば，十分正確な判断と選択が可能である。

9 次の英文の中で述べられていることと一致するものとして，最も妥当なのはどれか。

［この部分は，著作権の関係により，掲載できません。］

(Lisa Mednick「American Mind, Japanese Mind」による)

＊sprout‥‥新芽　　＊cucumber‥‥キュウリ　　＊lettuce‥‥レタス
＊zucchini‥‥ズッキーニ　　＊botanical‥‥植物の
＊delectable‥‥おいしそうな　　＊preen‥‥得意になる
＊terra cotta‥‥テラコッタ（赤土の素焼き）　　＊peek‥‥垣間見る
＊protrude‥‥突き出る

1. カナダは，気候がイギリスと似ているものの，イギリスとは異なり，黒々とした土が植物栽培に最適なので，園芸が盛んになった。
2. カリフォルニアの土も，カナダの土と同様に植物栽培に最適だったので，母は裏庭に菜園をつくり，イチゴやジャガイモなどの植物を栽培し始めた。
3. 裏庭で育てていた植物のうち，果物や野菜は，2匹のウサギによって食べ尽くされてしまったが，ハーブや草花は，幸運にも被害を免れた。

4．ウサギによる被害の後，母は，さらなる動物の被害を防ぐため，果物と野菜を栽培している部分を柵で厳重に囲った。

5．ウサギの被害から20年経ち，両親の裏庭では，バラの花やハーブ，多年生植物などが育っており，そこを歩くと，ミニ植物園を見学しているように感じられる。

10　次の英文の中で述べられていることと一致するものとして，最も妥当なのはどれか。

［この部分は，著作権の関係により，掲載できません。］

（Dr Spencer Johnson「Who Moved My Cheese ?」による）

* maze‥‥迷路　　* paw‥‥手　　* hooray‥‥万歳

1．チーズステーションNにたどり着いたホーは，ようやく過去を払拭できたように見えたが，実際は相変わらず古いチーズの幻想に取りつかれていた。

2．チーズステーションNに山のように積まれていたチーズは全て，ホーが食べたことがあるもので，その中のいくつかは，ホーが苦手とするチーズだった。

3．スニッフとスカリーの姿を見ただけで，ホーは，彼らが自分よりもしばらく前にチーズステーションNにたどり着いていたことを理解できた。

4．靴を首にかけながら，新しいチーズに飛びついたホーを見て，スニッフとスカリーが，なんてみすぼらしい奴だと大笑いしたので，ホーは腹立たしく思った。

5．ホーは新しいチーズを食べながら，より強く，速いスピードで迷路を進むことができた唯一の要因は，空腹によるチーズへの渇望だったのだと振り返った。

11　留学生100人に，京都，奈良，大阪の3つの都市へ行ったことがあるかないかのアンケートを実施したところ，次のことが分かった。

ア　京都に行ったことがある留学生は62人おり，そのうち京都のみに行ったことがある留学生は10人だった。

イ　奈良に行ったことがある留学生は66人おり，そのうち奈良のみに行ったことがある留学生は12人だった。

ウ　大阪に行ったことがある留学生は62人おり，そのうち大阪のみに行ったことがある留学生は2人だった。

エ　3つの都市いずれにも行ったことがない留学生は6人だった。

　以上から判断して，確実にいえるのはどれか。

1. 京都と奈良の両方に行ったことがある留学生は34人だった。
2. 京都と大阪の両方に行ったことがある留学生は40人だった。
3. 奈良と大阪の両方に行ったことがある留学生は44人だった。
4. 京都，奈良，大阪のうち2つの都市のみに行ったことがある留学生は48人だった。
5. 京都，奈良，大阪の3つの都市全てに行ったことがある留学生は28人だった。

12　ある学校の運動会において，A〜Lの12人の生徒が，白組と赤組に分かれて二列で前を向いて整列しているとき，生徒の位置について，次のことが分かっている。

ア　Aは白組で，前から2番目に並んでいる。

イ　BはCの隣に，DはGの隣に，FはKの隣に並んでいる。

ウ　BはHの次に，EはCの次に，LはJの次に並んでいる。

エ　Fは赤組で，同じ列のJよりも前に並び，その間に2人いる。

オ　Gは，同じ列のAよりも後ろに並んでいる。

　以上から判断して，確実にいえるのはどれか。ただし，白組と赤組の人数は同じで，等間隔に並び，それぞれ隣の位置に生徒がいるものとする。

1. Bは赤組で，前から4番目に並んでいる。
2. Dは赤組で，前から1番目に並んでいる。
3. Eは白組で，前から4番目に並んでいる。
4. Fは赤組で，前から2番目に並んでいる。
5. Iは白組で，前から3番目に並んでいる。

13 1から6の目が一つずつ書かれたサイコロを3回投げたとき，出た目の数の和が素数になる確率として，正しいのはどれか。ただし，サイコロの1から6の目が出る確率はそれぞれ等しいものとする。

1. $\dfrac{7}{24}$

2. $\dfrac{11}{36}$

3. $\dfrac{35}{108}$

4. $\dfrac{73}{216}$

5. $\dfrac{19}{54}$

14 袋の中に，赤玉7個，青玉5個，白玉3個，黄玉2個，黒玉1個の18個の玉が入っており，この袋の中から無作為に4個の玉を同時に取り出すとき，白玉が2個以上含まれる確率として，正しいのはどれか。

1. $\dfrac{5}{51}$

2. $\dfrac{7}{68}$

3. $\dfrac{11}{102}$

4. $\dfrac{23}{204}$

5. $\dfrac{2}{17}$

15 あるボランティアサークルのA～Fの6人のメンバーについて，次のことが分かっているとき，確実にいえるのはどれか。

ア このボランティアサークルへの加入年数は，2人が1年目，1人が2年目，3人が3年目である。

イ 年齢層は，20歳代と30歳代が2人ずつ，40歳代と50歳代が1人ずつであり，3人が運転免許を持っている。

ウ 加入年数が3年目のメンバーは，3人とも年齢層が異なる。

エ Aは運転免許を持ち，Bよりも高い年齢層に属し，加入年数も長い。

オ C，Dは加入年数が3年目で，DはBよりも高い年齢層に属している。

カ　Eは40歳代で運転免許を持たず，Dよりも高い年齢層に属している。

キ　Fは加入年数が1年目で運転免許を持たず，Dよりも高い年齢層に属している。

1. 加入年数が2年目のメンバーは，運転免許を持っている。
2. 加入年数が3年目のメンバーのうちの1人は，50歳代である。
3. 運転免許を持つメンバーのうちの2人は，20歳代である。
4. Cは，運転免許を持っていない。
5. Eは，加入年数が1年目である。

16　T大学のテニス部の練習が終わり，ボール全てをボール収納用のバッグに入れようとしたところ，次のことが分かった。

ア　全てのバッグにボールを40個ずつ入れるには，ボールが100個足りない。

イ　全てのバッグにボールを20個ずつ入れると，ボールは280個より多く残る。

ウ　半数のバッグにボールを40個ずつ入れ，残りのバッグにボールを20個ずつ入れてもボールは残り，その数は110個未満である。

以上から判断して，ボールの個数として，正しいのはどれか。

1. 700個
2. 740個
3. 780個
4. 820個
5. 860個

17　物質xと物質yがあり，物質xの体積は物質yの体積の5倍で，物質xの密度は物質yの密度の1.2倍であり，物質xと物質yの質量の合計が140kgであるとき，物質yの質量として，正しいのはどれか。

1. 15kg
2. 20kg
3. 25kg
4. 30kg
5. 35kg

18 下の図のように，∠ABC＝90°の直角三角形ABCと辺ABを直径とする円があり，辺ACと円の交点をDとし，点Bを通り辺ACと平行な直線と円の交点をEとする。点Aと点Eを結んだ線分AEと辺CBをそれぞれ延長した交点をF，点Dと点Eを結んだ線分DEと辺ABとの交点をGとするとき，△BEFと△BEGの面積の比として，正しいのはどれか。ただし，線分CD＝3cm，点Bと点Dを結んだ線分DB＝3√3cmとする。

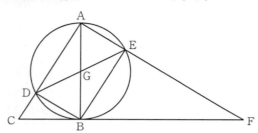

　　　　△BEF : △BEG
1.　　7　:　1
2.　　6　:　1
3.　　5　:　1
4.　　4　:　1
5.　　3　:　1

19 下の図のように，AB＝12cm，BC＝16cmの長方形ABCDを，対角線BDで折り，点Cの移った点を点C'とし，辺ADと辺BC'の交点を点Pとしたとき，線分APの長さとして，正しいのはどれか。

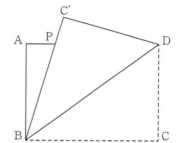

1.　3cm
2.　3.5cm
3.　4cm
4.　3√3cm
5.　5cm

20 A，B，Cは，1，2，3のいずれかの異なる数字であり，ある数を4進法で表すとABCAとなり，12進法で表すとCBAとなる。この数を5進法で表したものとして，正しいのはどれか。
1.　AABC
2.　ABBA
3.　BBCA
4.　CABC
5.　CACA

21 次の図から正しくいえるのはどれか。

日本の魚種別漁獲量の推移

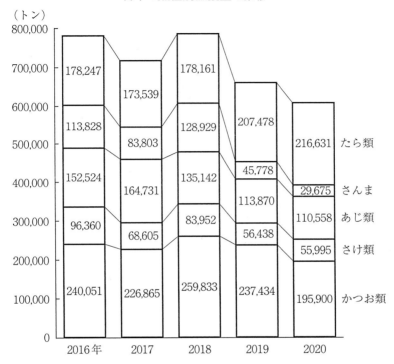

1. 2016年におけるかつお類の漁獲量を100としたとき，2016年から2020年までのたら類の漁獲量の指数は，いずれの年も80を下回っている。

2. 2016年から2020年までの各年についてみると，5種類の漁獲量の合計に占めるさけ類の漁獲量の割合は，いずれの年も10%を上回っている。

3. 2016年から2020年までの各年についてみると，かつお類の漁獲量は，いずれの年もさけ類の漁獲量を3倍以上，上回っている。

4. 2016年から2020年までのあじ類とさんまを合わせた5か年の漁獲量の合計は，2016年から2020年までのかつお類の5か年の漁獲量の合計を下回っている。

5. 2018年における漁獲量の対前年増加率を魚種別にみると，最も大きいのはさんまであり，最も小さいのはたら類である。

22 次の図から正しくいえるのはどれか。

日本における5か国（地域）への商標出願件数の推移

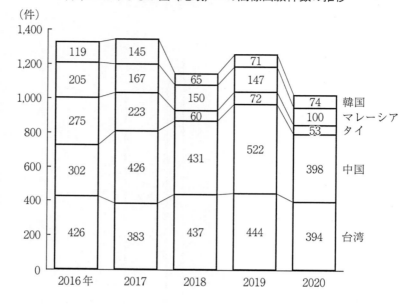

1. 2016年におけるタイへの商標出願件数を100としたとき，2018年から2020年までの各年における指数は，いずれの年も20を上回っている。

2. 2016年から2020年までの各年についてみると，5か国（地域）への商標出願件数の合計に占める台湾への商標出願件数の割合の5か年平均は，33％を下回っている。

3. 2017年から2019年までの各年についてみると，5か国（地域）への商標出願件数の合計に占めるマレーシアへの商標出願件数の割合は，いずれの年も15％を下回っている。

4. 2018年から2020年までの5か国（地域）への商標出願件数の合計の3か年平均を国（地域）別にみると，最も多いのは中国であり，最も少ないのは韓国である。

5. 2019年における中国，タイ，韓国への商標出願件数の対前年増加率は，いずれも0.15を上回っている。

23 次の図から正しくいえるのはどれか。

学校区分別肥満傾向児の出現率の対前年度増加率の推移

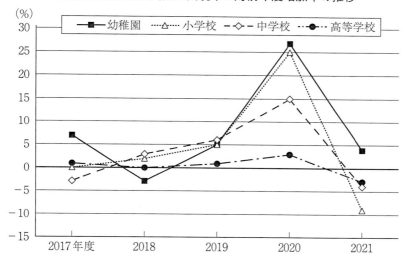

1. 2016年度から2021年度までのうち，幼稚園の肥満傾向児の出現率が最も高いのは2020年度であり，最も低いのは2018年度である。

2. 2017年度における中学校の肥満傾向児の出現率を100としたとき，2020年度における中学校の肥満傾向児の出現率の指数は130を上回っている。

3. 2018年度から2020年度までの各年の肥満傾向児の出現率についてみると，小学校に対する幼稚園の比率は，いずれの年度も前年度に比べて減少している。

4. 2021年度における肥満傾向児の出現率を学校区分別にみると，肥満傾向児の出現率が2019年度に比べて減少しているのは，小学校と高等学校である。

5. 2021年度における高等学校の肥満傾向児の出現率は，2018年度における高等学校の肥満傾向児の出現率に比べて増加している。

24 次の図から正しくいえるのはどれか。

日本における発生場所別食品ロス発生量の構成比の推移

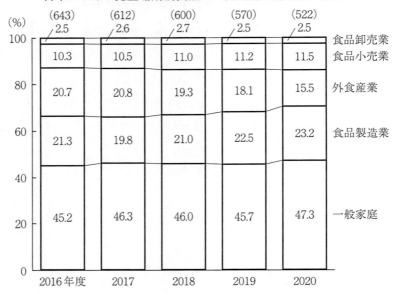

(注)( )内の数値は，発生場所別食品ロス発生量の合計(単位：万トン)

1. 2016年度から2019年度までのうち，食品製造業の食品ロス発生量が最
   も多いのは2018年度であり，最も少ないのは2017年度である。
2. 2016年度における食品小売業の食品ロス発生量を100としたとき，2020
   年度における食品小売業の食品ロス発生量の指数は，80を下回っている。
3. 2017年度から2019年度の各年度についてみると，外食産業の食品ロス
   発生量は食品小売業の食品ロス発生量を，いずれの年度も50万トン以上，
   上回っている。
4. 2018年度についてみると，一般家庭からの食品ロス発生量の対前年度
   減少率は，外食産業の食品ロス発生量の対前年度減少率を上回っている。
5. 2018年度から2020年度までの3か年度における食品卸売業の食品ロス
   発生量の平均は，15万トンを下回っている。

25 次の図表から正しくいえるのはどれか。

日本における植木・盆栽等の4か国別輸出額の状況

植木・盆栽等の輸出額（2016年）　　　　（単位：千円）

中国	ベトナム	イタリア	オランダ
4,498,613	1,363,629	384,013	74,760

輸出額の対前年増加率の推移

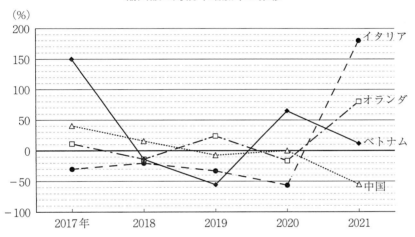

1. 2016年から2020年までについてみると，中国への植木・盆栽等の輸出額が最も多いのは2017年であり，最も少ないのは2019年である。
2. 2017年の中国への植木・盆栽等の輸出額とベトナムへの植木・盆栽等の輸出額の差は，25億円を下回っている。
3. 2018年から2020年までの3か年におけるオランダへの植木・盆栽等の輸出額の年平均は，2016年のオランダへの植木・盆栽等の輸出額を600万円以上，下回っている。
4. 2019年のイタリアへの植木・盆栽等の輸出額を100としたとき，2021年のイタリアへの植木・盆栽等の輸出額の指数は，130を上回っている。
5. 2021年のベトナムへの植木・盆栽等の輸出額についてみると，2020年のベトナムへの植木・盆栽等の輸出額に比べて1.5億円以上，増加している。

26 正方形の紙を続けて5回折ってから元のように開いたところ，下の図の点線のような折り目ができたとき，4回目に折った際にできた折り目はどれか。

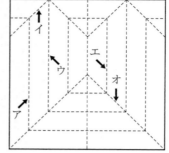

1. ア
2. イ
3. ウ
4. エ
5. オ

27 下の図のように，矢印が1つの面だけに描かれている立方体を，滑ることなくマス目の上をA〜Sの順に回転させ，最初にSの位置にきたときの立方体の状態を描いた図として，妥当なのはどれか。

	A	B	C	D	E	F
S						G
R						H
Q						I
P	O	N	M	L	K	J

1. 　2. 　3. 　4. 　5.

28 下の図のような 5 つの面に太線を描いたときの立方体の展開図として，妥当なのはどれか。

1.

2.

3.

4.

5.

[29] 下の図のように，ひし形が正方形の辺と接しながら，かつ，接している部分が滑ることなく矢印の方向に回転して，Aの位置からBの位置まで移動したとき，ひし形の頂点Pの描く軌跡の長さとして，正しいのはどれか。ただし，円周率はπとする。

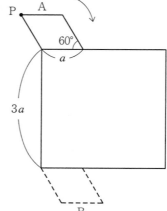

1. $\dfrac{11 + 8\sqrt{3}}{6}\pi a$

2. $\dfrac{6 + 4\sqrt{3}}{3}\pi a$

3. $(1 + 2\sqrt{3})\pi a$

4. $(3 + \sqrt{3})\pi a$

5. $\dfrac{3 + 4\sqrt{3}}{2}\pi a$

[30] 下の図のように，AB＝8cm，AD＝12cm，AE＝10cmの直方体ABCD－EFGHがあり，点Pは辺AB上を点Aから点Bまで動く点で，線分PF，線分PGの中点をそれぞれQ，Rとするとき，線分QRが動いてできる図形の面積として，正しいのはどれか。

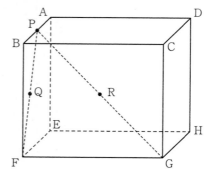

1. 12cm²

2. 16cm²

3. 24cm²

4. 30cm²

5. 32cm²

31 **第一次世界大戦後の国際秩序等に関する記述として，妥当なのはどれか。**

1. パリ講和会議は，アメリカ大統領セオドア＝ローズヴェルトが1918年に発表した十四か条の平和原則に基づき開催され，革命直後のソヴィエト政府も参加した。
2. ヴェルサイユ条約により，ドイツは，アルザス・ロレーヌをオーストリアに返還し，ラインラントを除く全ての地域の非武装化を義務づけられた。
3. 国際連盟は，1920年に発足した史上初の国際平和機構であったが，アメリカは上院の反対により加盟しなかった。
4. ワシントン会議において，海軍軍縮条約が結ばれ，アメリカ・イギリス・日本・フランス・オランダの主力艦の保有総トン数比率は，同率と定められた。
5. ロンドン軍縮会議において，九か国条約が結ばれ，太平洋諸島の現状維持等を相互に約束した。

32 **金融のしくみと働きに関する記述として，妥当なのはどれか。**

1. 直接金融とは，企業が必要とする資金を，金融機関から直接借り入れて調達する方法であり，実質的な貸し手は預金者である。
2. 間接金融とは，企業が株式や社債などの有価証券を発行して，必要な資金を金融市場から調達する方法である。
3. 日本銀行による金融調節の手法としては，公定歩合操作，預金準備率操作及び公開市場操作があるが，公開市場操作は現在行われていない。
4. 外国通貨と自国通貨の交換比率をプライムレートといい，政府が外国為替市場に介入することをペイオフという。
5. 信用創造は，金融機関が貸し付けを通して預金通貨をつくることであり，通貨量を増大させる効果をもつ。

33 **コロイドに関する記述として，妥当なのはどれか。**

1. コロイド粒子には，金や硫黄などの分子1個からなる分子コロイドと，セッケンのように多数の粒子が集合してできた親水コロイドなどがある。
2. 水酸化鉄（Ⅲ）のコロイド溶液に，少量の電解質を加えると，コロイド粒子が分散する現象を透析という。
3. コロイド溶液に横から強い光を当てたとき，コロイド粒子が光を散乱させ，光の道筋が見える現象をブラウン現象という。

4. コロイド溶液内で水分子が熱運動によりコロイド粒子に衝突し，コロイド粒子が不規則な動きをする現象をチンダル運動という。

5. デンプンのコロイド溶液に，多量の電解質を加えると，コロイド粒子が沈殿する現象を塩析という。

34 火山活動と災害に関する記述として，最も妥当なのはどれか。

1. 火山がある場所はプレート運動に関係し，海嶺・沈み込み帯といった境界部に多いが，ハワイ諸島のようなプレート内部でも火山活動が活発なアスペリティと呼ばれる場所があり，その場所はプレートの動きにあわせて移動する。

2. 水蒸気噴火は，マグマからの熱により熱せられた地下水が高温高圧の水蒸気となって噴出する小規模な噴火で，日本では人的被害が発生したことはない。

3. 粘性が低い玄武岩質マグマの噴火では，山頂の火口や山腹の割れ目から溶岩が噴出し溶岩流となり，時速100km以上の高速で流れることもあるため，逃げることは難しい。

4. 高温の火砕物が火山ガスとともに山体を流れる火砕流は，流れる速度が遅いため，逃げ場さえあれば歩いて逃げることもできることが多い。

5. 都の区域内で住民が居住している火山島のうち，特に活発に活動している伊豆大島と三宅島では，過去の噴火で住民が避難する事態が発生したことがある。

35 昨年6月に内閣府が公表した「令和4年版少子化社会対策白書」に関する記述として，妥当なのはどれか。

1. 日本の総人口は，2021年10月1日時点で1億2,550万人，そのうち年少人口（0～14歳）は3,621万人で，総人口に占める割合は28.9％である。

2. 2020年の全国の出生数は136万人で，東京都は，都道府県別出生数では最も多いが，都道府県別合計特殊出生率では1.83で二番目に低い。

3. 新型コロナウイルス感染症を踏まえた少子化対策の主な取組の一つとして，地方公共団体が行う結婚新生活支援事業の支援内容を充実するとしている。

4. 重点課題として，「子育て支援施策の一層の充実」，「結婚・出産の希望が実現できる環境の整備」，「3人以上子供が持てる環境の整備」，「男女の働き方改革の推進」の四つを挙げている。

5. ライフステージを結婚，妊娠・出産，子育ての3段階に分けて，各段階
で施策を掲げており，子育て段階ではライフプランニング支援の充実や，
妊娠や家庭・家族の役割に関する教育・啓発等を行うとしている。

36 昨年10月に閣議決定された「物価高克服・経済再生実現のための総
合経済対策」に関する記述として，妥当なのはどれか。

1. 本対策は，「物価高・円安への対応」，「グリーン社会の実現」及び「活
力ある地方創り」を重点分野とした総合的な経済対策である。
2. 本対策の規模は，財政支出で約56兆円，事業規模で約79兆円であり，
これによりGDPを約5.6パーセント押し上げる効果が期待できるとした。
3. 物価高騰の主な要因である「エネルギー・食料品」に重点を置いた効果
的な対策を講じることなどにより，国民生活と事業活動を守り抜くとした。
4. 経済安全保障及び食料安全保障の重要性が高まっており，永久磁石など
の重要物資や農林水産物の輸出を抑制し，国内への供給量を増やすとした。
5. 妊娠・出産時の負担軽減策として，住民税非課税世帯を対象に，令和4
年4月以降に生まれたこどもに対して，一人あたり計5万円を支給するとした。

37 昨年12月に成立した「法人等による寄附の不当な勧誘の防止等に関す
る法律」に関する記述として，妥当なのはどれか。

1. 契約を伴わない寄附である「単独行為」を除き，個人と法人等との間で締
結される契約に基づく寄附は，全て本法律による規制の対象となるとした。
2. 寄附の勧誘に際し，霊感等の合理的実証が困難な特別な能力による知見
を用い不安をあおる行為は，不当な勧誘行為に該当し禁止されるとした。
3. 寄附の勧誘に際し，対象者を退去困難な場所に同行する行為は，勧誘
することについての事前告知の有無に関わらず，不当な勧誘行為に該当し
禁止されるとした。
4. 不特定・多数の個人に対して寄附の不当な勧誘等の違反行為をしている法
人等が，必要な措置をとるべき旨の勧告に従わなかったときは，当該法人等に
は，1年以下の禁錮刑又は50万円以下の罰金刑のいずれかが科されるとした。
5. 子や配偶者が養育費等を保全するための特例として，被保全債権が扶養
義務等に係る定期金債権である場合，債務者が寄附した金銭の返還請求
権等について，履行期が到来したものに限り債権者代位権の行使を可能と
するとした。

[38] 昨年3月に施行された「銃砲刀剣類所持等取締法の一部を改正する法律」に関する記述として，最も妥当なのはどれか。

1. クロスボウの規制対象の範囲が従前に比べて強化され，人の生命に危険を及ぼし得る威力を有するか否かに関わらず，標的射撃等の用途に供する場合を除き，原則として所持してはならないとされた。

2. 標的射撃等の用途に供するため本法律に定めるクロスボウを所持しようとする者は，所持しようとするクロスボウごとに，その所持について，都道府県公安委員会の許可を受けなければならないとされた。

3. 標的射撃等の用途に供する場合以外でのクロスボウの発射が禁止されたが，予め都道府県公安委員会に届け出れば，クロスボウの携帯や運搬は可能であるとされた。

4. クロスボウを譲渡する場合には，譲渡の相手方の確認が義務化されたが，具体的な確認内容等については，政令に基づき各都道府県の条例において定めるとされた。

5. 本法律の施行日前からクロスボウを所持する者が，施行日以降所定の期間が経過した後もなお適切な手続きを経ずクロスボウを所持している場合，懲役又は罰金に処せられることはないが，クロスボウの使用停止が命ぜられるとされた。

[39] 昨年11月に開始した東京都パートナーシップ宣誓制度に関する記述として，妥当なのはどれか。

1. パートナーシップ関係とは，双方又はいずれか一方が性的マイノリティであり，人生のパートナーとして相互の人権を尊重し，日常の生活において継続的に協力し合うことを約した二人の関係であるとしている。

2. 目的として，多様な生き方に関する理解を推進することに替えて，パートナーシップ関係に係る生活上の不便の軽減など，暮らしやすいまちづくりにつなげることが新たに規定された。

3. 宣誓・届出の手続はオンラインによるものとされ，宣誓・届出の受理証明書は法律上の効果を伴うことから，窓口で交付することが義務づけられている。

4. 対象者の要件は，パートナーシップ関係にある二人がいずれも，都内在住，在勤又は在学であることとされ，都内在住については，6カ月以内に都内への転入を予定している場合も含まれる。

5．宣誓・届出の受理証明書の活用先は，制度の開始時点では都内自治体に限られていたが，本年4月から企業の事業活動においても一斉に活用が開始された。

40 **国際情勢に関する記述として，妥当なのはどれか。**

1．昨年11月，米国のバイデン大統領は政権発足以来2度目となる中国の習近平国家主席と対面での会談を行い，ロシアのウクライナ侵略について，ウクライナでの核兵器の使用や威嚇に反対することで一致し，共同声明を発表した。

2．昨年11月に開催されたASEAN＋3首脳会議では，ロシアのウクライナ侵略や違法な「併合」は，ウクライナの主権及び領土一体性を侵害し，国連憲章をはじめとする国際法に違反する行為であるとする，議長声明が採択された。

3．昨年11月に開催されたAPEC首脳会議では，持続可能な地球のために，全ての環境上の課題に包括的に対処するための世界的な取組を支援することなどを表明した「バイオ・循環型・グリーン経済に関するバンコク目標」が承認された。

4．昨年12月に開催されたG20バリ・サミットでは，全ての国がウクライナでの戦争を非難したとした上で，核兵器の使用又はその威嚇は許されないこと及び現代を戦争の時代にしてはならないことなどを明記した首脳宣言が採択された。

5．昨年12月に開催された生物多様性条約第15回締約国会議（COP15）では，「昆明・モントリオール生物多様性枠組」が採択され，2050年までに陸と海の面積の少なくとも50％を保全する「50 by 50」などの目標が定められた。

《 解 答 ・ 解 説 》

1 3

解説 \ 出典は谷崎潤一郎著『陰翳礼讃』。本文の内容と合致するものを選ぶ選択問題である。「日本座敷」「書院」など本文に出てくるキーワードがどの選択肢にも含まれているが，単語に引きずられず，文章全体の内容を正しく把握するよう心がけよう。

2 5

解説 \ 出典は今西錦司著『私の自然観』。本文の内容と合致するものを選ぶ選択問題である。正解以外の選択肢には，本文と食い違うところや大げさに書かれているところなどが必ずある。本文を通読して，内容を正しく理解することが大切である。

3 4

解説 \ 出典は野中郁次郎，竹内弘高著『知識創造企業』。文整序問題である。最初の選択肢がBDの二択，次の選択肢がAEFの三択になっていることがヒントになる。

4 1

解説 \ 出典は戸部良一ほか著『失敗の本質』。空欄補充問題である。A「軽視」と「無視」，B「大破」と「小破」のような微妙な差異に注意して，どの組み合わせが最も自然に文脈がつながるかを考えよう。

5 3

解説 \ 出典は堀田善衛，司馬遼太郎，宮崎駿著『時代の風音』。空欄補充問題である。E「憤然」は激しく怒るさま，「暗然」は気落ちするさま，暗いさま。どの選択肢も二択の組み合わせなので，正しい選択肢を適切に選び出そう。

6 5

解説 \ 出典は，コンラッド・ローレンツの『ソロモンの指環』。本文一致問題である。動物行動学者によるエッセイ。解法の一般的な手順は，まず始め

に選択肢にざっと目を通してテーマを把握することである。選択肢は本文の段落や内容順にたいてい並べられているので，その後選択肢1から順に照合していくとよい。

7 　4

解説 　出典は，スティーブン・ランディン，ハリー・ポール，ジョン・クリステンセンの『フィッシュ！』。本文一致問題である。動作や発言が誰のものかを把握することが大切である。主語と述語の関係や，代名詞が誰をさしているのかなどに注意すること。文学的な表現として倒置法が用いられることもあるので，SVOを把握することも大切である。

8 　3

解説 　出典は，ダニエル・カーネマンの『ファスト＆スロー』。本文一致問題である。否定語や準否定語には注意が必要である。誤った選択肢には「矛盾する記述」や「本文にない記述（拡大解釈）」などが紛れていることが多いので注意を要する。

9 　5

解説 　出典は，リサ・メドニックの『アメリカの心・日本の心』。本文一致問題である。正誤判断問題では，合致する選択肢を特定する処理能力が試される。よって，正誤判断に必要ない部分は読みとばすつもりで問題に取り組むとよい。

10 　3

解説 　出典は，スペンサー・ジョンソンの『チーズはどこへ消えた？』。本文一致問題である。出題英文の難易度は不明だが，英文解釈問題を解くにあたり，高校英語レベルの関係代名詞，関係副詞，仮定法等はおさえておきたい。

11 3

解説 与えられた条件を次のようなベン図を用いて考えていく。なお、それぞれの領域をa～hとする。

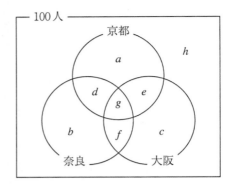

条件アより、$a = 10$…①,
$\qquad\qquad d + e + g = 52$…②

条件イより、$b = 12$…③,
$\qquad\qquad d + f + g = 54$…④

条件ウより、$c = 2$…⑤,
$\qquad\qquad e + f + g = 60$…⑥

条件エより、$h = 6$…⑦

また、全体で100人なので、①③⑤⑦より、$d + e + f + g = 100 - 12 - 2 - 6 = 70$…⑧

②⑧より$f = 70 - 52 = 18$…⑨

④⑧より$e = 70 - 54 = 16$…⑩

⑥⑧より$d = 70 - 60 = 10$…⑪

さらに、⑧⑨⑩⑪より、$g = 70 - 18 - 16 - 10 = 26$

ここで、各選択肢の領域を考えると、それぞれの選択肢は次の領域のことを表していて、その人数は次のようになる。

選択肢1：$d + g = 36$, 選択肢2：$e + g = 42$, 選択肢3：$f + g = 44$, 選択肢4：$d + e + f = 44$, 選択肢5：$g = 26$

よって、正しい選択肢は3となる。

12 3

解説 与えられた条件を図を用いて整理していく。

条件アより、Aは白組で前から2番目が確定する。…①

条件イより、
白 赤
(B) (C) もしくは
白 赤
(C) (B) ,
白 赤
(D) (G) もしくは
白 赤
(G) (D) ,

白 赤
(F) (K) もしくは
白 赤
(K) (F) となる。…②

条件ウより、(H) , (C) , (J) となる…③
(B) (E) (L)

条件エより，Fは赤組で，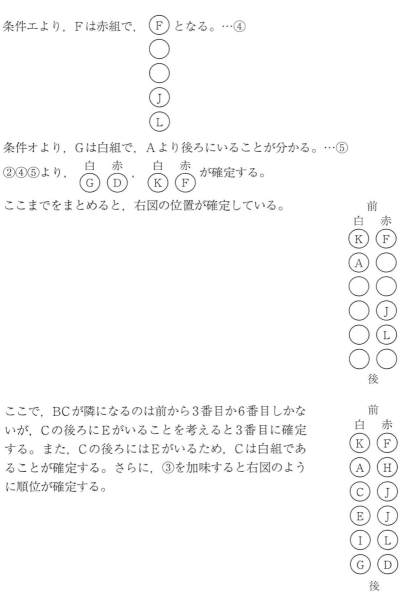 となる。…④

条件オより，Gは白組で，Aより後ろにいることが分かる。…⑤

②④⑤より，白赤 白赤 が確定する。
（G）（D），（K）（F）

ここまでをまとめると，右図の位置が確定している。

ここで，BCが隣になるのは前から3番目か6番目しかないが，Cの後ろにEがいることを考えると3番目に確定する。また，Cの後ろにはEがいるため，Cは白組であることが確定する。さらに，③を加味すると右図のように順位が確定する。

よって，正しい選択肢は，3：Eは白組で，前から4番目に並んでいるとなる。

121

13 4

解説 1〜18までの中で素数は，2，3，5，7，11，13，17が挙げられる。それぞれの数について，3回投げたときの出る目の数の和がその数になる組み合わせは次のようになる。

和が2になるとき，0通り。

和が3になるとき，（1−1−1）の1通り。

和が5になるとき，（1−1−3），（1−2−2）の組み合わせの6通り。

和が7になるとき，（1−1−5），（1−2−4），（1−3−3），（2−2−4）の組み合わせの15通り。

和が11になるとき，（1−4−6），（1−5−5），（2−3−6），（2−4−5），（3−3−5），（3−4−4）の組み合わせの27通り。

和が13になるとき，（1−6−6），（2−5−6），（3−4−6），（3−5−5），（4−4−5）の組み合わせの21通り。

和が17になるとき，（5−6−6）の組み合わせの3通り。

よって，求める確率は $\left(\frac{1}{6}\right)^3 \times (1+6+15+27+21+3) = \frac{73}{216}$ となる。

14 3

解説 白玉が2個以上含まれる確率の余事象を考える。

白玉が1個含まれる確率は，$\frac{{}_3C_1 \times {}_{15}C_3}{{}_{18}C_4}$

白玉が0個含まれる確率は，$\frac{{}_{15}C_4}{{}_{18}C_4}$

よって，求めたい白玉が2個以上含まれる確率は，

$1 - \left(\frac{{}_3C_1 \times {}_{15}C_3}{{}_{18}C_4} + \frac{{}_{15}C_4}{{}_{18}C_4}\right) = 1 - \frac{91}{102} = \frac{11}{102}$

15 1

解説 与えられた条件より，確定する部分をまず考えていく。

条件エより，Aの運転免許が○で，年齢がA＞B，加入年数もA＞Bである。

条件オより，C，Dの加入年数が3で，年齢がD＞Bである。

条件カより，Eの年齢は40代でE＞D，運転免許は×である。

条件キより，Fの加入年数は1年で，運転免許が×，年齢がF＞Dである。

ここまでをまとめると，次のようになる。

	加入年数	年齢	免許
A	＞B	＞B	○
B	＜A	＞B ＞D	
C	3		
D	3	＞B E＞	
E		40 ＞D	×
F	1	＞D	×
	2人が1 1人が2 3人が3	20代が2人 30代が2人 40代が1人 50代が1人	3人が○

ここで，FはDより年齢が高いため，50代とわかる。また，DはEより年齢が低いため，30代か20代と考えられるが，BはそのDよりさらに年齢が低い。よって，Dが30代，Bが20代と決まる。さらに，AはBより年齢が高いため30代とわかり，残ったCは20代と決まる。ここまでをまとめると次のようになる。

	加入年数	年齢	免許
A	＞B	30	○
B	＜A	20	
C	3	20	
D	3	30	
E		40	×
F	1	50	×
	2人が1 1人が2 3人が3	20代が2人 30代が2人 40代が1人 50代が1人	3人が○

条件ウより，3年目のメンバーは年齢層が異なるより，Eの加入年数が3とわかる。さらに加入年数に関しては，A＞Bとなるため，Aの加入年数が2，Bの加入年数が1と決まる。

ここまでをまとめると次のようになる。

	加入年数	年齢	免許
A	2	30	○
B	1	20	
C	3	20	
D	3	30	
E	3	40	×
F	1	50	×
	2人が1 1人が2 3人が3	20代が2人 30代が2人 40代が1人 50代が1人	3人が○

ここで，各選択肢に関して吟味していく。

1：正しい。加入年数が2年目のAは，運転免許を持っている。　2：誤り。加入年数が3年目のC，D，Eは50代ではない。　3：誤り。運転免許の所持に関しては，確定していないため，20代が2人持っている場合もあるが，持っていない場合もある。　4：誤り。Cは運転免許を持っているかどうかわからない。　5：誤り。Eの加入年数は3年目である。

16 1

解説　バックの数をxとすると，条件アよりボールの数は$40x - 100$と表せる。

条件イより，すべてのバックにボールを20個ずつ入れると280個より多く余るので，

$20x + 280 < 40x - 100$　　　整理して，$x > 19$　…①

条件ウより，半数のバックにボールを40個ずつ入れ，残りのバックにボールを20個ずつ入れてもボールは110個未満余るより，

$\dfrac{1}{2}x \times 40 + \dfrac{1}{2}x \times 20 + 110 < 40x - 100$　　　整理して，$x < 21$　…②

よって，①②より，バックの数は20とわかる。

したがって，ボールの個数は，$40 \times 20 - 100 = 700$〔個〕である。

17 2

解説 物質 y の体積を a とすると，物質 x の体積は $5a$ と表せる。

また，物質 y の密度を b とすると，物質 x の密度は $1.2b$ と表せる。

ここで，物質の質量は，体積×密度で表されるので，物質 y の質量は ab，物質 x の質量は $6ab$ と表せる。これらの合計が 140〔kg〕となるので，$ab + 6ab = 140$　整理すると，$ab = 20$

よって，物質 y の質量は，20 kg となる。

18 2

解説 $\triangle$ABC に着目して，$\angle$ACB $= a$ とすると，$\angle$BAC $= 90° - a$ と表せる。

$\triangle$BCD に着目すると，$\angle$CDB $= 90°$，$\angle$DBC $= 90° - a$ と表せる。

また，$\triangle$ABD に着目すると，円周角の定理より $\angle$ADB $= 90°$，$\angle$ABD $= \angle$ABC $- \angle$ABC $= 90° - (90° - a) = a$

$\triangle$AEB に着目して同様に考えると $\angle$AEB $= 90°$，$\angle$BAE $= a$，$\angle$ABE $= 90° - a$

さらに，$\triangle$BEF に着目すると，$\angle$BEF $= 90°$，$\angle$EBF $= 90° - \angle$ABE $= 90° - (90° - a) = a$，$\angle$EFB $= 90° - a$

ゆえに，$\triangle$BCD $\backsim$ $\triangle$ABD $\backsim$ $\triangle$ACB $\backsim$ $\triangle$BAE $\backsim$ $\triangle$FBE である。

また，四角形 ADBE は4角が全て $90°$ より長方形であることがわかり，点 G は対角線の交点のため，円の中心であることがわかる。

相似比を用いて長さを求めると，

$\triangle$BCD $\backsim$ $\triangle$ABD より，CD : BD $=$ BD : AD　　$3 : 3\sqrt{3} = 3\sqrt{3}$: AD

ゆえに AD $= 9$

四角形 ADBE は長方形より，AD $=$ EB $= 9$

$\triangle$BCD $\backsim$ $\triangle$FBE より，CD : BD $=$ BE : FE　　$3 : 3\sqrt{3} = 9$: FE

ゆえに FE $= 9\sqrt{3}$

また，$\triangle$BEG の BE を底辺としたときの高さは，長方形の1辺の長さの半分なので，$\dfrac{3}{2}\sqrt{3}$ となる。

したがって，$\triangle$BEF $\backsim$ $\triangle$BEG の面積比は，

$9 \times 9\sqrt{3} \times \dfrac{1}{2} : 9 \times \dfrac{3}{2}\sqrt{3} \times \dfrac{1}{2} = 6 : 1$

19 2

解説 APを延長し，PとDを線分で結ぶ。
△ABPと△C'DPにおいて，
AB = C'D = 12
対頂角より∠APB = C'PD，直角より∠BAP = ∠DC'P，ゆえに∠ABP = ∠C'DP
よって，1辺とその両端の角が等しいので，△ABP ≡ △C'DP
また，AP = C'P = aとおくと，PD = PB = 16 − a
ここで，△ABPにおいて三平方の定理より，$a^2 + 12^2 = (16 − a)^2$
これを解くと，$a = 3.5$

20 5

解説 4進法でABCAと表された数を10進法で表すと，64A + 16B + 4C + Aとなる。
12進法でCBAと表された数を10進法で表すと，144C + 12B + Aとなる。
これが同じ数を表しているので，64A + 16B + 4C + A = 144A + 12B + A
整理すると，64A + 4B − 140C = 0
これを満たすA, B, Cは，A = 2，B = 3，C = 1
である。
よってこの数を10進法で表した数は，
144C + 12B + A = 144 × 1 + 12 × 3 + 2 = 182
したがって，182を5進数で表すと，右図より
1212，つまりCACAとなる。

```
5 ) 182
5 ) 36    …2
5 )  7    …1
     1    …2
```

21 4

解説 1：誤り。2016年のかつお類の漁獲量を100とすると，たとえば，
2020年のたら類の漁獲量の指数は，$\frac{216,631}{240,051} \times 100 ≒ 90.2$で80を上回っている。
2：誤り。たとえば，2017年の5種類の漁獲量の合計に占めるさけ類の漁獲量
の割合は，$\frac{68,605}{173,539 + 83,803 + 164,731 + 68,605 + 226,865} \times 100 ≒ 9.56$で10%
を下回っている。　3：誤り。2016年のかつお類の漁獲量240,051は，その年
のさけ類の漁獲量の3倍の96,360 × 3 = 289,080を下回っている。　4：正しい。

2016年から2020年までのあじ類とさんまを合わせた5か年の漁獲量の合計は，（152,524 + 164,731 + 135,142 + 113,870 + 110,558）＋（113,828 + 83,803 + 128,929 + 45,778 + 29,675）＝ 676,825 + 402,013 ＝ 1,078,838で，2016年から2020年までのかつお類の5か年の漁獲量の合計の240,051 + 226,865 + 259,833 + 237,434 + 195,900 ＝ 1,160,083を下回っている。　5：誤り。2017年から2018年にかけての漁獲量で，あじ類のみ唯一減少しているので，最も少ないのはあじ類である。なお，実際に計算してみると，2018年における漁獲量の対前年増加率は，たら類は $\frac{178,161}{173,539} \times 100 - 100 \fallingdotseq 2.66$ 〔％〕，さんまは $\frac{128,929}{83,803} \times 100 - 100 \fallingdotseq 53.85$ 〔％〕，あじ類は $\frac{135,142}{164,731} \times 100 - 100 \fallingdotseq -17.96$ 〔％〕，さけ類は $\frac{83,952}{68,605} \times 100 - 100 \fallingdotseq 22.37$ 〔％〕，かつお類は $\frac{259,833}{226,865} \times 100 - 100 \fallingdotseq 14.53$ 〔％〕である。

22 3

解説 1：誤り。2016年におけるタイへの商標出願件数を100としたとき，2020年のそれは $\frac{53}{275} \times 100 \fallingdotseq 19.27$ で，20を下回っている。　2：誤り。各年度の5か国への商標出願件数の合計に占める台湾のそれの割合はそれぞれ，2016年は $\frac{426}{426 + 302 + 275 + 205 + 119} \times 100 \fallingdotseq 32.1$，2017年は $\frac{383}{383 + 426 + 223 + 167 + 145} \times 100 \fallingdotseq 28.5$，2018年は $\frac{437}{437 + 431 + 60 + 150 + 65} \times 100 \fallingdotseq 38.2$，2019年は $\frac{444}{444 + 522 + 72 + 147 + 71} \times 100 \fallingdotseq 35.4$，2020年は $\frac{394}{394 + 398 + 53 + 100 + 74} \times 100 \fallingdotseq 38.7$ である。よって，5か年の平均は，$\frac{32.1 + 28.5 + 38.2 + 35.4 + 38.7}{5} = 34.5$ 〔％〕で33％を超えている。　3：正しい。各年の5か国への商標出願件数の合計に占めるマレーシアへの商標出願件数は，2017年は $\frac{167}{383 + 426 + 223 + 167 + 145} \times 100 \fallingdotseq 12.4$ 〔％〕，2018年は $\frac{150}{437 + 431 + 60 + 150 + 65} \times 100 \fallingdotseq 13.1$ 〔％〕，2019年は $\frac{147}{444 + 522 + 72 + 147 + 71} \times 100 \fallingdotseq 11.7$ 〔％〕で，いずれの年も15％を下回っている。　4：誤り。各国の2018年から2020年までの5か国への商標出願件数を国別にみると，韓国は

$$\frac{65+71+74}{3}=70, \ \text{マレーシアは} \ \frac{150+147+100}{3}≒132.3, \ \text{タイは} \ \frac{60+72+53}{3}$$

$≒61.7, \ \text{中国は} \ \frac{431+522+398}{3}≒450.3, \ \text{台湾は} \ \frac{437+444+394}{3}=425 \text{で},$ 最も多いのは中国だが，最も少ないのはタイである。　5：誤り。2019年における韓国への商標出願件数の対前年増加率は$\frac{71}{65}-1≒0.0923$で，0.15を下回っている。

23 5

解説 1：誤り。2021年度の対前年増加率がプラスであるため，少なくとも2021年度は2020年度よりも出現率が高いことが分かる。なお，2016年度の幼稚園の肥満傾向児の出現率を100とすると，2017年度のそれは$100×$ $\frac{107}{100}=107$，2018年度のそれは$107×\frac{97}{100}≒103.8$，2019年度のそれは$103.8×$ $\frac{105}{100}≒109.0$，2020年度のそれは$109.0×\frac{126}{100}≒137.3$，2021年度のそれは $137.3×\frac{104}{100}≒142.8$で，最も高いのは2021年度，最も低いのは2016年度である。　2：誤り。2017年度の中学校の肥満傾向児の出現率を100とすると，2018年度のそれは$100×\frac{103.5}{100}=103.5$，2019年度のそれは$103.5×\frac{105}{100}≒$ 108.7，2020年度のそれは$108.7×\frac{115}{100}≒125$で，130を下回っている。

3：誤り。このグラフからは，実際の出現率を読み取ることはできない。

4：誤り。2019年度の小学校の肥満傾向児の出現率を100とすると，2020年度のそれは$100×\frac{125}{100}=125$，2021年度のそれは$125×\frac{91}{100}=113.75$で，2019年度に比べて増加している。　5：正しい。2018年度の高等学校の肥満傾向児の出現率を100とすると，2019年度のそれは$100×\frac{101}{100}=101$，2020年度のそれは$101×\frac{103}{100}≒104.0$，2021年度のそれは$104×\frac{97}{100}≒101.0$で，2021年度における高等学校の肥満傾向児の出現率は，2018年度におけるそれに比べて増加している。

24 5

解説 1：誤り。各年度の食品製造業の食品ロス発生量は，2016年度は $\frac{21.3}{100} \times 643 ≒ 137$，2017年度は $\frac{19.8}{100} \times 612 ≒ 121.1$，2018年度は $\frac{21.0}{100} \times 600 = 126$，2019年度は $\frac{22.5}{100} \times 570 ≒ 128.3$ で，最も少ないのは2017年度だが，最も多いのは2016年度である。　2：誤り。2016年度における食品小売業の食品ロス発生量は $\frac{10.3}{100} \times 643 ≒ 66.2$，2020年度におけるそれは $\frac{11.5}{100} \times 522 ≒ 60.0$ である。よって2016年度における食品小売業の食品ロス発生量を100とすると，2020年度のそれは $\frac{60}{66.2} \times 100 ≒ 90.6$ で，80を上回っている。　3：誤り。2019年度の外食産業の食品ロス発生量は $\frac{18.1}{100} \times 570 ≒ 103.2$，食品小売業の食品ロス発生量は $\frac{11.2}{100} \times 570 ≒ 63.8$ で，両者の差は $103.2 - 63.8 = 39.4$ より，50万トンを下回っている。　4：誤り。2017年度の一般家庭からの食品ロス発生量は $\frac{46.3}{100} \times 612 = 283.3$，2018年度のそれは $\frac{46.0}{100} \times 600 = 276$，よって，2018年度の一般家庭からの食品ロス発生量の対前年減少率は $100 - \frac{276}{283.3} \times 100 ≒ 2.58$ である。一方，2017年度の外食産業からの食品ロス発生量は，$\frac{20.8}{100} \times 612 ≒ 127.3$，2018年度のそれは $\frac{19.3}{100} \times 600 = 115.8$，よって，2018年度の外食産業からの食品ロス発生量の対前年減少率は $100 - \frac{115.8}{127.3} \times 100 ≒ 9.00$ である。したがって，2018年度の一般家庭からの食品ロス発生量の対前年減少率は，外食産業の食品ロス発生量の対前年減少率を下回っている。5：正しい。2018年度の食品卸売業の食品ロス発生量 $\frac{2.7}{100} \times 600 = 16.2$，2019年度のそれは $\frac{2.5}{100} \times 570 = 14.25$，2020年度のそれは $\frac{2.5}{100} \times 522 = 13.05$，よってこの3か年度の食品卸売業の食品ロス発生量の平均は，$\frac{16.2 + 14.25 + 13.05}{3} = 14.5$〔万トン〕で，15万トンを下回っている。

25 5

解説 1：誤り。2018年は，2017年からさらに増加しているので，少なくとも2017年の輸出額が最も多いことはない。なお，2016年における中国への植木・盆栽等の輸出額を100とすると，2017年のそれは$\frac{140}{100} \times 100 = 140$，2018年のそれは$\frac{115}{100} \times 140 = 161$，2019年のそれは$\frac{90}{100} \times 161 = 144.9$，2020年のそれは$\frac{85}{100} \times 144.9 = 123.165$で，最も多いのは2018年で，最も少ないのは2016年である。 2：誤り。2017年の中国への植木・盆栽等の輸出額はおおよそ$\frac{140}{100} \times 45.0$〔億円〕$\fallingdotseq 63.0$〔億円〕で，2017年のベトナムへの植木・盆栽等の輸出額はおおよそ$\frac{250}{100} \times 13.6$〔億円〕$\fallingdotseq 34.0$〔億円〕と約29億円差があり，その差は25億円を上回っている。 3：誤り。2017年のオランダへの植木・盆栽等の輸出額はおおよそ$\frac{110}{100} \times 7,480$〔万円〕$\fallingdotseq 8,228$〔万円〕，2018年のそれはおおよそ$\frac{85}{100} \times 8,228$〔万円〕$\fallingdotseq 6,994$〔万円〕，2019年のそれはおおよそ$\frac{125}{100} \times 6,994$〔万円〕$\fallingdotseq 8,743$〔万円〕，2020年のそれはおおよそ$\frac{85}{100} \times 8,743$〔万円〕$\fallingdotseq 7,432$〔万円〕，よって，2018年から2020年までの3か年の平均は$\frac{6,994 + 8,743 + 7,432}{3} \fallingdotseq 7,723$〔万円〕で，2016年の輸出額より約243万円上回っている。 4：誤り。2019年のイタリアへの植木・盆栽等の輸出額を100としたとき，2020年のそれは$\frac{45}{100} \times 100 = 45$，2021年のそれは$\frac{280}{100} \times 45 = 126$で，130を下回っている。 5：正しい。2018年のベトナムの植木・盆栽等の輸出額は$\frac{85}{100} \times 34.0$〔億円〕$= 28.9$〔億円〕，2019年のそれは$\frac{45}{100} \times 28.9$〔億円〕$\fallingdotseq 13.0$〔億円〕，2020年のそれは$\frac{165}{100} \times 13.0$〔億円〕$\fallingdotseq 21.5$〔億円〕，2021年のそれは$\frac{110}{100} \times 21.5$〔億円〕$\fallingdotseq 23.7$〔億円〕で，2021年のベトナムへの植木・盆栽等の輸出額は，2020年のそれに比べて$23.7 - 21.5 = 2.2$〔億円〕増加している。

26 2

解説 正方形の紙を，もう一度，続けて4回折ると，下図のようになるから，4回目に折った際にできた折り目はイである。

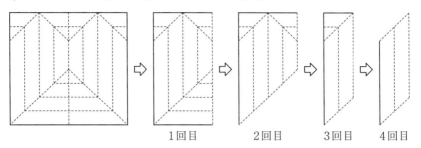

1回目　　　2回目　　　3回目　　　4回目

27 5

解説 同じ方向に4マス回転させると，回転させる前の状態に戻ることに着目すると，「Bの位置にきたときの立方体の状態」＝「Fの位置にきたときの立方体の状態」＝「Jの位置にきたときの立方体の状態」＝「Nの位置にきたときの立方体の状態」であることがわかる。また，「Bの位置にきたときの立方体の状態」は，「スタートの位置の立方体の状態」を東方向に2マス回転させたものであり，「Pの位置にきたときの立方体の状態」は，「Nの位置にきたときの立方体の状態」を西方向に2マス回転させたものだから，「Bの位置にきたときの立方体の状態」＝「Nの位置にきたときの立方体の状態」を考慮すると，「Pの位置にきたときの立方体の状態」＝「スタートの位置の立方体の状態」である。以上より，「Sの位置にきたときの立方体の状態」は，「スタートの位置の立方体の状態」を北方向に3マス回転させたものであり，選択肢5の立方体の状態になる。

28 2

解説 問題の立方体の各頂点を，次図のようにA〜Hとする。さらに，1〜5の展開図に関して，それぞれ見取図の面ABCDと同じになるように，展開図の面ABCDを決め，残りの頂点に関しては，線分AG，BH，CE，DFが立方体の対角線になるように頂点の記号を決めると，次図1〜5の展開図となる。選択肢1の展開図は，例えば面HGFEが問題の立方体と異なるので，妥

当ではない。選択肢3の展開図は，例えば面CGHDが問題の立方体と異なるので，妥当ではない。選択肢4の展開図は，例えば面EHGFが問題の立方体と異なるので，妥当ではない。選択肢5の展開図は，例えば面BFGCが問題の立方体と異なるので，妥当ではない。

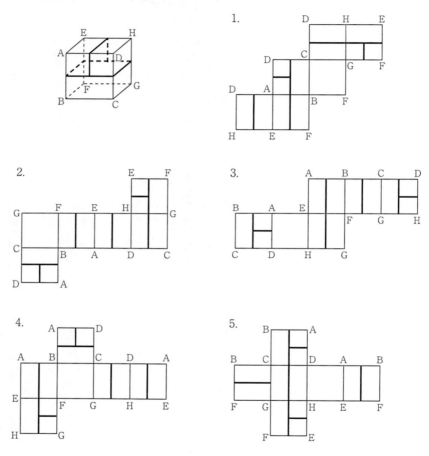

29 1

解説 ひし形が上側の辺上を移動するとき，ひし形の頂点Pの描く軌跡は半径$\sqrt{3}a$，中心角120°のおうぎ形の弧と，半径a，中心角60°のおうぎ形の弧である。ひし形が右側の辺上を移動するとき，ひし形の頂点Pの描く軌跡

は半径 a，中心角 $60°$ のおうぎ形の弧と，半径 $\sqrt{3}\,a$，中心角 $120°$ のおうぎ形の弧である。ひし形が右側の辺から下側の辺に移動するとき，ひし形の頂点 P の描く軌跡は半径 a，中心角 $150°$ のおうぎ形の弧である。ひし形が下側の辺上を B の位置まで移動するとき，ひし形の頂点 P の描く軌跡は半径 a，中心角 $60°$ のおうぎ形の弧である。以上より，ひし形が A の位置から B の位置まで移動したとき，ひし形の頂点 P の描く軌跡の長さは $2\pi \times \sqrt{3}\,a \times \dfrac{120°}{360°} + 2\pi \times a$

$\times \dfrac{60°}{360°} + 2\pi \times a \times \dfrac{60°}{360°} + 2\pi \times \sqrt{3}\,a \times \dfrac{120°}{360°} + 2\pi \times a \times \dfrac{150°}{360°} + 2\pi \times a \times \dfrac{60°}{360°}$

$= \dfrac{11 + 8\sqrt{3}}{6}\,\pi a$ である。

---

30 3

解説 対角線 AF と BE の交点を Q_1，辺 BF の中点を Q_2，対角線 AG と BH の交点を R_1，線分 BG の中点を R_2 とすると，四角形 $Q_1Q_2R_2R_1$ は線分 QR が動いてできる図形である。$BQ_1 : BE = BQ_2 : BF = BR_2 : BG = BR_1 : BH = 1 : 2$ より，四角形 $Q_1Q_2R_2R_1$ と長方形 EFGH は点 B を相似の中心として相似の位置にあり，相似の位置にある 2 つの図形は相似であるから，四角形 $Q_1Q_2R_2R_1 \backsim$ 長方形 EFGH で相似比は $1 : 2$ である。相似な図形では，面積比は相似比の 2 乗に等しいから，以上より，（四角形 $Q_1Q_2R_2R_1$ の面積）＝（長方形 EFGH の面積）$\times \dfrac{1^2}{2^2} = 8 \times 12 \times \dfrac{1}{4} = 24$〔cm²〕である。

---

31 3

解説 1：誤り。セオドア＝ローズヴェルトではなく，ウィルソンが妥当である。また，ソヴィエト政権はパリ講和会議に参加できなかった。　2：誤り。アルザス・ロレーヌ地方は，オーストリアではなくフランスに返却された。ラインラントは非武装化され，他の地域でもドイツの軍備制限が義務付けられた。　3：正しい。　4：誤り。海軍軍縮条約での主力艦の保有総トン数比率は，アメリカ 5・イギリス 5・日本 3・フランス 1.87・イタリア 1.87 であった。オランダは誤りである。　5：誤り。ワシントン会議において，九か国条約が結ばれた。この条約で，中国の主権・独立・領土保全，門戸開放，機会均等等を相互に約束した。日本の中国進出が抑えられた。

32 5

解説 1：誤り。直接金融とは，企業が株式や社債を発行し，家計から直接資金を調達する方法である。　2：誤り。間接金融とは，金融機関が仲立ちとなって預金を企業に融資することで資金を調達する方法である。　3：誤り。公定歩合は金利の自由化により，市中金利の基準金利ではなくなったため，公定歩合操作は行われなくなった，また，預金準備率操作も行われていない。1996年から金融調節の中心は，公開市場操作である。　4：誤り。外国通貨と自国通貨の交換比率を，外国為替レートという。政府が外国為替市場に介入することを，為替介入という。プライムレートとは，優良企業に対して資金を貸し出す際に適用する最優遇貸出金利のことである。ペイオフとは，金融機関が破綻した場合，預金の一定額を保護する制度のことである。5：正しい。

33 5

解説 1：誤り。分子コロイドの例としてあげられるのは高分子のタンパク質やデンプンである。金や硫黄は分散コロイドに分類される。　2：誤り。水酸化鉄（Ⅲ）のコロイド溶液に，少量の電解質を加えるとコロイド粒子が沈殿する現象を凝析という。　3：誤り。チンダル現象の説明である。　4：誤り。ブラウン運動の説明である。　5：正しい。

34 5

解説 1：誤り。プレート内部で火山活動が活発な場所をホットスポットという。ホットスポットのマグマの供給源はプレートより下にあるため，ホットスポットはプレートが移動しても動かない。　2：誤り。水蒸気噴火の例として2014年の御岳山噴火があげられる。この噴火により58名の方が亡くなり5名はいまだ行方不明である。　3：誤り。玄武岩質マグマの流下速度は時速10kmほどである。　4：誤り。火砕流の流下速度は時速100kmほどなので発生すると逃げることが難しい。　5：正しい。

35 3

解説 1：誤り。2021年10月1日時点での年少人口は1478万人，総人口に占める割合は11.8％である。3621万人，28.9％は，65歳以上の人口の数字で

ある。　2：誤り。2020年の全国の出生数は，84万835人である。東京都の都道府県別出生数は最も多いが，合計特殊出生率は，1.15で最も低い。1.83は，最も高い沖縄県のものである。　3：正しい。　4：誤り。重点課題として，「結婚・子育て世代が将来にわたる展望を描ける環境をつくる」，「多様化する子育て家庭の様々なニーズに応える」，「地域の実情に応じたきめ細かな取組を進める」，「結婚，妊娠・出産，子供・子育てに温かい社会をつくる」，「科学技術の成果等新たなリソースを積極的に活用する」の五つを挙げている。5：誤り。ライフステージを結婚前，結婚，妊娠・出産，子育ての4段階に分けている。

36 3

解説 ＼ 1：誤り。本対策は，「物価高・円安への対応」，「構造的な賃上げ」，「成長のための投資と改革」を重点分野とした総合的な経済対策である。2：誤り。本対策の規模は，財政支出で約39兆円，事業規模で71.6兆円であり，これによりGDPを約4.6％押し上げる効果が期待できるとした。　3：正しい。　4：誤り。永久磁石ではなく，先端半導体など海外から我が国が期待される物資の供給力と輸出拡大，農林水産物の輸出拡大を目指すとした。5：誤り。妊娠届出時と出生届出時を通じて計10万円相当の経済支援をするとした。

37 2

解説 ＼ 1：誤り。「単独行為」も対象とする。　2：正しい。　3：誤り。勧誘することをつげずに対象者を退去困難な場所に同行する行為は，不当な勧誘行為に該当し禁止されるとした。　4：誤り。罰金は50万円以下ではなく，100万円以下である。　5：誤り。履行期が到来したものに限りは，誤りである。履行期が到来していなくてもが妥当である。

38 2

解説 ＼ 1：誤り。クロスボウの所持は原則禁止となり，所持するには許可制となった。　2：正しい。　3：誤り。クロスボウは，正当な理由がある場合を除き，携帯，運搬することはできない。運搬する場合は，覆いを被せ又は容器に入れなければならない。　4：誤り。クロスボウを譲渡する場合には，

相手方のクロスボウ所持許可証の原本を確認しなければならない。 5：誤り。手続きを経ずクロスボウを所持している場合，3年以下の懲役，又は50万円以下の罰金を課せられる。

39 1

解説 1：正しい。 2：誤り。「多様な生き方に関する理解を推進することに替えて」ではなく，「多様な生き方に関する理解を推進することに加えて」が妥当である。 3：誤り。宣誓・届出の受理証明書は法律上の効果は伴わず，交付もオンラインで行われている。 4：誤り。「二人がいずれも」ではなく「双方又はいずれか一方」が妥当である。また，「6カ月以内」も誤りで，「双方又はいずれか一方が届出の日から3カ月以内」が妥当である。 5：誤り。企業の事業活動は，2022年11月1日の東京都パートナーシップ宣誓制度開始時から活用できた。

40 3

解説 1：誤り。昨年11月，米国のバイデン大統領は中国の習近平国家主席と，初めての対面での会談を行った。ロシアのウクライナ侵攻について，ウクライナでの核兵器の使用や威嚇に反対することで一致したが，共同声明は出ていない。 2：誤り。最後の「議長声明が採択された」は誤りで，述べられているのは，岸田首相の発言である。 3：正しい。 4：誤り。「昨年12月」と，「全ての国」が誤りで，「昨年11月」と「ほとんどの国」が妥当である。 5：誤り。COP15では，「昆明・モントリオール生物多様性枠組」と「昆明・モントリオール2030年目標」が採択された。2030年までに陸と海の面積の少なくとも30％を保全する「30 by 30」などの目標が定められた。

令和5年度 Ⅰ類B（一般方式）教養試験 実施問題

東京都では，平成25年の試験よりⅠ類B試験において新方式を採用しています（詳細は前述の募集要項を参照）。Ⅰ類B（一般方式）教養試験では，問題が部分的に変更されており，前ページまでのⅠ類B（新方式）の問題を，以下に出題されている問題番号で差し替えたものが，一般方式の出題内容となっています（例：P97掲載の問5→P137掲載の問25に差し替え）。なお，一般方式では40題すべて必答問題となっています。

[25] 日本の生活文化に関する記述として，妥当なのはどれか。〔新方式・問5の差替問題〕

1. 年中行事とは，毎年同じ時期に伝統的に行われる行事をいい，子供の成長を祝う宮参りや成人式などが該当する。
2. 日常の中にあって，節目となる特別な日を「ケ」の日といい，「ケ」の日にはいつもと異なる特別な食事をとるものとされている。
3. 厄年とは，通過儀礼の一つであり，厄難にあうといわれ忌みつつしまれる年齢をいい，男性は19歳，33歳及び37歳が，女性は25歳，42歳及び61歳が該当する。
4. 日本の文化は，芸術性が海外でも高く評価されており，19世紀後半には，アメリカにおいて，浮世絵などの江戸絵画の大胆で独創的な表現が注目を集めて，「クールジャパン」とよばれる文化現象が起こった。
5. サブカルチャーとは，ある社会の支配的・伝統的な文化に対し，若者など特定の社会集団に支持される独特の文化をいい，近年では，マンガやアニメなどの日本のサブカルチャーが，世界の注目を集めている。

[26] 江戸幕府の政策に関する記述として，妥当なのはどれか。〔新方式・問7の差替問題〕

1. 徳川家康は，武家諸法度を発布し，大名に3年おきに国元と江戸とを往復させる参勤交代を義務づける制度を定めることにより，将軍の権威強化を図った。
2. 徳川綱吉は，百姓の江戸出稼ぎを禁じ，江戸に流入した居住者を強制的に農村へ帰らせる人返しの法を出した。

3. 徳川吉宗は，評定所に目安箱を設けて庶民の意見を聞くとともに，公事方御定書を制定して裁判や刑罰の基準を定めた。

4. 田沼意次は，困窮する武士を救済するため棄捐令を出し，各地に米や雑穀を蓄える社倉・義倉を設けさせた。

5. 松平定信は，陽明学を正学としてそれ以外の学問を禁じ，小石川の学問所に中江藤樹らを儒官として迎えて陽明学の講義をさせた。

[28] 世界の資源・エネルギーに関する記述として，妥当なのはどれか。〔新方式・問12の差替問題〕

1. 産業革命以前のエネルギーは石炭が中心であったが，産業革命後は近代工業の発展に伴い，石油の消費が増大した。

2. レアメタルの一種であるレアアースの産出量が最も多いのは，以前は中国であったが，近年はアメリカ合衆国となっている。

3. 産油国では，自国の資源を自国で開発・利用しようという資源ナショナリズムの動きが高まり，石油輸出国機構（OPEC）が結成された。

4. 都市鉱山とは都市再開発によって生じる残土に含まれる金属資源のことであり，低コストで再利用できる資源として多くの先進国で活用されている。

5. ブラジルで生産されているバイオエタノールは，大量の作物を消費することで森林破壊が進むことが危惧されるため，自動車の燃料としての使用が禁止されている。

[29] 憲法第25条に定める生存権に関する記述として，妥当なのはどれか。〔新方式・問25の差替問題〕

1. 生存権は社会権的側面を持ち，国の介入の排除を目的とする権利である自由権とは性質を異にするため，自由権的側面が認められることはないとされる。

2. プログラム規定説では，生存権を具体化する法律がない場合に，裁判所に対して国の立法不作為の違憲確認訴訟を提起できるとされる。

3. 抽象的権利説では，生存権は国民に法的権利を保障したものではないが，生存権を具体化する法律を前提とした場合に限り，違憲性を裁判上で主張することができるとされる。

4. 最高裁判所は，昭和42年の朝日訴訟判決において，憲法第25条1項の規定は，直接個々の国民に対して具体的権利を賦与したものではないとした。

5. 最高裁判所は，昭和57年の堀木訴訟判決において，憲法第25条の規定の趣旨に基づき具体的に講じられる立法措置の選択決定は，立法府の広い裁量に委ねられており，いかなる場合も裁判所が審査判断するのに適しない事柄であるとした。

30 日本の裁判制度に関する記述として，妥当なのはどれか。〔新方式・問28の差替問題〕

1. 憲法は裁判官の独立を定め，裁判官に身分保障を与えており，裁判官は心身の故障のために職務を行えない場合を除いて罷免されることはない。

2. 裁判所には，最高裁判所と地方裁判所があり，地方裁判所には高等裁判所，家庭裁判所，特別裁判所の3種類がある。

3. 再審制度とは，第一審に不服があるときに上級審の裁判所の判断を求めることをいい，原則として三度の機会がある。

4. 行政裁判は民事裁判の一種で，国や地方公共団体の行為や決定に対して，国民や住民が原告となって訴えを起こすものである。

5. 日本の裁判員制度は陪審制に当たり，無作為に選ばれた裁判員が，裁判官から独立して有罪・無罪を決定したあと，裁判官が量刑を確定する。

32 鉛直上向きに発射した小球の最高点が19.6mであったとき，小球の初速度の大きさとして，正しいのはどれか。ただし，重力加速度は9.8m/s^{2}とし，空気抵抗は無視できるものとする。〔新方式・問30の差替問題〕

1. 9.8m/s
2. 14.7m/s
3. 19.6m/s
4. 24.5m/s
5. 29.4m/s

33 化学の法則に関する記述として，妥当なのはどれか。〔新方式・問33の差替問題〕

1. ファントホッフの法則とは，希薄溶液の浸透圧は，溶媒や溶質の種類に関係なく溶液のモル濃度と絶対温度に比例するという法則である。

2. ヘスの法則とは，一定の温度において，一定量の溶媒に溶けることができる気体の物質量は，その気体の圧力に比例するという法則である。

3. ヘンリーの法則とは，物質が変化するときに出入りする反応熱の大きさは，変化の前後の状態だけで決まり，変化の経路には無関係であるという法則である。

4. ボイル・シャルルの法則とは，一定質量の気体体積は，絶対温度と圧力に比例するという法則である。

5. ラウールの法則とは，高濃度溶液の蒸気圧は，溶質の種類に関係なく，溶媒のモル分率に反比例するという法則である。

34 酵素に関する次の記述として，妥当なのはどれか。〔新方式・問39の差替問題〕

1. だ液に含まれているアミラーゼは，デンプンをグルコースとフルクトースに分解する。

2. タンパク質は，胃液中のリパーゼや，小腸の壁にある消化酵素などのはたらきで，アミノ酸に分解される。

3. ペプシンは，胆汁に含まれる分解酵素の一つであり，乳糖や脂肪の分解にはたらく。

4. カタラーゼは，過酸化水素によって分解されることで，酸素とアミノ酸を生成する。

5. マルターゼは，腸液に含まれる分解酵素の一つであり，マルトースをグルコースに分解する。

解 答・解 説

25 5

解説 1：子供の成長を祝う宮参りや成人式は，年中行事ではなく通過儀礼である。　2：節目となる特別な日が「ハレ」であり，日常の生活を送る普段の日が「ケ」である。　3：男性の厄年は25歳，42歳及び61歳であり，女性の厄年は19歳，33歳及び37歳である。　4：19世紀後半，浮世絵などの日本文化が注目を集めたのは，アメリカではなくフランスにおいてである。この文化現象をジャポニズムという。　5：妥当である。

26 3

解説 1：武家諸法度を発布し，大名に1年おきに国元と江戸を往復させる参勤交代を義務付けたのは，徳川家康ではなく徳川家光である。　2：人返しの法を出したのは，徳川綱吉ではなく水野忠邦である。　3：妥当である。4：棄捐令を出し，社倉・義倉を設けさせたのは，田沼意次ではなく松平定信である。　5：松平定信は，陽明学ではなく朱子学を幕府の正学とし，それ以外の学問は禁じた。これを寛政異学の禁という。昌平坂学問所に林述斎を儒官として迎え，朱子学の講義をさせた。

28 3

解説 1：産業革命以前のエネルギーは，風力，水力，薪などであった。産業革命後は石炭の消費が増大した。　2：レアメタルの産出量が最も多いのは中国で，世界の産出量の90％以上を占めている。　3：妥当である。4：ごみとして大量に破棄される家電製品や携帯電話などの電子機器には，回収，解体して再生すれば再利用が可能な金やレアメタルなどが多く含まれている。これらを都市鉱山という。　5：ブラジルでは主にサトウキビ，アメリカではトウモロコシを原料として，バイオエタノールが作られている。バイオエタノールは，ガソリンに混ぜて自動車の燃料として使用されている。

29 4

解説 1：生存権には，国民各自が自らの手で健康で文化的な最低限度の生活を維持する自由＝自由権的側面と，国家に対して健康で文化的な最低限

度の生活の実現を請求する権利＝社会権的側面がある。「自由権的側面が認められることはない」は，誤りである。　2：プログラム規定説では，憲法25条の生存権について，国民は国に対する具体的な請求権はなく，国が法律を定める義務もないとされる。裁判規範性もないとされるので，後半の「国の立法不作為の違憲確認訴訟を提訴できるとされる」は誤りである。　3：抽象的権利説では，生存権は国民に法的権利を保障したものと考える。後半は妥当である。　4：妥当である。　5：最高裁判所は，堀木訴訟判決において，憲法25条の具体化は，立法府の広い裁量に委ねられており，著しく合理性を欠き明らかに裁量の逸脱，濫用と見える場合を除き，裁判所の審査判断に適しないと判断した。

30　4

解説　1：心身の故障のために職務を行えない場合を除いては，公の弾劾によらなければ罷免されない。つまり，弾劾裁判と最高裁裁判官は国民審査により罷免されることがある。　2：裁判所には，最高裁判所と下級裁判所がある。下級裁判所には高等裁判所，地方裁判所，家庭裁判所，簡易裁判所の4種類がある。　3：再審制度とは，やり直しの裁判のことをいう。第一審に不服があるときに上級審の裁判所の判断を求めることを，三審制度という。4：妥当である。　5：日本の裁判員制度は陪審員制度とは異なり，裁判員が裁判官とともに有罪・無罪を決定したあと，有罪ならば量刑判断も行う。

32　3

解説　初速度を V_0〔m/s〕とすると最高点での速度は0であるので，$0^2 - V_0^2 = 2 \times 9.8 \times 19.6$ より $V_0 = 19.6$〔m/s〕となる。

33　1

解説　1：正しい。　2：誤り。この説明はヘンリーの法則のものである。3：誤り。この説明はヘスの法則のものである。　4：誤り。ボイル・シャルルの法則とは，一定質量の気体の体積は，絶対温度に比例し，圧力に反比例するという法則である。　5：誤り。ラウールの法則とは，溶液の蒸気圧降下は溶質の種類に関係なく溶質のモル分率に比例するという法則である。

34 5

解説 1：誤り。アミラーゼはデンプンをマルトースに分解する酵素である。　2：誤り。タンパク質は胃液中のペプシンや腸液中の酵素によって最終的にはアミノ酸にまで分解される。　3：誤り。ペプシンは胃液中に含まれる消化酵素でありタンパク質の分解にはたらく。　4：誤り。カタラーゼは過酸化水素を水と酸素に分解する酵素である。　5：正しい。

令和4年度 Ⅰ類A 教養試験 実施問題

1 次の文章で述べられていることとして，最も妥当なのはどれか。

［この部分は，著作権の関係により，掲載できません。］

（岡真理「記憶／物語」による）

1. スピルバーグが描く恐竜がかつて実在した恐竜と混同されないのは，恐竜を未だ完全に再現できてはいないと彼が認めているからである。
2. スピルバーグが描く戦場シーンがリアルと受け取られるのは，戦場を撮った報道映画と酷似しているため，現実を再現していると錯覚してしまうからである。
3. スピルバーグが迫真のリアリズムをもって戦場を描くことができるのは，彼が〈出来事〉の表象に対する根源的な問いかけを常に行っているからである。
4. スピルバーグの作品の変遷から判断すると，彼のリアリズムの追求欲は，今後，言葉で説明できない出来事や抑圧された記憶の再現に向かうと考える。
5. 『シンドラーのリスト』に対する批判が致命的だと思ったのは，スピルバーグの作品に存在していたリアリズムが欠けている点を指摘したからである。

2 次の文章で述べられていることとして，最も妥当なのはどれか。

［この部分は，著作権の関係により，掲載できません。］

（柏木博「『しきり』の文化論」による）

1. わたしたちは外部からの侵犯，侵入を防御するため，衣服，住まい，都市のようなしきりを設けてきたが，身体の中のミクロな領域において行われる外部からの侵入を防御するために設けられるものは，しきりとは異なるものと考えられる。
2. ウズラ胚の脳の原基である脳胞の一部をニワトリ胚に移植した場合，ウズラの脳胞に含まれていた細胞は，ニワトリ胚の中に取り込まれ，ニワトリとしての脳の付属器官などに一体化していくため，ウズラとしての特徴

は消えてしまう。
3. 精神的「自己」を支配している脳が自己を規定するため，ウズラの脳を移植されたニワトリは，脳機能障害に陥ってまもなく死亡することがある。
4. 胸腺は，侵入した異物を迅速に発見する免疫細胞を司る臓器であり，高齢で脳機能が退縮してもなおその機能を維持する。
5. 免疫のシステムは，侵入した「非自己」自体に反応するのではなく，「自己」の全一性を保つために「非自己化した自己」に反応することにより，外部からの侵入を防御するしきりとして機能している。

3　次の文を並べ替えて一つのまとまった文章にする場合，最も妥当なのはどれか。

［この部分は，著作権の関係により，掲載できません。］

（鷲田清一「じぶん・この不思議な存在」による）
1. E－A－D－C－B
2. E－C－A－B－D
3. E－C－B－D－A
4. D－A－C－E－B
5. D－C－B－E－A

4　次の文章の空欄に当てはまる語句の組合せとして，最も妥当なのはどれか。

［この部分は，著作権の関係により，掲載できません。］

（湯川秀樹「創造への飛躍」による）

	A	B	C	D	E	F
1.	反論	僕	魚	合理性	恵子	荘子
2.	反論	魚	僕	合理性	荘子	恵子
3.	反論	僕	魚	普遍性	恵子	荘子
4.	批判	魚	僕	合理性	荘子	恵子
5.	批判	僕	魚	普遍性	荘子	恵子

5 次の英文の中で述べられていることと一致するものとして，最も妥当なのはどれか。

[この部分は，著作権の関係により，掲載できません。]

(Bertrand Russell「The Conquest of Happiness」による)
＊mystic‥‥神秘主義者　　＊multitudinous‥‥非常に多くの
＊indolent‥‥怠惰な

1. 私は，若いころは英雄的な行為を賛美していたため，お金こそ全てとする拝金主義的な教義に関しては，軽蔑と憤りを持って退けていた。
2. 努力とあきらめはそれぞれ一面の真理ではあるが，それぞれの熱狂的支持者達は互いに反目し，対立は神学校に持ち込まれた。
3. 努力とあきらめのバランスをとることだけでは幸福にはなれないので，この章ではあきらめずに努力することの重要性について論じてみたいと思う。
4. 幸福を獲得しようとしたら，わが身に振りかかる不幸の原因をうまく処理する方法を見つけなくてはならないが，その必要がない人も世の中にはいる。
5. 幸福の達成には内的と外的な努力の両方が必要であるが，内的な努力を身に付けることの方が難しいので，さしあたり，内的な努力のみを考察してみよう。

6 次の英文の中で述べられていることと一致するものとして，最も妥当なのはどれか。

[この部分は，著作権の関係により，掲載できません。]

(Richard Dawkins「The Selfish Gene」による)
＊saddleback‥‥セアカホオダレムクドリ　　＊repertoire‥‥曲目
＊dialect‥‥方言　　＊analogous‥‥類似して　　＊variant‥‥異なる
＊coherent‥‥まとまりのある　　＊mutation‥‥突然変異

1. 文化的伝達について，私が明らかにした人間以外の動物に関する事例は，ニュージーランドに住むセアカホオダレムクドリのさえずりに関するものである。

2. 八羽の雄のうちの一羽においては，異なるさえずり方が観察され，P. F. ジェンキンスによって，CC ソングと名づけられた。

3. ジェンキンスは，父親と息子のさえずり方を比較することによって，さえずりのパターンの中に遺伝的に親から子へ伝わるものがあることを明らかにした。

4. 新しいさえずりの形式の中には，模倣の際のミスから唐突に生じるものもあるため，多くは不安定であり，さえずりの新たな一形態として安定するまでには，数年を要した。

5. いくつかの例では，変異型のさえずりがそのまま新参者の若い雄たちに正確に伝えられた結果，よく似た歌い手たちのグループは他からはっきり識別できるほどになった。

7 次の英文の中で述べられていることと一致するものとして，最も妥当なのはどれか。

[この部分は，著作権の関係により，掲載できません。]

（Jared Diamond「UPHEAVAL」による）

＊ turnout‥‥投票率　　＊ felon‥‥重犯罪人　　＊ affluent‥‥裕福な
＊ fluctuate‥‥変動する

1. 選挙はいかなる民主主義にとっても必要不可欠なものであり，その点でアメリカは民主主義国と呼ぶに最もふさわしい国である。

2. アメリカでは，市民にとってより身近である市長選の投票率の方が大統領選より高く，最近行われたロサンゼルス市長選の投票率は，約80％であった。

3. アメリカでは，投票するためには「有権者登録」が必要で，有権者のうち，92％の人がその登録を行っている。

4. OECD 諸国の中でアメリカの投票率は最下位で，登録済の有権者の投票しない理由は，投票する価値を信じていないことや政治的無関心などである。

5. オーストラリア，ベルギー，イタリアの登録済有権者の投票率が極めて高いのは，法律によって投票義務が課せられているからである。

8 次の英文の中で述べられていることと一致するものとして，最も妥当なのはどれか。

[この部分は，著作権の関係により，掲載できません。]

(F. Scott Fitzgerald「This Side of Paradise」による)

＊rickety‥‥ぐらぐらする　　＊dangle‥‥ぶらぶらさせる

1.　ハワードと待ち合わせをして一緒に昼食を取っているとき，ハワードがロザリンドは少し変わっているが素晴らしい女性だと褒めたので，エイモリーはとても喜ばしい気持ちになった。

2.　ハワードはエイモリーに，ウエストチェスター郡で開かれたスイミングパーティーに，ロザリンドとアネットと3人で訪れた話を聞かせた。

3.　アネットが屋上からプールに飛び込んだ話を聞くやいなや，ロザリンドはハワードに何も告げずにサマーハウスの屋上に登り，白鳥のように両手を広げながらプールに飛び込んだ。

4.　スイミングパーティーが終わったあと，ロザリンドはハワードに，なぜすぐにプールに飛び込まなかったのかと詰め寄った。

5.　スイミングパーティーでの出来事を聞いているエイモリーの様子を見て，ハワードはエイモリーのことを中身が空っぽの楽天家なのだろうと考えた。

9 ある会社の社員の通勤状況を調査したところ，次のことが分かった。

ア　35歳以上の社員と35歳未満の社員との人数の比は，3：2であった。

イ　全ての社員は，都外か都内のいずれかに住んでおり，都外に住んでいる社員の人数は，都内に住んでいる社員の人数より62人少なかった。

ウ　都外に住んでおり通勤時間が1時間未満である35歳以上の社員の人数は26人であった。

エ　都内に住んでおり通勤時間が1時間以上である35歳以上の社員の人数は，都内に住んでおり通勤時間が1時間未満である35歳未満の社員の人数の3倍であった。

オ　都内に住んでおり通勤時間が1時間以上である35歳未満の社員の人数は14人であり，都内に住んでおり通勤時間が1時間未満である35歳以上の社員の人数は106人であった。

カ　通勤時間が1時間以上である社員の人数は252人であった。

キ　通勤時間が1時間未満である35歳未満の社員の人数は，通勤時間が1時間未満である35歳以上の社員の人数の$\frac{1}{2}$であった。

　以上から判断して，都外に住んでおり通勤時間が1時間以上である35歳以上の社員の人数として，正しいのはどれか。

1. 36人
2. 40人
3. 44人
4. 48人
5. 52人

10　NIPPONという6文字から任意の3文字を選んで横一列に並べるとき，3文字の並べ方は何通りあるか。

1. 24通り
2. 30通り
3. 36通り
4. 42通り
5. 48通り

11　同一平面上の異なる位置にある9個の点のうち，6点は直線X上に，残り3点は直線Y上にある。この9個の点の中から3点を結んで作ることができる三角形の数として，正しいのはどれか。ただし，直線X及び直線Yは重なりも交わりもしないものとする。

1. 27個
2. 36個
3. 45個
4. 54個
5. 63個

12 1から20の数字が一つずつ書かれた正二十面体のサイコロが1個あり，このサイコロを2回投げて，上面に出た数字の和が6の倍数となる確率として，正しいのはどれか。ただし，サイコロの1から20の数字が上面に出る確率はそれぞれ等しいものとする。

1. $\dfrac{4}{25}$

2. $\dfrac{13}{80}$

3. $\dfrac{33}{200}$

4. $\dfrac{67}{400}$

5. $\dfrac{17}{100}$

13 短針と長針とを持つ時計が，午後4時ちょうどを指した後，最初に短針と長針とが重なる経過時間として，正しいのはどれか。ただし，この時計は，午前0時と正午に短針と長針とが正確に重なり，かつ，針が滑らかに回転し誤差なく動いており，短針と長針の太さは，なす角度に影響を与えないものとする。

1. $21\dfrac{9}{11}$ 分後

2. $22\dfrac{9}{11}$ 分後

3. $23\dfrac{9}{11}$ 分後

4. $24\dfrac{9}{11}$ 分後

5. $25\dfrac{9}{11}$ 分後

14 ある二人の現在の年齢の積と 2 年後の年齢の積との差が 150 であり，この二人の何年か前の年齢の積が 800 であったとき，現在の年齢の積として，正しいのはどれか。

1. 1,280
2. 1,290
3. 1,300
4. 1,310
5. 1,320

15 100 点満点の国語の試験を 100 名が受け，採点の結果，最高点が 90 点，最低点が 20 点，平均点が 75 点ちょうどであることが分かった。このとき，平均点以下だった人数として考えられる最少の人数はどれか。ただし，各人の点数は全て整数であるものとする。

1. 2 人
2. 3 人
3. 4 人
4. 5 人
5. 6 人

16 ある部活動の部員に対して緊急の電話連絡を行うことになった。電話連絡は 1 回につき一人にしか行うことができず，1 回の電話連絡にかかる時間は 1 分間である。はじめは部活動の顧問だけが連絡内容を知っており，顧問を含めて一人が二人に対して電話連絡を行うとき，5 分後に連絡内容を知っている部員の最大の人数として，正しいのはどれか。ただし，この部活動の顧問は一人であり，顧問は部員として扱わないものとし，連絡方法は電話のみとする。

1. 18 人
2. 19 人
3. 20 人
4. 21 人
5. 22 人

[17] 次の図から正しくいえるのはどれか。

日本におけるハムの種類別生産量の推移

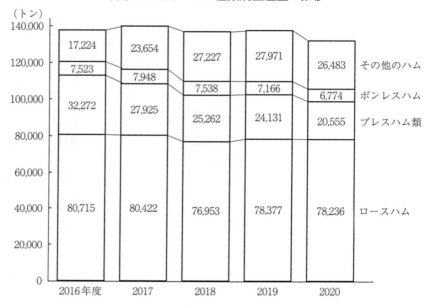

1. 2016年度から2018年度までの各年度についてみると，ロースハムの生産量に対するプレスハム類の生産量の比率は，いずれの年度も0.3を上回っている。

2. 2016年度から2019年度までの4か年におけるボンレスハムの生産量の年度平均は，2016年度のボンレスハムの生産量を下回っている。

3. 2017年度の生産量の合計に占めるその他のハムの生産量の割合は，2019年度の割合より大きい。

4. 2018年度から2020年度までについてみると，ロースハムの生産量の3か年の累計は，その他のハムの生産量の3か年の累計を160,000トン以上，上回っている。

5. 2020年度の2017年度に対する生産量の増減率を種類別にみると，最も低いのはボンレスハムである。

18 次の図から正しくいえるのはどれか。

スーパー商品別販売額の対前年増加率の推移

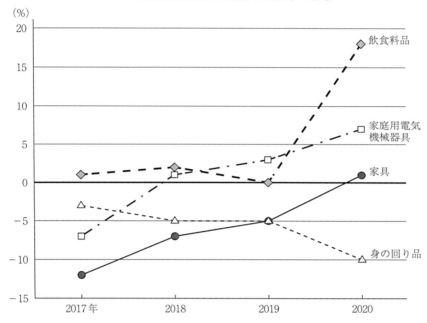

1. 2016年から2020年までのうち，身の回り品の販売額が最も多いのは2017年であり，最も少ないのは2020年である。

2. 2017年から2019年までの3か年における家庭用電気機械器具の販売額の年平均は，2016年の家庭用電気機械器具の販売額を上回っている。

3. 2018年から2020年までの各年についてみると，家具の販売額は，いずれの年も前年に比べて増加している。

4. 2018年から2020年までの各年についてみると，家庭用電気機械器具の販売額に対する飲食料品の販売額の比率が最も小さいのは，2019年である。

5. 2019年における商品別販売額についてみると，2016年における販売額を下回っているのは，身の回り品と家具だけである。

19 次の図から正しくいえるのはどれか。

日本における年代別献血者数の構成比の推移

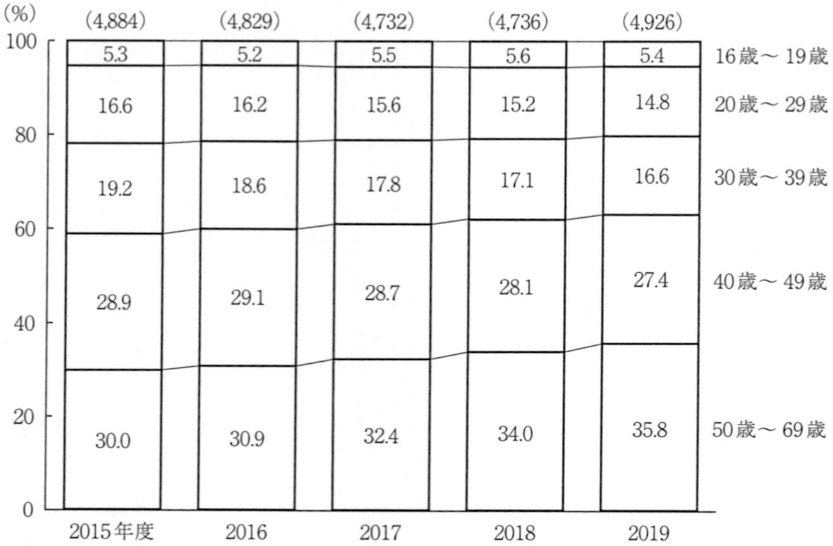

(注)（ ）の数値は，年代別献血者数の合計(単位：千人)を示す。

1. 2015年度についてみると，16〜19歳の献血者数は30〜39歳の献血者数を，700千人以上，下回っている。

2. 2015年度から2019年度までのうち，40〜49歳の献血者数が最も多いのは2015年度であり，最も少ないのは2018年度である。

3. 2016年度における20〜29歳の献血者数を100としたとき，2018年度における20〜29歳の献血者数の指数は90を下回っている。

4. 2017年度から2019年度までの3か年における50〜69歳の献血者数の累計は，5,000千人を上回っている。

5. 2018年度と2019年度の献血者数を年代別にみると，全ての年代において2018年度が2019年度を上回っている。

20 次の図表から正しくいえるのはどれか。

全国の高等学校における4競技種目の部員数の状況

部員数（平成27年度）　　　　　　　　　（単位：人）

サッカー	野球	バスケットボール	バドミントン
178,566	168,898	160,895	109,924

部員数の対前年度増加率の推移

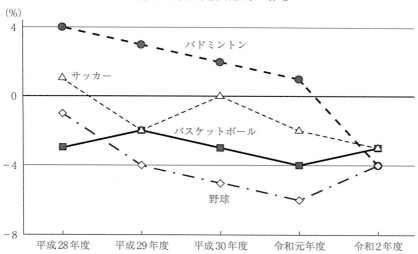

1. 平成27年度から平成30年度までについてみると，バスケットボールの部員数が最も多いのは平成29年度であり，最も少ないのは平成28年度である。

2. 平成28年度におけるサッカーの部員数と野球の部員数との差は，13,500人を上回っている。

3. バドミントンについてみると，平成30年度から令和2年度までの3か年における部員数の年度平均は，平成28年度における部員数を下回っている。

4. サッカーについてみると，平成30年度の部員数を100としたとき，令和2年度の部員数の指数は，90を上回っている。

5. 野球についてみると，令和2年度における部員数は，令和元年度における部員数に比べて7,000人以上，減少している。

21 下の図のような平行四辺形ABCDにおいて，辺CDの中点をEとし，AEとBDとが交わる点をFとするとき，平行四辺形ABCDの面積に対する三角形DEFの面積の比率として，正しいのはどれか。

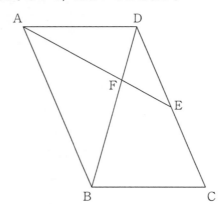

1. $\dfrac{1}{15}$

2. $\dfrac{1}{12}$

3. $\dfrac{1}{10}$

4. $\dfrac{7}{60}$

5. $\dfrac{2}{15}$

22 下の図のように，同一平面上にあるそれぞれ半径の異なる3つの円が点Pを共有し，全ての円が共有するのは点P以外にないとき，平面は最大7つに分割される。同様の条件で，半径の異なる6つの円を使うとき，平面が分割される最大の数として，正しいのはどれか。ただし，3つの円を使うときと同様に，全ての円が共有するのは1点以外にないものとする。

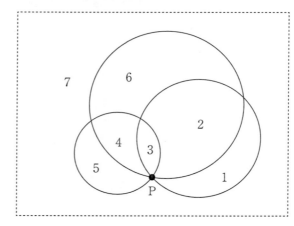

1. 22

2. 24

3. 26

4. 28

5. 30

23 六つの面に〇，●，□，■，×，◎の六つの記号が全く同じように描かれている小さな立方体が8個ある。この8個の小さな立方体を下の図のように，それぞれ合わさっている面が同じ記号になるようにして積み重ねて大きな立方体を作ったとき，Bの面の記号として，妥当なのはどれか。

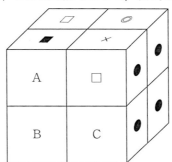

1. 〇
2. □
3. ■
4. ×
5. ◎

24 下の図のように，一辺の長さ10cmの正三角形ABCの辺に接している一辺の長さ5cmのひし形が，正三角形ABCの辺に接しながら，かつ，辺に接している部分が滑ることなく矢印の方向に回転し，1周して元の位置に戻るとき，ひし形の頂点Pの描く軌跡の長さとして，正しいのはどれか。ただし，ひし形の頂点Pの内角は60°，円周率はπとする。

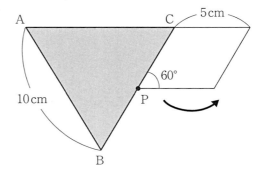

1. $\left(\dfrac{25 + 28\sqrt{3}}{3}\right) \pi \, cm$

2. $\left(10 + \dfrac{26\sqrt{3}}{3}\right) \pi \, cm$

3. $\left(\dfrac{35}{3} + 8\sqrt{3}\right) \pi \, cm$

4. $\left(\dfrac{40 + 22\sqrt{3}}{3}\right) \pi \, cm$

5. $\left(15 + \dfrac{20\sqrt{3}}{3}\right) \pi \, cm$

25 下の図のように，水平面上を速度15m/sで直線運動している質量2Mの球Aが，その同一直線上の前方に静止している質量Mの球Bと衝突した。球Aと球Bとの反発係数（はねかえり係数）が0.8であるとき，衝突後の球A及び球Bの速度の組合せとして，正しいのはどれか。ただし，球と水平面との間の摩擦は無視するものとする。

	球A	球B
1.	4m/s	16m/s
2.	5m/s	17m/s
3.	6m/s	18m/s
4.	7m/s	19m/s
5.	8m/s	20m/s

26 天然資源の活用に関する記述として，妥当なのはどれか。

1. ケイ素は，自然界に単体では存在せず，酸化物として地殻中に多く存在する元素であり，ケイ砂などを還元して得られた単体は半導体として用いられている。
2. 窒素は，化学的に安定しており反応しにくいが，白金を触媒として高温の空気中の窒素と水蒸気を反応させ二酸化窒素を得るハーバー・ボッシュ法によって，肥料として有効に活用されている。
3. 岩塩を原料として食塩が得られ，さらに食塩の水溶液を電気分解すると，陰極では塩素が発生し，陽極では水酸化ナトリウムが得られる。
4. 銀は，金と同様に化学的に最も安定した金属であり，単体では装飾品に用いられ，化合物である酸化銀は感光性を持ち，写真のフィルムなどに用いられている。
5. 石油を原料としてさまざまな化学製品が作られており，プロペンのような非常に大きい分子は高分子と呼ばれ，高分子の単位となるポリプロピレンのような小さな分子は単量体と呼ばれる。

27 ヒトの脳に関する記述として，妥当なのはどれか。

1. 大脳は，細胞体が集まって白色をしている白質と，神経繊維が集まって灰白色をしている灰白質からなる。
2. 中脳は，小脳及び延髄とともに脳幹を構成しており，言語や記憶などの高度な精神活動の中枢がある。
3. 小脳には，視覚や聴覚などの感覚中枢，随意運動を調節する中枢及び

からだの平衡を保つ中枢がある。
4. 延髄には，呼吸運動，心臓の拍動，血管の収縮などを調節する中枢の
ほか，消化液の分泌などの中枢がある。
5. 間脳は，脳下垂体と視床下部とに分けられ，脳下垂体には，体温を調
節する中枢があり，視床下部には，血糖量を調節する中枢がある。

28 宇宙に関する記述として，最も妥当なのはどれか。
1. 宇宙は約318億年前に誕生し，誕生したばかりの宇宙は，極めて低温・
低密度の状態であった。
2. 宇宙の誕生から約10万分の1秒後には陽子と中性子ができ，約3秒後に
は，陽子と中性子から水素の原子核がつくられた。
3. 宇宙の誕生から約38万年後には，水素の原子核やヘリウムの原子核が
電子と結合し，それぞれ水素原子やヘリウム原子となった。
4. 電子が原子に取り込まれたことで，光をさえぎる電子が急激になくなっ
て宇宙が見通せるようになった現象をビッグバンという。
5. 宇宙は膨張と収縮を繰り返し，宇宙の誕生から約45億年後に最初の恒
星が誕生し，その後，恒星が集まって銀河が誕生した。

29 日本の思想や文化に関する記述として，妥当なのはどれか。
1. 日本では古来より，外国からの新しい宗教・文化を積極的に受け入れ，
在来文化と共存させながら独自の文化をつくり上げてきたことから，日本
の文化は「日本文化の重層性」と呼ばれる特色を持っている。
2. 古代の日本人は，太陽，風や雷，草木などのいたるところに精霊が宿る
と考えており，それらを支配する天照大神を唯一・絶対的な神として信
仰していた。
3. 古事記に描かれている日本神話には，キリスト教に見られるような，神
による天地創造の考え方が明確にあらわされている。
4. 儒教は日本の思想に影響を与えた外来思想の一つであり，6世紀ごろ朝
鮮から伝えられると，聖徳太子によって厚く保護され，奈良時代になると
鎮護国家を形成するための重要な役割を担った。
5. 平安時代になると，唐に学んだ最澄が真言宗を開き，密教の修行によっ
て生きた身のまま，宇宙の根源である大日如来と一体化することができる
とする，「一切衆生悉有仏性」を説いた。

30 **江戸時代の外交及び貿易に関する記述として，妥当なのはどれか。**

1. 幕府は，17世紀中頃，オランダ及び清と正式に国交を結び，両国の船については，長崎港に限定して来航を認めるとともに，両国の商人の居住地については，長崎の出島に限り認めることとした。

2. 琉球王国は，アジア各国等との貿易で栄えていたが，幕府が武力で征服して国王だった尚氏を藩主とする琉球藩としたため，明が強い不満の意を示し，琉球藩との貿易を停止した。

3. 対馬藩の宗氏は，断絶していた朝鮮との国交が回復された後，朝鮮との間で己酉約条を結ぶと，歳遣船を朝鮮に派遣して，釜山に設置された倭館において貿易を行った。

4. 幕府は，18世紀末，通商を求めるロシアの使節が根室に来航したため，この要求を認めてロシアとの通商を開始する一方，千島，樺太を探査して幕府の直轄地を広げた。

5. アヘン戦争で清が敗れた後，幕府が異国船打払令を出して沿岸に近づく外国船の撃退を命じたことを受け，大村藩は，オランダ船を追って長崎港に侵入したフランス軍艦フェートン号を撃退した。

31 **フランス革命又はナポレオンに関する記述として，妥当なのはどれか。**

1. 革命前のフランスの政治・社会体制は，第一共和政とよばれ，第一身分の貴族，第二身分の聖職者が特権身分であり，平民が第三身分とされていた。

2. フランス革命は，パリの民衆が食料を求めてヴェルサイユ宮殿を襲撃し，ルイ16世を処刑して始まった。

3. テルミドール9日のクーデタの後，5人の総裁を置く総裁政府が成立したが，王党派の反乱やバブーフの陰謀などで，政局は安定しなかった。

4. ナポレオンは，イタリアやオスマン帝国への遠征での戦勝により名声を高めると，クーデタを起こしてロベスピエールが率いる政権を倒し，皇帝となった。

5. ナポレオンは，ヨーロッパのほぼ全域を征圧したが，トラファルガーの海戦でウェリントン率いるイギリス艦隊に敗れ，流されたセントヘレナ島で没した。

32 標準時に関する記述として，妥当なのはどれか。

1. 1884年に開催された国際子午線会議で，グリニッジ天文台を通る経線を本初子午線とし，これに沿った地域の時刻をグリニッジ標準時とすることが決められたが，現在は原子時計にもとづいた協定世界時が世界の時刻の基準となっている。

2. 日本では，兵庫県明石市を通る東経135度を標準時子午線として定めており，日本の標準時はグリニッジ標準時より10時間遅れている。

3. 国土が東西に広大なアメリカや中国では複数の標準時を設けているが，同じ広大な国土を持ちながらも，ロシアではただ1つの標準時を設定している。

4. 日付変更線は，自転を続ける球体上で日付の更新を行うため，経度180度付近において国境とは無関係に南北にまっすぐに設けられており，日付変更線を西から東へ越えるときには日付を1日進めることになっている。

5. 東京とロサンゼルスでは17時間の時差があり，ロサンゼルスとリオデジャネイロでは5時間の時差があることから，東京とリオデジャネイロでは22時間の時差がある。

33 衆議院の解散に関する記述として，妥当なのはどれか。

1. 衆議院の解散とは，衆議院議員の任期満了前にその全員の議員としての地位を失わせることをいい，衆議院が自らの決議により解散する自律的解散が憲法に規定されている。

2. 天皇は，内閣の助言と承認により衆議院を解散するが，衆議院の解散は国事行為ではなく，天皇の象徴としての地位に基づく公的行為であるとされる。

3. 衆議院が解散されたときは，解散の日から40日以内に衆議院議員の総選挙を行い，その選挙の日から30日以内に国会を召集しなければならず，この場合に召集される国会を特別会という。

4. 衆議院が解散されると参議院も閉会となるが，国に緊急の必要があるときは，参議院議長は参議院の緊急集会の召集を決定することができる。

5. 内閣は，衆議院の解散による総選挙が行われた後に初めて国会の召集があった場合において，直ちに総辞職をする必要はなく，職務執行内閣として当面の行政を担当することができる。

34 国際的な人権保障に関する記述として，妥当なのはどれか。

1. 世界人権宣言は，すべての人間は，生れながらにして自由であり，かつ，尊厳と権利とについて平等であること等をうたっているが，法的な拘束力はない。

2. 日本は，自由権規約（A規約）及び社会権規約（B規約）からなる国際人権規約について，一部を留保して批准したが，留保は2012年に全て撤回した。

3. 日本では，国際連合経済社会理事会で女子差別撤廃条約が採択される前に，高等学校における家庭科共修の実現などの国内法の整備が行われた。

4. 児童の権利条約は，20歳未満の者の人権を守ることを趣旨として，UNESCO（国連教育科学機関）で採択された。

5. 障害者権利条約が国際連合総会で採択された後，日本は同条約を批准すると同時に障害者差別解消法を制定した。

35 日本の社会保障に関する記述として，妥当なのはどれか。

1. 日本の社会保障制度は，憲法における財産権の保障を基本理念としてその充実が図られ，社会保険，公的扶助，社会福祉及び最低賃金の4つを柱とする。

2. 社会保険は，医療保険・年金保険・雇用保険・労働者災害補償保険・地震保険の5種類からなり，費用は全て国や地方公共団体が負担する。

3. 被用者年金は，民間企業の被用者には厚生年金，公務員には共済年金がそれぞれ支給されているが，将来的には一元化が検討されている。

4. 公的扶助は，生活保護法に基づいて実施され，生活・教育・住宅・医療・介護・出産・生業・葬祭の8つの扶助を行っている。

5. 社会福祉には，60歳以上の国民に加入が義務付けられ，介護が必要になった時に介護サービスの提供を受けられる制度がある。

36 昨年6月に内閣府が公表した「令和3年版　交通安全白書」に関する記述として，妥当なのはどれか。

1. 第11次交通安全実施計画では，交通安全の確保に資する使用実績の多い従来技術を積極的に取り入れた対策に取り組み，交通事故発生件数を低く抑えた社会の実現への大きな飛躍と世界をリードする交通安全社会を目指すこととしている。

2. 令和2年中の月別の交通事故死者数は，令和元年と比較して，4月以降，特に7月から8月にかけて多くなっており，新型コロナウイルス感染症拡大の時期と重なるとしている。

3. 交通安全基本計画では，年間の交通事故死者数を500人以下とすることを目標としており，交通二要素（人，車両）の観点から，高齢者等の移動手段の確保・充実など，今後特に推進すべき対策をそれぞれ挙げている。

4. 高齢運転者の安全対策として，75歳以上で一定の要件に該当する者に対して，運転免許証更新時に運転技能検査を導入し，都道府県公安委員会はその結果により運転免許証の更新をしないことができるとしている。

5. 妨害運転対策として，道路交通法改正により妨害運転に対する罰則が強化され，他の車両等の通行を妨害する目的で一定の違反をした者については，最大で10年の懲役に処するとともに，運転免許の取消処分を課すとしている。

37 昨年6月に施行された「政治分野における男女共同参画の推進に関する法律の一部を改正する法律」に関する記述として，妥当なのはどれか。

1. 国及び地方公共団体が，政党その他の政治団体の政治活動の自由及び選挙の公正を確保しつつ，政治分野における男女共同参画の推進に関して必要な施策の策定・実施に努めるものとする旨が，初めて盛り込まれた。

2. 政党その他の政治団体の自主的な取組として検討されていた，候補者の選定方法の改善は，各団体の自主性を尊重し，今回の法改正に盛り込まれなかった。

3. 政党その他の政治団体は，公選による公職等にある者及び公職の候補者についての性的な言動，妊娠又は出産に関する言動等に起因する問題の発生の防止及び適切な解決その他の事項について，自主的に取り組むよう努めるものとされた。

4. 地方公共団体の実態の調査及び情報の収集に関する規定は，詳細な把握が必要なことから，法律ではなく条例で定めることとした。

5. 国及び地方公共団体が行う政治分野における男女共同参画の推進に関する環境整備に係る規定には，裁量の余地を広げるため，具体的な例示はない。

38 昨年10月に召集された第二百五回国会における岸田内閣総理大臣所信表明演説に関する記述として，妥当なのはどれか。

1. 「新型コロナ対応」，「新しい資本主義」，「活力ある地方創り」，「外交・安全保障」の4つの政策を着実に実行することで，国民と共に新しい時代を切り拓いていくとした。

2. 新型コロナにより大きな影響を受けた事業者への経済支援として，飲食業や観光業など，対象とする地域や業種を限定した上で，事業規模によらず一律の給付金を支給するとした。

3. 「新しい資本主義実現会議」を創設して，「成長と分配の好循環」と「コロナ後の新しい社会の開拓」をコンセプトとした「新しい資本主義」の実現に向けたビジョンの具体化を進めるとした。

4. 「デジタル田園都市国家構想」を成長戦略の第一の柱に位置付け，東京都や大阪府などの都市からデジタルの実装を進めて新たな変革の波を起こし，地方に波及させることで地域活性化を図るとした。

5. 外交，安全保障の要諦は「信頼」であるとし，イージス・アショア計画を見直し，ミサイル防衛に頼らない安全保障の在り方について検討を進めるとし，2013年に策定した国家安全保障戦略の改定を明言した。

39 昨年6月に閣議決定された「経済財政運営と改革の基本方針2021」に関する記述として，妥当なのはどれか。

1. 成長を生み出す5つの原動力として，「『新たな日常』の実現」，「デジタルニューディール」，「地方創生」，「ウィズコロナの経済戦略」，「防災，減災，国土強靱化」を重点分野に挙げ，取組を推進するとした。

2. 感染症に対し強靱で安心できる経済社会を構築するため，国産治療薬の研究開発・実用化の支援及び国産ワクチンの研究開発体制・生産体制の強化等を進めるとした。

3. 賃上げを通じた経済の底上げにより日本全体を元気にするため，賃上げしやすい環境整備に一層取り組み，最低賃金について2023年度までに全国平均900円を目指すとした。

4. 多様な働き方の実現に向け，労働者の週休日を原則として3日とし，希望する人は週休日を2日とできる「選択的週休2日制」の早期導入を目指すなど，働き方改革を強力に推し進めるとした。

5. 全ての団塊世代が80歳以上になるまでに財政健全化の道筋を確かなも

のとするため，2030年までに国・地方を合わせた基礎的財政収支の黒字化を達成し，債務残高対GDP比の上昇を抑制することが必要であるとした。

40 国際事情に関する記述として，妥当なのはどれか。
1. 昨年開催された国連気候変動枠組条約第26回締約国会議において，石炭火力発電及び非効率な化石燃料への補助金の「段階的な廃止」が合意された。
2. 米国のバイデン大統領と中国の習近平国家主席は昨年11月に初めて会談し，公衆衛生や気候変動などで協力していくことで合意し，米中共同声明を発表した。
3. 欧州連合の欧州委員会は，本年1月，原子力と天然ガスを脱炭素に貢献するエネルギーとして「EUタクソノミー」に追加する方針を発表した。
4. 米国，ロシア，中国，フランス，英国，インドの核保有6か国は，本年1月，核戦争の防止と核軍拡競争の回避に関する共同声明を発表した。
5. 岸田首相と米国のバイデン大統領は，本年2月に会談し，現下の北朝鮮情勢を踏まえ，新たに日米安全保障協議委員会を設置することで合意した。

《 解 答・解 説 》

1 2
解説 出典は岡真理著『記憶／物語』。本文の内容と合致するものを選ぶ選択問題である。選択肢の細部を本文と照らし合わせ，合致するものとしないものを見分けていくとよい。

2 5
解説 出典は柏木博著『「しきり」の文化論』。本文の内容と合致するものを選ぶ選択問題である。「ウズラ胚」「胸腺」「免疫のシステム」などのキーワードが，本文中でどのように説明されているかを正しく読み取ることが大切である。

3 4
解説 出典は鷲田清一著『じぶん・この不思議な存在』。文整序問題である。接続詞や内容を加味するのはもちろん，選択肢の最初がDとE，二番目

がAとCの二択になっていることを加味して考えると整理がしやすくなる。

4 1

解説 出典は湯川秀樹著『創造への飛躍』。空欄補充問題である。選択肢はいずれも「僕」と「魚」，「恵子」と「荘子」など二択となっていることから，どの選択肢の組み合わせが最も自然かを考えるとよい。

5 4

解説 出典はバートランド・ラッセルの『幸福論（The Conquest of Happiness）』。選択肢が日本語の正誤判断問題では，あらかじめ選択肢に目を通して，英文のおおよその内容を頭に入れてから英文を読むとよい。No great effort may be requiredなど，否定語が主語となる英文に注意をすること。

6 5

解説 出典はリチャード・ドーキンスの『The Selfish Gene（利己的な遺伝子）』。日本語の選択肢から該当する英文を探し，正誤を判断するのが1番効率がよい。選択肢1であれば「文化的伝達」，「私が明らかにした」，「人間以外の動物に関する事例」など個々の語句を吟味するとよい。

7 4

解説 出典はジャレド・ダイアモンドの『危機と人類』。選択肢では，全肯定的な表現「すべての～に必要不可欠」や部分否定的な表現「必ずしも～でない」に注意すること。また，数字はもちろん，「○○のうち～％」などという表現も正確に読み取ることが大切である。

8 5

解説 出典はF・スコット・フィッツジェラルドの『楽園のこちら側』。本問いは登場人物が多いようであるが，基本的には登場人物の「行動・発言・人間関係」がざっと読み取れればよい。SVOや場所，時系列などの選択肢を確認しながら読み進めること。

9 1

解説 「年齢が35歳以上か未満か」,「通勤時間が1時間以上か未満か」,「住んでいるのが都内か都外か」という3つの集合について,「属する人数」を求めるので,以下のキャロル表を作成して考える。また,これらの集合は①〜⑧に分類できる。

① 都内に住んでおり通勤時間が1時間以上である35歳以上の社員
② 都内に住んでおり通勤時間が1時間以上である35歳未満の社員
③ 都外に住んでおり通勤時間が1時間以上である35歳以上の社員
④ 都外に住んでおり通勤時間が1時間以上である35歳未満の社員
⑤ 都外に住んでおり通勤時間が1時間未満である35歳以上の社員
⑥ 都外に住んでおり通勤時間が1時間未満である35歳未満の社員
⑦ 都内に住んでおり通勤時間が1時間未満である35歳以上の社員
⑧ 都内に住んでおり通勤時間が1時間未満である35歳未満の社員

キャロル表

次に,①〜⑧にはそれぞれの集合に属する人数が当てはまると考え,条件ア〜キをもとに数式を立てる。

アより,$(①+③+⑤+⑦):(②+④+⑥+⑧)=3:2$
イより,$(③+④+⑤+⑥)=(①+②+⑦+⑧)-62$
ウより,$⑤=26$
エより,$①:⑧=3:1$
オより,$②=14$,$⑦=106$
カより,$①+②+③+④=252$
キより,$(⑥+⑧):(⑤+⑦)=1:2$

次に，②，⑤，⑦の人数がわかったため，それぞれの数式に当てはめる。

アは，$(① + ③ + 26 + 106) : (14 + ④ + ⑥ + ⑧) = 3 : 2$ …ア′

イは，$(③ + ④ + 26 + ⑥) = (① + 14 + 106 + ⑧) - 62$ …イ′

カは，$① + 14 + ③ + ④ = 252$ …カ′

キは，$(⑥ + ⑧) : (26 + 106) = 1 : 2$ より，$⑥ + ⑧ = 66$ …キ′

キ′をア′に代入すると，$(① + ③ + 26 + 106) : (14 + ④ + 66) = 3 : 2$ …ア″

カ′は$① + ③ = 238 - ④$となるので，これをア″に代入すると，

$(238 - ④ + 26 + 106) : (14 + ④ + 66) = 3 : 2$

これを整理すると，$④ = 100$，$① + ③ = 238 - 100 = 138$ …カ″

キ′は$⑥ = 66 - ⑧$，エは$⑧ = \frac{1}{3}①$となるので，これらと$④ = 100$をイ′に代入すると，

$$\left(③ + 100 + 26 + 66 - \frac{1}{3}①\right) = \left(① + 14 + 106 + \frac{1}{3}①\right) - 62$$

整理すると，$① = \frac{3}{5}(③ + 134)$

これをカ″に代入すると，$\frac{3}{5}(③ + 134) + ③ = 138$ より，$③ = 36$

よって，都外に住んでおり通勤時間が1時間以上である35歳以上の社員の人数は36人となる。

10 4

解説 NIPPONという6文字には，Nが2個，Pが2個含まれているので，選んだ3文字の中にこれらがいくつ含まれるかで場合分けをする。

① Nを2個，Pを1個含むとき

選んだ3文字の組合せは1通り

順列の数は3個のうち同じものを2個含むので$\frac{3!}{2!} = 3$〔通り〕

したがって，この場合の並べ方は$1 \times 3 = 3$〔通り〕

② Nを2個，Pを0個含むとき

残り2文字から1文字選ぶので3文字の組合せは$_2C_1 = 2$〔通り〕

それぞれの順列の数は3個のうち同じものを2個含むので$\frac{3!}{2!} = 3$〔通り〕

したがって，この場合の並べ方は$2 \times 3 = 6$〔通り〕

③　Nを1個，Pを2個含むとき

選んだ3文字の組合せは1通り

順列の数は3個のうち同じものを2個含むので$\frac{3!}{2!}=3$〔通り〕

したがって，この場合の並べ方は$1\times3=3$〔通り〕

④　Nを1個，Pを1個含むとき

残り2文字から1文字選ぶので3文字の組合せは$_2C_1=2$〔通り〕

それぞれの順列の数は$3!=6$〔通り〕

したがって，この場合の並べ方は$2\times6=12$〔通り〕

⑤　Nを1個，Pを0個含むとき

残り2文字をすべて選ぶので3文字の組合せは1通り

順列の数は$3!=6$〔通り〕

したがって，この場合の並べ方は$1\times6=6$〔通り〕

⑥　Nを0個，Pを2個含むとき

残り2文字から1文字選ぶので3文字の組合せは$_2C_1=2$〔通り〕

それぞれの順列の数は3個のうち同じものを2個含むので$\frac{3!}{2!}=3$〔通り〕

したがって，この場合の並べ方は$2\times3=6$〔通り〕

⑦　Nを0個，Pを1個含むとき

残り2文字すべてを選ぶので3文字の組合せは1通り

順列の数は$3!=6$〔通り〕

したがって，この場合の並べ方は$1\times6=6$〔通り〕

⑧　Nを0個，Pを0個含むとき

残り2文字しかないので不適である。

①〜⑧より，求める並べ方は，$3+6+3+12+6+6+6=42$〔通り〕

11 5

解説 「9個の点の中から3点を結んで作ることができる三角形の数」を求めるので，まずは「9個の点の中から3点を結んで三角形ができない」場合を考える。すると，同一直線上にある3点を結んでも三角形はできないので，次の①，②の場合となる。

①　直線X上の6点から3点を選ぶ場合

$_6C_3=\frac{6\times5\times4}{3\times2\times1}=20$〔通り〕

② 直線Y上の3点から3点を選ぶ場合

　₃C₃ = 1〔通り〕

したがって，三角形ができない選び方は20 + 1 = 21〔通り〕

ここで，9個の点の中から3点を選ぶ選び方は，$_9C_3 = \dfrac{9 \times 8 \times 7}{3 \times 2 \times 1} = 84$〔通り〕

より，三角形ができる選び方は84 − 21 = 63〔通り〕

よって，求める三角形の数は63個となる。

12 3

解説 1から20までの数字を2回使った場合の和は，2から40のいずれかとなる。これらのうち6の倍数となるのは，6，12，18，24，30，36の6通りである。したがって，2つの数字の和がこれらの数字となる組合せの数を求める。

① 2つの数字の和が6となる組合せ

　(1，5)，(2，4)，…，(5，1)の5通り

② 2つの数字の和が12となる組合せ

　(1，11)，(2，10)，…，(11，1)の11通り

③ 2つの数字の和が18となる組合せ

　(1，17)，(2，16)，…，(17，1)の17通り

④ 2つの数字の和が24となる組合せ

　(4，20)，(5，19)，…，(20，4)の17通り

⑤ 2つの数字の和が30となる組合せ

　(10，20)，(11，19)，…，(20，10)の11通り

⑥ 2つの数字の和が36となる組合せ

　(16，20)，(17，19)，…，(20，16)の5通り

①〜⑥より，2つの数字の和が6の倍数となる組合せは，

　5 + 11 + 17 + 17 + 11 + 5 = 66〔通り〕

ここで，正二十面体のサイコロを2回投げるときの組合せの総数は，

20 × 20 = 400〔通り〕より，求める確率は，$\dfrac{66}{400} = \dfrac{33}{200}$

13 1

解説 長針は60分で360度回転するので，回転速度は $\frac{360}{60} = 6$〔度／分〕

短針は12時間で360度回転するので，回転速度は $\frac{360}{12 \times 60} = 0.5$〔度／分〕

時計が午後4時ちょうどを指したとき，長針から見て短針は $360 \times \frac{4}{12} = 120$〔度〕進んでおり，長針の方が短針より回転速度が速いので，長針が短針に追いついたときにこれらは重なることになる。長針が短針に追いつくまでに要する時間を x 分後とすると，$6x = 0.5x + 120$ が成り立つ。

よって，$x = \frac{120}{5.5} = 21\frac{4.5}{5.5} = 21\frac{9}{11}$〔分後〕となる。

14 5

解説 ある二人の現在の年齢をそれぞれ x，y とすると（x，y は自然数），「現在の年齢の積と2年後の年齢の積との差が150」なので，

$(x+2)(y+2) - xy = 150$ より，$x + y = 73$ …①

また，「二人の何年か前の年齢の積が800」であるが，$800 = 2^5 \times 5^2$ となることを考慮すると，二人の何年か前の年齢は次の表より，2のべき乗と5のべき乗の積で表せる。

	50	51	52
2^0	$2^0 \times 5^0 = 1$	$2^0 \times 5^1 = 5$	$2^0 \times 5^2 = 25$
2^1	$2^1 \times 5^0 = 2$	$2^1 \times 5^1 = 10$	$2^1 \times 5^2 = 50$
2^2	$2^2 \times 5^0 = 4$	$2^2 \times 5^1 = 20$	$2^2 \times 5^2 = 100$
2^3	$2^3 \times 5^0 = 8$	$2^3 \times 5^1 = 40$	$2^3 \times 5^2 = 200$
2^4	$2^4 \times 5^0 = 16$	$2^4 \times 5^1 = 80$	$2^4 \times 5^2 = 400$
2^5	$2^5 \times 5^0 = 32$	$2^5 \times 5^1 = 160$	$2^5 \times 5^2 = 800$

ここで，①より x，$y < 73$ となるので，何年か前の年齢は二人とも73歳未満となるはずである。したがって，二人の何年か前の年齢の組合せとして考えられるのは，(16, 50)，(32, 25)，(20, 40) のいずれかである。これらの年齢を z 年前の年齢として（z は自然数），条件を満たす組合せを求める。

（ⅰ） z年前の二人の年齢の組合せが $(16, 50)$ のとき，
現在の年齢は $(x, y) = (16 + z, 50 + z)$ なので，①より，$16 + z + 50 + z$ $= 73$　整理して $z = 3.5$
zは自然数となるはずなので不適。

（ⅱ） z年前の二人の年齢の組合せが $(32, 25)$ のとき，
現在の年齢は $(x, y) = (32 + z, 25 + z)$ なので，$32 + z + 25 + z = 73$ より，
$z = 8$
これは条件を満たす。

（ⅲ） z年前の二人の年齢の組合せが $(20, 40)$ のとき，
現在の年齢は $(x, y) = (20 + z, 40 + z)$ なので，$20 + z + 40 + z = 73$ より，
$z = 6.5$
zは自然数となるはずなので不適。

よって，現在の年齢は $(x, y) = (32 + 8, 25 + 8) = (40, 33)$ なので，
求める積は $40 \times 33 = 1,320$

15 2

解説　100名の平均点がちょうど75点だったので，全員の得点の合計は $100 \times 75 = 7500$〔点〕となる。
また，平均点以下だった人数を最少にしたいので，それぞれの人の得点をできるだけ低くして考えればよい。したがって，平均点以下だった人は全員が最低点の20点であり，平均点を超えた人の得点のうち，最高点の90点だった人数は最少の1人とし，最高点でない人の得点は平均点75点を最低限の1点だけ上回る76点とする。
ここで，求める平均点以下だった人数を x 人とすると（xは自然数），最高点でなく平均点を超えた人数は $(100 - x - 1)$〔人〕となるので，次の条件を満たす x の最小値を求めればよい。

$20 \times x + 90 \times 1 + 76 \times (100 - x - 1) = 7500$

$20x + 90 + 76 \times (99 - x) = 7500$

$-56x + 7614 = 7500$

$x = 2.03\cdots$

つまり，求める平均点以下だった人数は最低でも2.03人必要となるが，xは自然数なので，考えられる最少の人数は3人となる。

16 2

解説 題意より，顧問が1回目の電話連絡を行ってから0〜5分後について，連絡内容を知っている部員数を求めると以下の図のようになる。

① 0分後

顧問しか連絡内容は知らないので，連絡内容を知っている部員の人数は0人である。

② 1分後

顧問から1回目の電話連絡を受けた部員A_1だけが連絡内容を知るので，1人である。

③ 2分後

顧問から2回目の電話連絡を受けた部員B_1，部員A_1から1回目の電話連絡を受けた部員B_2が連絡内容を知るので，2人増える。

④ 3分後

部員A_1から2回目の電話連絡を受けた部員C_1，部員B_1から1回目の電話連絡を受けた部員C_2，部員B_2から1回目の電話連絡を受けた部員C_3が連絡内容を知るので，3人増える。

⑤ 4分後

同様に考えると，以下の図より部員D_1〜D_5が連絡内容を知るので，5人増える。

⑥ 5分後

同様に考えると，以下の図より部員E_1〜E_8が連絡内容を知るので，8人増える。

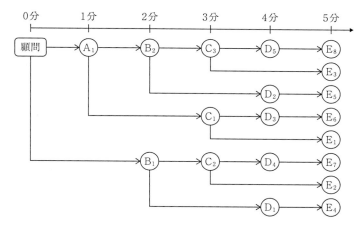

よって，5分後に連絡内容を知っている部員の最大の人数は，
$1 + 2 + 3 + 5 + 8 = 19$〔人〕となる。

17 1

解説 1：正しい。ロースハムの生産量に対するプレスハム類の生産量の比

率は $\dfrac{\text{プレスハム類の生産量}}{\text{ロースハムの生産量}}$ より，各年度それぞれ2016年度は $\dfrac{32,272}{80,715} = 0.399$

…，2017年度は $\dfrac{27,925}{80,422} = 0.347\cdots$，2018年度は $\dfrac{25,262}{76,953} = 0.328\cdots$ となる。よっ

て，いずれの年度も0.3を上回っている。なお，$\dfrac{\text{プレスハム類の生産量}}{\text{ロースハムの生産量}} > 0.3$

を確認するので，（プレスハム類の生産量）＞（ロースハムの生産量）×0.3を
求めてもよい。　2：誤り。2016年度から2019年度までの4か年におけるボ

ンレスハムの生産量の年度平均は $\dfrac{7,523 + 7,948 + 7,538 + 7,166}{4} = 7,543.75$

〔トン〕であり，2016年度のボンレスハムの生産量7,523トンを上回ってい
る。　3：誤り。生産量の合計に占めるその他のハムの生産量の割合は，

$\dfrac{\text{その他のハムの生産量}}{(\text{ロースハム＋プレスハム類＋ボンレスハム＋その他のハム})\text{の生産量}}$ と表せる。

グラフより，分母は2017年度の方が大きく，分子は2017年度の方が小さいの
で，分数の性質より明らかに2017年度の割合の方が小さいと判断できる。なお，

具体的に計算すると2017年度は $\dfrac{23,654}{80,422 + 27,925 + 7,948 + 23,654} = \dfrac{23,654}{139,949}$

$= 0.169\cdots$，2019年度は $\dfrac{27,971}{78,377 + 24,131 + 7,166 + 27,971} = \dfrac{27,971}{137,645} = 0.203\cdots$

となる。　4：誤り。2018年度から2020年度までのロースハムの生産量の
3か年の累計は $76,953 + 78,377 + 78,236 = 233,566$〔トン〕であり，ここか
ら160,000トンを引くと73,566トンとなる。その他のハムの生産量の3か年
の累計がこれを下回っていれば正しいといえるが，少なく見積もっても
$27,000 + 27,000 + 26,000 = 80,000$〔トン〕なので，73,566トンを上回って
いる。　5：誤り。2020年度の2017年度に対する生産量の増減率は，

$\dfrac{(2020\text{年度の生産量}) - (2017\text{年度の生産量})}{2017\text{年度の生産量}} \times 100$ と表せる。ボンレスハムは

$\dfrac{6,774 - 7,948}{7,948} \times 100 = -14.7\cdots$〔％〕であるが，プレスハム類では $\dfrac{20,555 - 27,925}{27,925}$

$= -26.3\cdots$〔％〕なので，ボンレスハムが最も低いわけではない。

18 4

解説 1：誤り。2017年の販売額は，（2017年の対前年増加率）＝ $\dfrac{（2017年の販売額）－（2016年の販売額）}{（2016年の販売額）} \times 100 = \left(\dfrac{2017年の販売額}{2016年の販売額} - 1\right) \times 100$ より，（2017年の販売額）＝ $\left(\dfrac{2017年の対前年増加率}{100} + 1\right)$（2016年の販売額）となる。したがって，2017年の対前年増加率が負の値であれば，2017年の販売額は2016年を下回っていることがわかる。身の回り品の対前年増加率は，2017年から2020年まですべて負の値なので，いずれの年の販売額も前年を下回っている。よって，身の回り品の販売額が最も少ないのは2020年であるが，最も多いのは2016年なので誤り。　2：誤り。資料には販売額の実数が与えられていないが，家庭用電気機械器具といった同じ項目については，1：の公式を利用することでそれぞれの年の実数の大小関係を求めることができる。2016年の家庭用電気機械器具の販売額を100とすると，家庭用電気機械器具の対前年増加率は2017年が－7％，2018年は1％，2019年は3％程度と読み取れるので，（2017年の販売額）＝ $\left(\dfrac{-7}{100} + 1\right) \times 100 = 93$，（2018年の販売額）＝ $\left(\dfrac{1}{100} + 1\right) \times 93 = 93.93$，（2019年の販売額）＝ $\left(\dfrac{3}{100} + 1\right) \times 93.93 \fallingdotseq 96.75$ となる。これらの3か年の販売額の年平均は明らかに100未満なので，2016年の販売額を下回っている。　3：誤り。1：の公式より，2018年と2019年の家具の対前年増加率は負の値なので，これらの年の販売額は前年から減少している。4：正しい。2：において，2016年の家庭用電気機械器具の販売額を100から x に置き換えると，2017年の販売額は $0.93x$，2018年の販売額は $0.9393x$，2019年の販売額は $0.9675x$ と表せ，2020年の対前年増加率は7と読み取れるので，（2020年の販売額）＝ $\left(\dfrac{7}{100} + 1\right) \times 0.9675x \fallingdotseq 1.0352x$ となる。一方，2016年の飲食料品の販売額を y とすると，対前年増加率は2017年が1％，2018年は2％，2019年は0％，2020年は18％と読み取れるので，（2017年の販売額）＝ $\left(\dfrac{1}{100} + 1\right) \times y = 1.01y$，（2018年の販売額）＝ $\left(\dfrac{2}{100} + 1\right) \times 1.01y = 1.0302y$，（2019年の販売額）＝ $\left(\dfrac{0}{100} + 1\right) \times 1.0302y = 1.0302y$，（2020年の販売額）＝ $\left(\dfrac{18}{100} + 1\right) \times 1.0302y \fallingdotseq 1.2156y$ となる。したがって，（家庭用電気機械器具の販売額に対する飲食料品の販売額の比率）＝ $\dfrac{飲食料品の販売額}{家庭用電気機械器具の販売額}$ よ

り，2018年は$\dfrac{1.0302y}{0.9393x}$，2019年は$\dfrac{1.0302y}{0.9675x}$，2020年は$\dfrac{1.2156y}{1.0352x}$となる。2018年と2019年では，分子が等しく分母が大きな2019年の方が小さい。また，2019年は$\dfrac{1.0302y}{0.9675x} \fallingdotseq 1.06 \times \dfrac{y}{x}$，2020年は$\dfrac{1.2156y}{1.0352x} \fallingdotseq 1.17 \times \dfrac{y}{x}$より，最も小さいのは2019年である。　5：誤り。身の回り品と家具については，2017年から2019年までの対前年増加率がいずれも負の値なので，1：の公式より2019年の販売額は2016年を下回っている。家庭用電気機械器具については，2：より2016年の販売額を100とすると2019年の販売額は96.7479なので下回っている。飲食料品については，2017年から2019年までの対前年増加率が一度も負の値になっていないので，2019年の販売額は2016年を上回っている。よって，2019年の販売額が2016年を下回っているのは身の回り品，家具だけでなく家庭用電気機械器具も当てはまる。

19　2

解説 1：誤り。（16〜19歳の献血者数）−（30〜39歳の献血者数）＝（年代別献血者数の合計）×（16〜19歳の献血者数の構成比）−（年代別献血者数の合計）×（30〜39歳の献血者数の構成比）＝（年代別献血者数の合計）×｛（16〜19歳の献血者数の構成比）−（30〜39歳の献血者数）｝より，2015年では$4,884 \times \dfrac{5.3 - 19.2}{100} = -678.876$〔千人〕となり，700千人を下回っていない。　2：正しい。40〜49歳の献血者数は，2015年度は$4,884 \times \dfrac{28.9}{100} = 1,411.476$〔千人〕，2016年度は$4,829 \times \dfrac{29.1}{100} = 1,405.239$〔千人〕，2017年度は$4,732 \times \dfrac{28.7}{100} = 1,358.084$〔千人〕，2018年度は$4,736 \times \dfrac{28.1}{100} = 1,330.816$〔千人〕，2019年度は$4,926 \times \dfrac{27.4}{100} = 1,349.724$〔千人〕であり，最も多いのは2015年度，最も少ないのは2018年度である。　3：誤り。2016年度における20〜29歳の献血者数を100としたときの2018年度における20〜29歳の献血者数の指数は，$\dfrac{2018年度における20〜29歳の献血者数}{2016年度における20〜29歳の献血者数} \times 100$と表せる。したがって，$\dfrac{4,736 \times \dfrac{15.2}{100}}{4,829 \times \dfrac{16.2}{100}} \times 100 \fallingdotseq 92.02$より，90を上回っている。　4：誤り。50〜69

歳の献血者数は，2017年度は $4,732 \times \dfrac{32.4}{100} = 1,533.168$〔千人〕，2018年度は

$4,736 \times \dfrac{34.0}{100} = 1,610.24$〔千人〕，2019年度は $4,926 \times \dfrac{35.8}{100} = 1,763.508$〔千人〕

より，これらの累計は4,906.916〔千人〕なので，5000千人を下回っている。

5：誤り。2018年度の年代別献血者数は4,736千人であり，2019年度の4,926千人の方が多い。したがって，2019年度の構成比が2018年度の構成比を上回っている年代の献血者数は，2019年度の方が多いことがわかる。すると，50～69歳については，2019年度の構成比35.8％は2018年度の構成比34.0％を上回っているので，少なくとも50～69歳の献血者数は2018年度が2019年度を下回っているので誤り。

20 4

解説 1：誤り。バスケットボールの対前年度増加率はいずれの年度でも負の値なので，毎年部員数が減少していることになる。よって，部員数が最も少ないのは平成30年度，最も多いのは平成27年度である。　2：誤り。（平成28年度におけるサッカーの部員数）－（平成28年度における野球の部員数）

$= \left(\dfrac{\text{平成28年度におけるサッカーの対前年増加率}}{100} + 1 \right) \times$（平成27年度におけるサッカーの部員数）$- \left(\dfrac{\text{平成28年度における野球の対前年増加率}}{100} + 1 \right)$

$\times$（平成27年度における野球の部員数）$= \left(\dfrac{1}{100} + 1 \right) \times 178,566 - \left(\dfrac{-1}{100} + 1 \right) \times$

$168,898 \fallingdotseq 180,352 - 167,209 = 13,143$〔人〕なので，差は13,500人を下回っている。　3：誤り。平成28年度におけるバドミントンの部員数を100とすると，

平成29年度は $\left(\dfrac{3}{100} + 1 \right) \times 100 = 103$，平成30年度は $\left(\dfrac{2}{100} + 1 \right) \times 103 =$

105.06，令和元年度は $\left(\dfrac{1}{100} + 1 \right) \times 105.06 = 106.1106$，令和2年度は $\left(\dfrac{-4}{100} + 1 \right)$

$\times 106.1106 = 101.8866176$ なので，平成30年度から令和2年度まではいずれも100を上回っている。よって，これらの3か年における部員の年度平均は，平成28年度における部員数を上回っている。　4：正しい。サッカーの部員数について，平成30年度の部員数を100とすると，令和元年度は $\left(\dfrac{-2}{100} + 1 \right) \times$

$100 = 98$，令和2年度は $\left(\dfrac{-3}{100} + 1 \right) \times 98 = 95.06$ なので，90を上回っている。

5：誤り。野球の対前年増加率はいずれの年度も負の値なので，毎年部員数は減少している。したがって，令和元年度における部員数は平成27年度の168,898人より少ないことになるが，仮に168,898人だったとしても，令和2年度の部員数は$\left(\dfrac{-4}{100} + 1\right) \times 168,898 \fallingdotseq 162,142$〔人〕となるので，減少した部員数は$168,898 - 162,142 = 6,756$〔人〕となり7000人を下回る。よって，平成28年度の部員数から正確に計算しなくとも誤りとわかる。

21 2

解説 点Cから辺ABの延長線に垂線を下ろし，その交点をGとすると，線分CGは平行四辺形ABCDの高さに相当する。

したがって，平行四辺形ABCDの面積は，$CD \times CG$　…①

次に，点Eは辺CDの中点なので，$DE = \dfrac{1}{2}CD$　…②

△DEFと△BAFにおいて，平行線の錯角の関係より，

$\angle DEF = \angle BAF$，$\angle EDF = \angle ABF$

したがって，2組の角がそれぞれ等しいので，△DEF∽△BAF

さらに，これらの三角形の相似比は，

$DE : BA = DE : CD = 1 : 2$より，

高さの比も$1 : 2$となる。

△DEFの高さは，線分CGを用いると，

$\dfrac{1}{1+2} \times CG = \dfrac{1}{3}CG$　…③

②，③より，△DEFの面積は，

$\dfrac{1}{2} \times \dfrac{1}{2}CD \times \dfrac{1}{3}CG = \dfrac{1}{12} \times CD \times CG$　…④

①，④より，平行四辺形ABCDの面積に対する

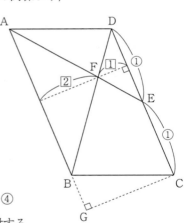

△DEFの面積の比率は，$\dfrac{\dfrac{1}{12} \times CD \times CG}{CD \times CG} = \dfrac{1}{12}$

22 1

解説 平面が分割される最大の数を求めるので，新たに使う円は，点Pを通り，すでに使われているすべての円と交わるように描くことになる。問題文の3つの円を使った図を参考にすると，使う円の数が1〜4つのとき下図のようになる。したがって，分割される平面の最大の数は，それぞれ2，4，7，11となる。

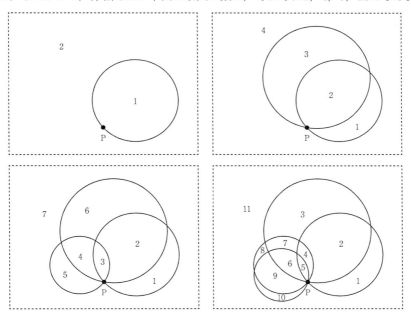

ここで，$a_n = 2$，4，7，11，…という数列を考え，その階差をとると2，3，4，…となる。したがって，円が1つのときに平面は2であったが，円を2つ使うと平面が2増え，3つ使うとまた平面が3増え，4つ使うとさらに平面が4増えるので，6つの円を使うと平面の数は，$2 + 2 + 3 + 4 + 5 + 6 = 22$ となる。

（参考）

階差数列 $b_n = 2$，3，4，…，は初項2，公差1なので，$b_n = 2 + (n-1) \times 1 = n + 1$ より，

$$a_n = 2 + \sum_{k=1}^{n-1} b_k = 2 + \sum_{k=1}^{n-1} (n+1) = 2 + \frac{1}{2}(n-1)n + (n-1) = \frac{1}{2}n^2 + \frac{1}{2}n + 1$$

よって，6つの円を使うとき $n = 6$ なので，

$$a_6 = \frac{1}{2} \times 6^2 + \frac{1}{2} \times 6 + 1 = 22$$

23 4

解説 サイコロのそれぞれの面に記されている記号を考えるため，五面図を用いる。これは，サイコロを正面から見たときの正面，右側面，左側面，上面，下面を一度に見ることができ，下のカッコの中は裏面の記号を表すものである。問題文の図の8個のサイコロのうち，手前の4個と右上奥のサイコロをそれぞれ①〜⑤として五面図で表すと，下図のようになる。

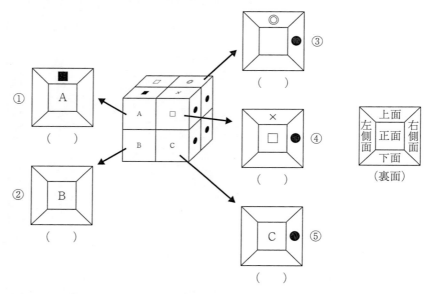

次に，それぞれの面の記号を検討する。④の裏面は③の正面と合わさっているので同じ記号であり，③の上面が◎であることから，④の裏面は◎ではない。また，④の他の面にある●と□と×でもないので，④の裏面は残った○か■のどちらかである。ここで，すべてのサイコロは同じように記号が描かれているので，●の反対側の面に描かれる記号は同じとなる。よって，④の左側面と③の左側面は同じ記号であり，③の左側面は◎，●，×，□ではないので，残った○か■のどちらかである。すると，④の左側面も○か■のどちらかとなる。さらに，①の上面は■なので④の左側面は■ではないので，残った○となる。これにより，③と⑤の左側面も○となる。すると，④の裏面は■，残った下面は◎となるので，このサイコロのすべての記号の位置関係が次図のように決まる。

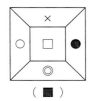

（ ■ ）

したがって，①の下面は■の反対側なので□となり，②の上面も□となる。
一方，②の右側面は⑤の左側面と同じ○，その反対側の左側面が●となるの
で，Ｂの面は●，□，○に囲まれており×と決まる。

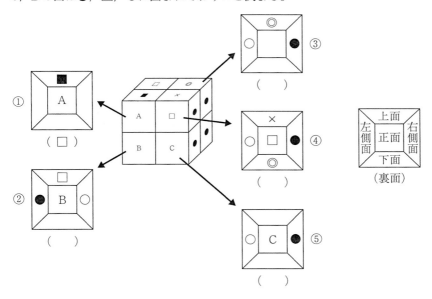

181

24 5

解説 ひし形は下図のように回転して元の位置に戻ってくるので，点Pの描く軌跡は，回転の中心が正三角形の頂点にあるときは円周の半分，回転の中心が正三角形の辺上にあるときは扇形の円弧となる。一方，点Pが回転の中心となるとき，回転しても点Pは動かないので軌跡を描かない。つまり，①，③，⑤回目の回転では半円，②，⑥回目の回転では扇形の円弧を描き，4回目の回転では点Pは軌跡を描かないことになる。

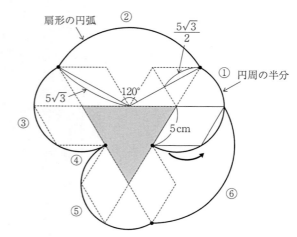

点Pが半円を描くとき，半径は回転の中心から点Pまでの距離となり，これはひし形の辺の長さ5cmと等しいので，円周の半分の長さは，$2 \times 5 \times \pi \times \dfrac{1}{2} = 5\pi$〔cm〕

点Pが扇形の円弧を描くとき，その半径はひし形の長い方の対角線の長さとなるので，ひし形は2つの正三角形からなることを利用すると，$\dfrac{5\sqrt{3}}{2} \times 2 = 5\sqrt{3}$〔cm〕

また，回転する角度は回転の中心となる角の外角と等しく，この場合正三角形の外角となるので，$180° - 60° = 120°$

したがって，扇形の円弧の長さは，$2 \times 5\sqrt{3} \times \pi \times \dfrac{120°}{360°} = \dfrac{10\sqrt{3}}{3}\pi$〔cm〕

点Pが描く半円は3つ，扇形は2つあるので，点Pの描く軌跡の長さの合計は，

$5\pi \times 3 + \dfrac{10\sqrt{3}}{3}\pi \times 2 = \left(15 + \dfrac{20\sqrt{3}}{3}\right)\pi$〔cm〕

25 3

解説 問題の図の右向きを正の方向とすると，衝突前の球Aの速度は
15m/s，球Bの速度は0m/sとなる。また，衝突後の球Aの速度をV_A〔m/s〕，
球Bの速度をV_B〔m/s〕とすると，反発係数の定義式より，$e = -\dfrac{v_A - v_B}{15 - 0} = $
0.8が成り立つので，$-V_A + V_B = 12$　…①
また，直線上を運動する質量$2M$の球Aと質量Mの球Bの衝突前後では，運
動量が保存されるので，$2M \times 15 + M \times 0 = 2M \times V_A + M \times V_B$が成り立ち，
これを整理すると，$30 = 2V_A + V_B$　…②
よって，②－①より，$3V_A = 18$，$V_A = 6$〔m/s〕となり，これを①に代入する
と，$V_B = 18$〔m/s〕

26 1

解説 1：正しい。なお，ケイ素は自然界では主にSiO_2として存在する。
2：ハーバー・ボッシュ法では，触媒として四酸化三鉄を用い，窒素と水素か
らアンモニアを合成する。　3：食塩の水溶液をイオン交換膜法などを用いて
電気分解すると，陰極では水が還元されて水素が発生し，陽極では塩化物イ
オンが酸化されて塩素が発生する。また，水酸化ナトリウムは陰極側の水溶
液を濃縮すると得られる。　4：銀は，金ほど安定ではなく，酸化力のある酸
と反応して溶ける。また，感光性があるのは硝酸銀やハロゲン化銀である。
5：プロペンが単量体であり，これが付加重合することで高分子であるポリプ
ロピレンが得られる。

27 4

解説 1：細胞体が集まっている大脳皮質を灰白質，神経繊維が集まって
いる大脳髄質を白質という。　2：言語や記憶などの中枢があるのは大脳であ
る。また，脳幹は間脳，中脳，延髄（および橋）から構成される。　3：感覚
中枢や随意運動を調節する中枢は大脳にある。　4：正しい。　5：間脳は，
視床と視床下部に分けられ，体温を調節する中枢は視床下部にある。

28 3

解説 1：宇宙は約137億年前に誕生し，誕生したばかりの状態は，高温・

高密度であった。　2：宇宙の誕生から約3分後に，陽子と中性子からヘリウムの原子核がつくられた。　3：正しい。　4：ビッグバンではなく，宇宙の晴れ上がりの説明である。　5：宇宙は誕生以来膨張し続けており，収縮はしていない。また，最初の恒星は宇宙の誕生から数億年後に誕生したと考えられる。

29 1

解説 1：正しい。「日本文化の重層性」は，和辻哲郎が『続日本精神史研究』で述べている。　2：古代の日本人は，あらゆるものを神として捉え信仰の対象とした。日本の神話には八百万の神々が登場する。天照大神は中心となる神ではあるが，唯一・絶対神ではない。　3：古事記には，天地初発の物語が語られているが，天地創造の考え方というよりも，神々が地上に降りて天皇の祖先となった物語である。　4：この説明は，儒教についてのものではなく，仏教についてのものである。　5：最澄が開いたのは，真言宗ではなく天台宗である。「密教の修行によって生きた身のまま，宇宙の根源である大日如来と一体化することができる」とは，空海の思想『即身成仏』である。最澄の説いた『一切衆生悉有仏性』は，すべての人が仏性をもち，成仏できる可能性をもっているというものである。

30 3

解説 1：幕府がオランダと正式に国交を結んだのは，19世紀後半の開国後である。また，清とは正式な国交はなく，貿易を行う「通商国」であった。両国の船は長崎に来航したが，オランダ商人の居住地は長崎の出島，清の商人の居住地は長崎郊外の唐人屋敷であった。　2：琉球王国を武力で征服したのは，幕府ではなく薩摩藩である。当初琉球藩は置かれず，薩摩藩の支配下にありつつ，名目は明・清を宗主国とする両属関係にあった。また，琉球王尚寧は，中国との貿易を推進した。　3：正しい。宗氏は，1609年に己酉約条を結ぶと，年間20そうの歳遣船を派遣して，貿易を行った。　4：1792年，ロシアのラクスマンが根室に来航し，通商を求めたが幕府は拒否した。5：アヘン戦争後，異国船打払令は緩和された。1808年，イギリス船フェートン号がオランダ船を追って長崎港に侵入し，商館員を捉え，幕府を驚かせた。

31 3

解説 1：革命前のフランスの政治・社会体制は，ブルボン王朝による王政であった。第一身分の聖職者，第二身分の貴族が特権階級であり，平民が第三身分とされた。　2：フランス革命は，1789年7月14日にパリの民衆がバスティーユ牢獄を襲撃して始まった。　3：正しい。1795年，反ロベスピエール派のクーデターにより，総裁政府が成立した。　4：ナポレオンは，イタリアやエジプトへの遠征で名声を高め，クーデターを起こして総裁政府を倒し，皇帝となった。　5：ナポレオンは，トラファルガーの海戦でネルソン率いるイギリス艦隊に敗れ，対英上陸作戦を断念した。その後，ライプチヒの戦いの後，エルバ島に流された。さらにその後，エルバ島を脱出し再び帝位についたが，ワーテルローの戦いに敗れて退位し，セントヘレナ島に流されその地で没した。

32 1

解説 1：正しい。　2：本初子午線と東経135度の差は135度であり，経度15度で1時間の時差が生じることから，135÷15＝9で9時間の時差となる。日本の方が東にあるため，日本の標準時はグリニッジ標準時より9時間進んでいる。　3：アメリカはハワイとアラスカを除き4つの等時帯，ロシアは飛び地を除き10の等時帯を設けている。一方，中国は北京の標準時を基準としており，1つの等時帯しか設けていない。　4：日付変更線は，経度180度付近において，国境に配慮して一部曲がって設けられている。日付変更線を越えて西に行くと日付が1日進み，東に行くと1日前の日付となる。　5：東京とグリニッジ標準時との時差は＋9，リオデジャネイロとグリニッジ標準時との時差は－3である。よって，東京とリオデジャネイロの時差は，9＋3＝12で12時間となる。

33 3

解説 1：衆議院の解散は，衆議院の内閣不信任決議に対応する内閣が持つ手段である。憲法第69条に明記されている。　2：衆議院の解散は，憲法第7条の3に明記されているが，天皇の国事行為の1つである。　3：正しい。憲法第54条に明記されている。　4：参議院の緊急集会の召集を求めるのは，参議院議長ではなく内閣である。　5：憲法第70条に明記されているが，内

閣は総辞職しなければならない。

34 1

解説 1：正しい。　2：A規約が社会権規約，B規約が自由権規約である。日本はA規約中の1公務員のスト権，2高校・大学の無償化，3公休日の給与保障を留保して，A，B規約を1979年に批准した。2012年に2高校・大学の無償化を撤回，B規約の選択議定書2つは未批准である。　3：女子差別撤廃条約の採択は1979年，日本の批准は1985年であるが，高等学校における家庭科共修の実現は1994年のことである。　4：児童の権利条約は，18歳未満の者の人権を守ることを趣旨として，国連総会で採択された。　5：障害者権利条約の採択は2006年，日本では2014年に批准した。障害者差別解消法の制定は2013年のことである。

35 4

解説 1：日本の社会保障制度は，憲法における生存権の保障を基本理念としている。4つの柱は，社会保険，公的扶助，社会福祉，公衆衛生である。2：社会保険は，医療保険，年金保険，雇用保険，労働者災害補償保険，介護保険の5種類である。費用は被保険者，事業主，国庫の負担である。3：2015年10月から，共済年金は厚生年金に統一された。　4：正しい。5：説明は介護保険についてのものである。40歳以上の国民の加入が義務付けられている。

36 4

解説 1：交通事故発生件数を低く抑えた社会の実現ではなく，究極的には交通事故のない社会を目指すとされている。　2：令和2年7月から8月にかけて，交通事故死者数は低く抑えられている。これは，新型コロナウイルス感染症拡大の時期と重なっている。　3：交通安全基本計画では，年間の交通事故死者数を2000人以下とすることを目標としている。対策は，人・車両・交通環境の交通三要素の観点から挙げられている。　4：正しい。　5：妨害運転に対する罰則は，最大で5年の懲役に処するとともに，運転免許の取消処分を課すとしている。

37 3

解説 1：この内容は，改正前の法律にも記されている。　2：第2条に，「男女の候補者の数ができる限り均等となることを目指して行われるものとする」と記されている。　3：正しい。　4：第6条2に，「…当該地方公共団体における社会的障壁及び当該取組の状況について，実態の調査及び情報の収集等を行うよう努めるものとする」とある。　5：第8条と第9条に，「妊娠，出産，育児，介護等の家庭生活との円滑かつ継続的な両立を支援するための体制の整備」と具体的な例示がある。

38 3

解説 1：2021年10月の所信表明演説では，「新型コロナ対応」，「新しい資本主義」，「外交・安全保障」の3つの政策を着実に実行することで，国民と共に新しい時代を切り拓いていくとしている。　2：地域や業種を限定しないで，事業規模に応じた給付金を支給するとしている。　3：正しい。　4：「デジタル田園都市国家構想」は，地方から国全体へのボトムアップを目指している。5：「外交，安全保障の要諦は『信頼』である」という記述は正しいが，その後の記述は誤り。「海上保安能力や更なる効果的措置を含むミサイル防衛能力など防衛力の強化，経済安全保障などの新しい時代の課題に果敢に取り組む」とある。

39 2

解説 1：「経済財政運営と改革の基本方針2021」には，成長を生み出す4つの原動力として，「グリーン」，「デジタル」，「活力ある地方創り」，「少子化対策」が挙げられている。　2：正しい。　3：最低賃金について，より早期に全国平均1000円を目指すとしている。　4：労働者の週休日を原則として2日とし，希望する人は週休日を3日とできる「選択的週休3日制」の導入を促し，普及を図るとしている。　5：全ての団塊世代が80歳以上になるまでではなく，75歳以上と記されている。また2030年までではなく2025年までに国・地方を合わせた基礎的財政収支の黒字化を目指し，債務残高対GDP比の安定的な引き下げを目指すことが必要であるとしている。

40 3

解説 1：石炭火力発電の「段階的な消滅」，非効率な化石燃料への補助金の「段階的な廃止」が合意された。　2：バイデン大統領と習近平国家主席は，2回の電話会談の後，2021年11月にオンラインによる会談を行った。コロナウイルスを巡る公衆衛生や気候変動など，取組を進める必要性を話し合ったが，米中共同声明は発表していない。　3：正しい。「EUタクソノミー」とは，EUが定めた環境に配慮した経済活動を認定する基準である。2022年1月に追加方針が発表され，7月に可決・承認された。　4：共同声明を発表したのは，米国・ロシア・中国・フランス・英国の5か国である。インドは入っていない。　5：岸田首相とバイデン大統領は，2022年1月にオンラインで会談をし，日米経済政策協議委員会を立ち上げることで合意した。

Ⅰ類B（新方式）教養試験では，問題 $\boxed{1}$ ～ $\boxed{30}$ は必答問題，$\boxed{31}$ ～ $\boxed{40}$ は10題中5題を選択して解答する選択問題となっております。

$\boxed{1}$ 次の文中で述べられていることとして，最も妥当なのはどれか。

［この部分は，著作権の関係により，掲載できません。］

（柳田国男「野草雑記・野鳥雑記」による）

1. アルプという川を，源流から川に沿って2時間ほど歩いて下ると，川の水は赤く濁り，両岸は若々しい川楊が生い茂る林になっていた。

2. アルプという川の両岸では，例年五月頃になると，楊の花が川の方から際限もなく飛んで来て雪のように空にただよい，旅館の周辺は毎年の風物を愛でる住民で賑わった。

3. なごやかな風の吹く日になると，旅館周辺の小鳥はその挙動が常のようではなくなり，楊の花の飛び散る中に入って行って，その花をおいしそうに啄ばんだ。

4. 楊の綿を啄ばんでいた羽の色の白い小鳥が，七葉樹の喬木の中に入っていくのを見かけたので覗いてみたところ，母鳥が四つの薄鼠色のたまごを温めていた。

5. 羽の色が白い小鳥は，鳥譜を出して調べてみると，それほど珍しい鳥ではないことや，老人や青年の言っていた鳥とは羽の色が異なるものの，大きさが似ていることが分かった。

$\boxed{2}$ 次の文中で述べられていることとして，最も妥当なのはどれか。

［この部分は，著作権の関係により，掲載できません。］

（小宮豊隆編「寺田寅彦随筆集 第四巻」による）

1. 水槽の底を一様に熱すると，底面から熱せられた水は決して一様には直上しないで，まず底面に沿って器底の中央に集中されることから，筆者は水槽の底は外側から中央部に向かって徐々に温まっていくと考えた。

2. 筆者の観察によると，とんびが上空を滑翔するのは，晴天の日地面がようやく熱せられて上昇渦流の始まる時刻から，午後その気流がやむころまでであり，上空を滑翔している間，とんびは極めて楽に浮遊していられることが判明した。
3. 筆者が実施した水槽の実験により，上昇気流は一様には起こらず，対流渦の境界線に沿って起こることが確認できた。
4. 地上のねずみの死骸から発生する臭気はかなりの高さに達しうると考えられることから，筆者は，とんびは上空で滑翔しつつ，地面からの臭気の流れを追究することでねずみの死骸に到達しているものと推測している。
5. 鷹に関する研究で鳥の嗅覚が鈍いことが明らかになったため，筆者はすべてが神秘の霧に包まれてしまったと失望し，鳥類学者に教えをこおうと考えた。

3 次の文を並べ替えて一つのまとまった文章にする場合，最も妥当なのはどれか。

[この部分は，著作権の関係により，掲載できません。]

（和辻哲郎「古寺巡礼」による）

1. A－B－C－F－D－E
2. A－D－B－F－C－E
3. A－F－C－E－B－D
4. F－A－D－B－C－E
5. F－C－D－B－E－A

4 次の文章の空欄に当てはまる語句の組合せとして，最も妥当なのはどれか。

[この部分は，著作権の関係により，掲載できません。]

（中村真一郎「源氏物語の世界」による）

	A	B	C	D
1.	普遍的	王朝	意外	最後尾
2.	普遍的	古代	意外	最先端
3.	普遍的	古代	滑稽	最後尾
4.	雅	王朝	滑稽	最先端
5.	雅	古代	意外	最後尾

5　次の文章の空欄に当てはまる語句の組合せとして，最も妥当なのはどれか。

［この部分は，著作権の関係により，掲載できません。］

（渡辺洋三「法とは何か」による）

	A	B	C	D
1.	後者	あることに伴い	ありていに	したがって
2.	後者	あるのに反し	細かく	しかし
3.	後者	あるのに反し	ありていに	したがって
4.	前者	あることに伴い	ありていに	しかし
5.	前者	あるのに反し	細かく	したがって

6　次の英文の中で述べられていることと一致するものとして，最も妥当なのはどれか。

［この部分は，著作権の関係により，掲載できません。］

（Winston Churchill「My Early Life」による）

＊unpretentious‥‥控えめな　　＊dunce‥‥劣等生
＊parse‥‥構成要素に分析する　　＊disjunctive‥‥離接接続詞
＊bracket‥‥括弧　　＊epigram‥‥警句

1. 私は一年近く劣等生だったので，英語を教えられただけで，ラテン語，ギリシャ語など輝かしい事柄を学ぶ機会は与えられない不利な立場にいた。

2. ソマヴェル先生は，劣等生担当であることを気にしない非常に明るい性格だったので，優秀な生徒と同様に，劣等生である自分に対しても，英語を熱心に教えてくれた。

3. ソマヴェル先生は，英語の重要構文を含む文章を選び，構文を詳細に解説し，また，品詞や節を色分けして括弧で囲む品詞分解の練習もほぼ毎日行わせた。

4. 私は普通の英語の基本構造を骨の髄まで叩き込んだので，ラテン語の詩文等で褒賞をとった同窓生が普通の英文を書かねばならなくなったとき，私はこれと伍して何らの遜色を感じなかった。

5. 英語を学ぶことに対する私の偏った考えかもしれないが，英語がよくできる生徒こそ，ラテン語やギリシャ語を勉強している暇があったら，もっと普通の英語を勉強しなさいと叱咤激励したい。

7 次の英文の中で述べられていることと一致するものとして，最も妥当なのはどれか。

［この部分は，著作権の関係により，掲載できません。］

（Yuval Noah Harari「Sapiens」による）
* archaic‥‥古代の　　* excavate‥‥発掘する
* fossilise‥‥化石化する　　* artefact‥‥人工遺物
* botanical‥‥植物学上の　　* empirical‥‥経験上の

1. 我々は技術の時代を生きてきたが，今日では科学者と技術者に任せておけば地上の楽園が実現できるという考えに対し懐疑的な人々が多くなってきた。
2. 人間の免疫に関する研究をしている生物学者は，研究機材に多額なコストがかかるため，人件費を圧縮しなければならなくなっている。
3. 過去500年間，近代科学は，政府，企業，個人等からの莫大な資金援助を受けたおかげで，ガリレオ，コロンブス，ダーウィンに匹敵する成果を挙げた。
4. ガリレオ，コロンブス，ダーウィンといった天才が生まれていなかったとしても，きっと誰か別の人が同じ偉業を達成していただろう。
5. 西欧列強がその影響力を世界に拡大していかなければ，ダーウィンやウォーレスの地理学的，動物学的，植物学的業績が世界に伝播することはなかった。

8 次の英文の中で述べられていることと一致するものとして，最も妥当なのはどれか。

［この部分は，著作権の関係により，掲載できません。］

（Peter Wohlleben「The Hidden Life of Trees」による）
* procreation‥‥出産　　* conifer‥‥針葉樹
* deciduous‥‥落葉性の　　* boar‥‥猪　　* beechnut‥‥ブナの実

＊acorn‥‥どんぐり　　＊morsel‥‥少量　　＊seedling‥‥苗木

＊sprout‥‥芽吹く　　＊herbivore‥‥草食動物

＊demolish‥‥たいらげる

1. 木はのんびりとした生活を送っているが，少なくとも年に一度は，仲間同士で相談して，繁殖の計画を立てている。

2. 人々は，猪や鹿に配慮して木の実の採集を来春に行うべきか，それとももう一年あるいは二年待った方がよいか，話し合って決める。

3. 広葉樹は，動物たちに木の実を食べつくされないように，仲間同士で話し合って花の咲く年を決めている。

4. 広葉樹は，草食動物の大好物である木の実を落とさないことにより，体力のない個体の数を減らし，森の動物の全体数をコントロールしている。

5. 最終的にブナ科の木々が一斉に開花し木の実をつけても，弱った草食動物は生きながらえないため，多くの木の実は発見されずに残される。

9　次の英文の中で述べられていることと一致するものとして，最も妥当なのはどれか。

［この部分は，著作権の関係により，掲載できません。］

(Philippa Pearce「Tom's Midnight Garden」による)

＊doodle‥‥いたずら書きする　　＊rectangular‥‥長方形の

＊scribble‥‥なぐり書きする　　＊straddle‥‥両足を広げる

＊handiwork‥‥作ったもの

1. トムは，ピーターに送る手紙を書いた後，アランおじさんの時計を背の高い四角いケースにしまった。

2. アランおじさんは，一度倒れた木を，またもとのとおりに立たせることができる不思議な時計を隠し持っていた。

3. アランおじさんは，「時計の針を戻す」という言葉は過去を呼び返すという意味だがそんなことは誰にもできはしないと，トムに話した。

4. トムは，時を戻すには天使の助けが必要だとアランおじさんに伝えるため，天使のような生きものの絵を便箋に描いた。

5. トムは，天使のような生きものの絵を描いた後になって，その絵がすでに大時計の掛かっている柱に描かれていたことに気がつき，びっくりした。

10 次の英文の中で述べられていることと一致するものとして，最も妥当なのはどれか。

[この部分は，著作権の関係により，掲載できません。]

(Lucy. M. Montgomery「The Golden Road」による)

＊ eerie‥‥不気味な　　＊ shrill‥‥鋭い音を出す　　＊ eaves‥‥軒

＊ writhe‥‥もがく　　＊ orchard‥‥果樹園

＊ Blind-Man's Buff‥‥目隠し遊び　　＊ malice‥‥悪意

＊ prepense‥‥故意の

1. アレクおじさんのキッチンで暖炉を囲みながら絵を描いて遊んでいるときに，私はみんなに冬向けのとっておきの娯楽を思いついたことを打ち明けた。
2. 外の農園では，雨や風の音が不気味に鳴り響いていたため，恐怖と孤独を感じた私たちは，気分を変えるためにみんなで大声で笑った。
3. 目隠し遊びは，最初のうちは素晴らしかったが，ピーターがわざと捕まろうとしているのが分かったので，しばらくたつと面白くなくなってしまった。
4. 目隠し遊びが終わった後，普段は真っ赤な頬のセシリーがその場に座り込み，青ざめた様子で息を切らせながら，「ちょっと疲れちゃった」とつぶやいた。
5. みんなが暖炉の周りに座り込んだのを見て，私は，ここ数日間たった一人で練り上げてきた計画を実行する絶好のチャンスだと思った。

11 あるリゾートホテルの宿泊客400人について，早朝ヨガ，ハイキング，ナイトサファリの3つのオプショナルツアーへの参加状況について調べたところ，次のことが分かった。

A　早朝ヨガに参加していない宿泊客の人数は262人であった。

B　2つ以上のオプショナルツアーに参加した宿泊客のうち，少なくとも早朝ヨガとハイキングの両方に参加した宿泊客の人数は30人であり，少なくとも早朝ヨガとナイトサファリの両方に参加した宿泊客の人数は34人であった。

C　ナイトサファリだけに参加した宿泊客の人数は36人であった。

D　ハイキングだけに参加した宿泊客の人数は，ハイキングとナイトサファリの2つだけに参加した宿泊客の人数の5倍であった。

E　3つのオプショナルツアー全てに参加した宿泊客の人数は16人であり，3つのオプショナルツアーのいずれにも参加していない宿泊客の人数は166人であった。

　以上から判断して，早朝ヨガだけに参加した宿泊客の人数として，正しいのはどれか。

1.　70人
2.　75人
3.　80人
4.　85人
5.　90人

12　下の図のように，縦方向と横方向に平行な道路が，土地を直角に区画しているとき，最短ルートで，地点Aから地点Xを通って地点Bまで行く経路は何通りあるか。

1.　48通り
2.　49通り
3.　50通り
4.　51通り
5.　52通り

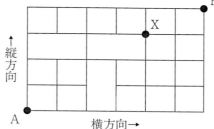

13　1から6の目が一つずつ書かれた立方体の3個のサイコロa，b，cを同時に振り，出た目の数をサイコロa，b，cの順に並べて3桁の整数abcを作るとき，整数abcが21の倍数となる確率として，正しいのはどれか。ただし，サイコロの1から6の目が出る確率はそれぞれ等しいものとする。

1.　$\dfrac{1}{36}$

2.　$\dfrac{7}{216}$

3.　$\dfrac{1}{27}$

4.　$\dfrac{1}{24}$

5.　$\dfrac{5}{108}$

[14] 白組の生徒10人，赤組の生徒9人及び青組の生徒8人の中から，くじ引きで3人の生徒を選ぶとき，白組，赤組及び青組の生徒が一人ずつ選ばれる確率として，正しいのはどれか。

1. $\dfrac{1}{720}$

2. $\dfrac{80}{2187}$

3. $\dfrac{8}{195}$

4. $\dfrac{16}{65}$

5. $\dfrac{121}{360}$

[15] 水が満たされている容量18リットルの容器と，容量11リットル及び容量7リットルの空の容器がそれぞれ一つずつある。三つの容器の間で水を順次移し替え，容量18リットルの容器と容量11リットルの容器とへ，水をちょうど9リットルずつ分けた。各容器は容量分の水しか計れず，一つの容器から別の容器に水を移し替えることを1回と数えるとき，水をちょうど9リットルずつに分けるのに必要な移し替えの最少の回数として，正しいのはどれか。

1. 15回

2. 16回

3. 17回

4. 18回

5. 19回

[16] 観客席がS席，A席，B席からなるバドミントン競技大会決勝のチケットの販売状況は，次のとおりであった。

ア　チケットの料金は，S席が最も高く，次に高い席はA席であり，S席とA席の料金の差は，A席とB席の料金の差の4倍であった。

イ　チケットは，S席が60枚，A席が300枚，B席が900枚売れ，売上額の合計は750万円であった。

ウ　B席のチケットの売上額は，S席のチケットの売上額の5倍であった。

エ　S席，A席，B席のチケットの料金は，それぞれの席ごとに同額であった。

以上から判断して，S席のチケットの料金として，正しいのはどれか。

1. 14,000円
2. 15,000円
3. 16,000円
4. 17,000円
5. 18,000円

17 果汁20％のグレープジュースに水を加えて果汁12％のグレープジュースにした後，果汁4％のグレープジュースを500g加えて果汁8％のグレープジュースになったとき，水を加える前のグレープジュースの重さとして，正しいのはどれか。

1. 200 g
2. 225 g
3. 250 g
4. 275 g
5. 300 g

18 下の図のような三角形ABCにおいて，辺AB上に点D，辺CA上に点Eをとり，線分BD＝16cm，線分CE＝2cmであり，∠CAB，∠ABC及び∠BCAのそれぞれの二等分線の交点をIとし，線分AIと線分DEが直交するとき，線分DEの長さとして，正しいのはどれか。

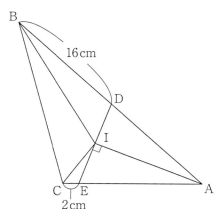

1. 10 cm
2. $6\sqrt{3}$ cm
3. 11 cm
4. $8\sqrt{2}$ cm
5. 12 cm

19 下の図のように，直径の等しい円A及び円Bがあり，直径の等しい4個の円pがそれぞれ他の2個の円pに接しながら円Aに内接し，円Bには直径の等しい2個の円qが円Bの中心で互いに接しながら円Bに内接している。このとき，1個の円pの面積に対する1個の円qの面積の比率として，正しいのはどれか。

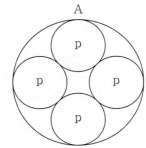
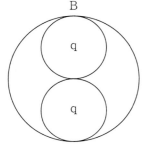

1. $\dfrac{1 + 4\sqrt{2}}{4}$

2. $\dfrac{2 + 3\sqrt{2}}{4}$

3. $\dfrac{3 + 2\sqrt{2}}{4}$

4. $\dfrac{4 + \sqrt{2}}{4}$

5. $\dfrac{5}{4}$

20 下の図のように，整数を1から順に反時計回りに並べたとき，400の右隣となる数として，正しいのはどれか。

31	30	29	28	27	26
32	13	12	11	10	25
33	14	3	2	9	24
⋮	15	4	1	8	23
	16	5	6	7	22
	17	18	19	20	21

1. 324

2. 325

3. 399

4. 401

5. 402

21 次の図から正しくいえるのはどれか。

5市における餃子の1世帯当たり年間支出金額の推移

1. 2016年から2018年までについてみると，宇都宮市の年間支出金額の3か年の累計に対する京都市の年間支出金額の3か年の累計の比率は0.6を下回っている。

2. 2016年における宮崎市と大津市の年間支出金額の計を100としたとき，2020年における宮崎市と大津市の年間支出金額の計の指数は120を上回っている。

3. 2017年から2019年までの各年についてみると，宇都宮市の年間支出金額と大津市の年間支出金額との差は，いずれの年も1,000円を下回っている。

4. 2018年から2020年までの各年についてみると，5市の年間支出金額の合計に占める浜松市の年間支出金額の割合は，いずれの年も20％を上回っている。

5. 2020年における年間支出金額の対前年増加率を市別にみると，最も大きいのは宮崎市であり，次に大きいのは京都市である。

22 次の図から正しくいえるのはどれか。

日本における二輪車生産台数の推移

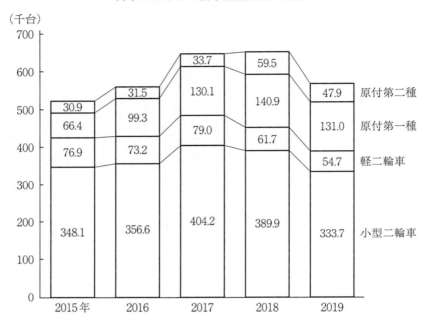

1. 2015年における原付第一種と原付第二種の生産台数の計を100としたとき，2018年における原付第一種と原付第二種の生産台数の計の指数は200を下回っている。

2. 2015年から2019年までの各年についてみると，二輪車生産台数の合計に占める小型二輪車の生産台数の割合は，いずれの年も60％を上回っている。

3. 2016年から2019年までの各年における軽二輪車の生産台数の対前年増加率が，最も大きいのは2017年であり，最も小さいのは2018年である。

4. 2017年から2019年までの3か年における原付第二種の生産台数の平均に対する2019年における原付第二種の生産台数の比率は，1.0を下回っている。

5. 2019年についてみると，小型二輪車の生産台数の対前年増加率は，原付第一種の生産台数の対前年増加率を上回っている。

23 次の図から正しくいえるのはどれか。

種類別4学校における卒業者数の対前年増加率の推移

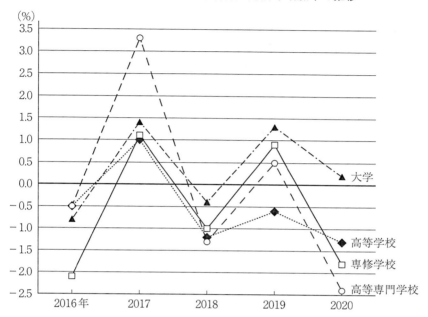

1. 2015年から2020年までのうち，大学の卒業生が最も多いのは2020年であり，最も少ないのは2018年である。

2. 2016年における専修学校の卒業生を100としたとき，2020年における専修学校の卒業生の指数は95を下回っている。

3. 2017年と2018年についてみると，高等学校の卒業生に対する大学の卒業生の比率は，いずれの年も前年に比べて増加している。

4. 2019年における卒業生を学校の種類別にみると，卒業生が2016年に比べて減少しているのは，高等学校と高等専門学校である。

5. 2020年における高等専門学校の卒業生は，2017年における高等専門学校の卒業生に比べて増加している。

24 次の図から正しくいえるのはどれか。

日本における4か国からの合板輸入量の構成比の推移

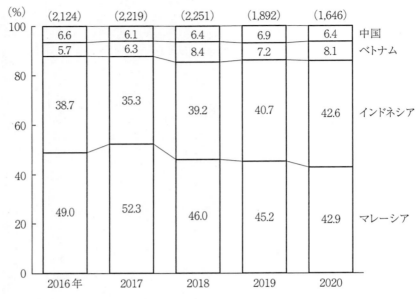

(注) ( )内の数値は，4か国からの合板輸入量の合計（単位：千m³）を示す。

1. 2016年から2019年までのうち，インドネシアからの合板輸入量が最も多いのは2018年であり，最も少ないのは2017年である。

2. 2016年における中国からの合板輸入量を100としたとき，2020年における中国からの合板輸入量の指数は，70を下回っている。

3. 2017年についてみると，マレーシアからの合板輸入量の対前年増加率は，ベトナムからの合板輸入量の対前年増加率を上回っている。

4. 2017年から2019年までの各年についてみると，ベトナムからの合板輸入量は中国からの合板輸入量を，いずれの年も6千m³以上，上回っている。

5. 2018年から2020年までの3か年におけるマレーシアからの合板輸入量の年平均は，870千m³を下回っている。

25 次の図表から正しくいえるのはどれか。

貯蓄の種類別貯蓄現在高（二人以上の世帯）

貯蓄の種類別貯蓄現在高（2016年）　　　（単位：万円）

通貨性預貯金	定期性預貯金	有価証券	生命保険など
412	727	265	378

貯蓄の種類別貯蓄現在高の対前年増加率の推移

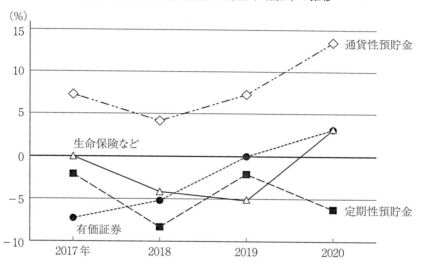

1. 2016年における有価証券の貯蓄現在高を100としたとき，2018年における有価証券の貯蓄現在高の指数は85を下回っている。

2. 2017年における生命保険などの貯蓄現在高と定期性預貯金の貯蓄現在高との差は，350万円を上回っている。

3. 2017年から2019年までの3か年における定期性預貯金の貯蓄現在高の累計は，2,000万円を下回っている。

4. 2018年から2020年までの3か年における通貨性預貯金の貯蓄現在高の年平均は，2017年における有価証券の貯蓄現在高を下回っている。

5. 2020年についてみると，通貨性預貯金の貯蓄現在高に対する生命保険などの貯蓄現在高の比率は，0.6を上回っている。

26 下の図A〜Eのうち，始点と終点が一致する一筆書きとして，妥当なのはどれか。ただし，一度描いた線はなぞれないが，複数の線が交わる点は何度通ってもよい。

A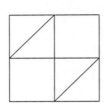

B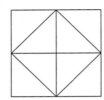

C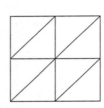

D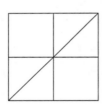

E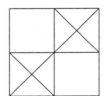

1. A
2. B
3. C
4. D
5. E

27 下の図のように，同じ大きさの小立方体27個を組み合わせた大立方体に八つの丸印をつけ，八つの丸印から大立方体の反対側の面まで垂直に穴をあけたとき，穴があいた小立方体の個数として，正しいのはどれか。

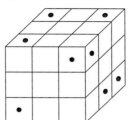

1. 16個
2. 17個
3. 18個
4. 19個
5. 20個

28 下の図のような円すい台の展開図として，妥当なのはどれか。

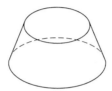

1.

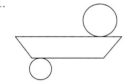

2.

3.

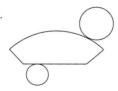

4.

5.

205

29 下の図のように，一辺の長さ3cmの正六角形の各辺を延長し，得られた交点を結んでつくった図形がある。この図形が，直線と接しながら，かつ，直線に接している部分が滑ることなく矢印の方向に1回転したとき，この図形の頂点Pが描く軌跡の長さとして，正しいのはどれか。ただし，円周率はπとする。

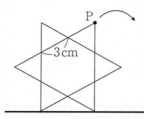

1. $(6 + 3\sqrt{3})\pi$ cm
2. $(6 + 4\sqrt{3})\pi$ cm
3. $(9 + 2\sqrt{3})\pi$ cm
4. $(9 + 3\sqrt{3})\pi$ cm
5. $(9 + 4\sqrt{3})\pi$ cm

30 下の図のように，半径$3a$の円があり，長辺の長さ$3a$，短辺の長さaの長方形が，一方の長辺の両端で円の内側に接しながら円の内側を1周するとき，長方形が通過する部分の面積として，正しいのはどれか。ただし，円周率はπとする。

1. $\left(\dfrac{1}{4} + 3\sqrt{3}\right)\pi a^2$

2. $\left(\dfrac{1}{2} + 3\sqrt{3}\right)\pi a^2$

3. $\left(\dfrac{3}{4} + 3\sqrt{3}\right)\pi a^2$

4. $(1 + 3\sqrt{3})\pi a^2$

5. $\left(\dfrac{5}{4} + 3\sqrt{3}\right)\pi a^2$

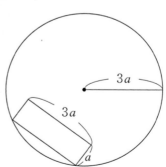

31 モンゴル帝国又は元に関する記述として，妥当なのはどれか。

1. チンギス＝ハンは，モンゴル高原の諸部族が平定したイル＝ハン国，キプチャク＝ハン国，チャガタイ＝ハン国を統合し，モンゴル帝国を形成した。
2. オゴタイ＝ハンは，ワールシュタットの戦いでオーストリア・フランス連合軍を破り，西ヨーロッパへの支配を拡大した。
3. モンゴル帝国の第2代皇帝フビライ＝ハンは，長安に都を定めて国号を元とし，南宋を滅ぼして中国全土を支配した。
4. 元は，中国の伝統的な官僚制度を採用したが，実質的な政策決定はモンゴル人によって行われ，色目人が財務官僚として重用された。
5. モンゴル帝国は，交通路の安全性を重視し，駅伝制を整えて陸上交易を振興させたが，海洋においては軍事を優先し，海上交易を縮小していった。

32 景気変動に関する記述として，妥当なのはどれか。

1. 景気変動は，世界貿易機関（WTO）設立協定の前文で，好況，均衡，不況の3つの局面が，安定的に一定の周期で出現する現象と定義されている。
2. 不況期のため生産物の売れ行きが鈍るにもかかわらず，物価が持続的に上昇する現象を，デフレスパイラルという。
3. コンドラチェフは，企業の在庫投資による在庫調整の変動を原因とする，約1年の短期波動があることを明らかにした。
4. フリードマンは，政府が公共投資などによって有効需要を創出し，景気を回復させるべきであると説いた。
5. 財政には，累進課税制度等が組み込まれることにより景気変動を緩和させる仕組みが備わっており，これをビルトイン・スタビライザーという。

33 炭素に関する記述として，妥当なのはどれか。

1. 黒鉛は，炭素原子が共有結合により六角形網面構造をなす灰黒色の結晶であり，電気をよく通し，電極に用いられる。
2. 活性炭は，黒鉛の微小な結晶が規則的に配列した集合体であり，単位質量当たりの表面積は小さいが，気体等の物質を吸着する性質がある。
3. ダイヤモンドは，炭素原子の単体からなる共有結合の結晶であり，光の屈折率が低く硬いため，宝石や研磨材に用いられる。
4. 一酸化炭素は，炭素や炭素化合物が不完全燃焼したときに生じる有毒な気体であり，無色無臭の不燃性で，水によく溶ける。

5. 二酸化炭素は，炭素や炭素化合物が完全燃焼したときに生じる気体であり，空気に比べて軽く，無色無臭の不燃性で，水に溶けて弱い塩基性を示す。

[34] 太陽の進化に関する次のＡ～Ｄのうち，太陽の現在の進化段階と次の進化段階に分類されるものの組合せとして，妥当なのはどれか。

A 主系列星
B 赤色巨星
C 白色矮星
D 惑星状星雲

1. A，B
2. A，C
3. B，C
4. B，D
5. C，D

[35] 昨年５月に厚生労働省及び文部科学省が公表した「ヤングケアラーの支援に向けた福祉・介護・医療・教育の連携プロジェクトチーム報告」に関する記述として，最も妥当なのはどれか。

1. 本来大人が担うと想定されている家事や家族の世話などを日常的に行っている児童（ヤングケアラー）を早期に発見して適切な支援につなげるため，「早期発見・把握」，「社会的認知度の向上」などを今後取り組むべき施策とした。

2. ヤングケアラーは大都市地域で顕著に見られることから，全国規模の実態調査に先駆け，まずは東京都及び政令指定都市の存する道府県において実態調査を行うことが，ヤングケアラーに関する問題意識を喚起するのに有効であるとした。

3. 家族介護において，すでに児童が主たる介護者となっている場合には，児童を「介護力」とすることを前提とした上で，ヤングケアラーの家族に対して必要な支援を検討するよう地方自治体や関係団体に働きかけるとした。

4. 幼いきょうだいをケアするヤングケアラー向けの支援として，ヤングケアラーが気軽に集い，悩みや不安を打ち明けることのできる「ヤングケアラーオンラインサロン」を開設するとした。

5. 2022年度からの５年間をヤングケアラー認知度向上のための「普及啓発期間」とし，広報媒体の作成や全国フォーラム等の広報啓発イベントの開

催等を通じて，国民の認知度８割を目指すとした。

36 昨年６月に環境省が公表した「令和３年版　環境白書・循環型社会白書・生物多様性白書」に関する記述として，妥当なのはどれか。

1. 新型コロナウイルス感染症を始めとする新興感染症は，土地利用の変化等に伴う生物多様性の損失や地球環境の変化に影響されないものの，人間活動と自然との共生の在り方については再考が必要であるとしている。
2. 2020年の世界の温室効果ガス排出量は，新型コロナウイルス感染症による経済活動の減速により減少し，2030年までの排出量削減に大きく寄与するとしている。
3. 脱炭素経営に取り組む日本企業の数は先進国の中で最下位であり，今後，排出量等の情報について透明性の高い情報開示を行っていくべきであるとしている。
4. G20大阪サミットにおいて，日本は2050年までに海洋プラスチックごみによる追加的な汚染をゼロにすることを目指す「大阪ブルー・オーシャン・ビジョン」を提案し，G20以外の国にもビジョンの共有を呼び掛けているとしている。
5. 世界の食料システムによる温室効果ガスの排出量は，人為起源の排出量の2.1〜3.7％を占めると推定され，食料システムに関連する政策は気候変動対策への効果が小さいとしている。

37 昨年６月に閣議決定された「まち・ひと・しごと創生基本方針2021」に関する記述として，妥当なのはどれか。

1. 地方創生の３つの視点である，「デジタル」，「グリーン」，「ファイナンス」に係る取組を，積極的に推進するとした。
2. 地方創生テレワークを推進するため，「地方創生テレワーク交付金」によるサテライトオフィス等の整備・利用を促進するとした。
3. 魅力ある地方大学を創出するため，地方の大学等による東京圏へのサテライトキャンパスの設置を抑制するとした。
4. 地域におけるDX（デジタル・トランスフォーメーション）を推進するため，地方公共団体の職員をデジタル専門人材として民間に派遣するとした。
5. 地方創生SDGs等の推進にあたり，地方が牽引すべき最重点事項として，各地域の自然環境を活かした生物多様性の保全・回復を掲げた。

38 昨年9月に施行された「デジタル庁設置法」に関する記述として，妥当なのはどれか。

1. デジタル庁の任務として，デジタル社会の形成に関する内閣の事務を内閣府と共に助け，デジタル社会形成のための技術開発を着実に実施することが規定された。

2. デジタル庁が所掌する事務の一つとして，行政手続における個人等を識別する番号等の利用に関する総合的・基本的な政策の企画立案が規定された。

3. デジタル庁の長及び主任の大臣であるデジタル大臣に対し，関係行政機関の長に対する勧告権のほか，デジタル庁の命令としてデジタル庁令を発出する権限が与えられた。

4. デジタル監は，デジタル大臣を助けると共に，特定の政策及び企画に参画し，政務を処理することを任務とし，その任免はデジタル大臣の申出により内閣が行うとされた。

5. デジタル社会の形成のための施策の実施を推進すること及びデジタル社会の形成のための施策について必要な関係行政機関相互の調整を行うことを所掌事務とする，高度情報通信ネットワーク社会推進戦略本部の設置が規定された。

39 都の生物多様性の取組等に関する記述として，妥当なのはどれか。

1. 現代は，隕石の衝突による恐竜絶滅に続く第2の大量絶滅と生物多様性の危機といわれ，都は，新たに「東京都生物多様性地域戦略」の策定に向けた検討を進めている。

2. 生物多様性保全のための国際目標である「愛知目標」のうち，2020年までに完全に達成された目標は約半数であったことから，都は，都民や企業などあらゆる主体に対して社会変革を求めていくとしている。

3. 東京の絶滅危惧種の過去20年間の推移を見ると，ほぼ横ばいの傾向にあるが，絶滅危惧種全体に占める昆虫の割合は増加している。

4. イノカシラフラスコモは，井の頭池周辺の都市化による湧水量の減少や水質汚濁，外来種の移入等によって絶滅したとされている。

5. アメリカザリガニは，100年ほど前に養殖用ウシガエルの餌としてアメリカから持ち込まれた外来種であり，雑食性で水辺の希少な生き物などを減らしてしまうため，川や池に放さないよう求められている。

40 日本が署名している経済連携協定等に関する記述として，妥当なのはどれか。

1. 環太平洋パートナーシップ（TPP）協定の加盟国は，現在12か国であり，TPP域内の人口は約5億人，GDPは約40兆ドルとなっている。

2. 日・EU経済連携協定（日EU・EPA）は，GDPの規模が約30兆ドルで，日本の実質GDPを約3％押し上げる経済効果があると試算されている。

3. 日米貿易協定は，世界のGDPの約5割を占める貿易協定であり，日本の実質GDPを約2％押し上げる経済効果があると試算されている。

4. 日英包括的経済連携協定（日英EPA）は，英国のEU離脱後の新たな貿易・投資の枠組みとして，2021年1月1日に発効した。

5. 地域的な包括的経済連携（RCEP）協定は，ASEAN加盟国，中国，インド，豪州など15か国が参加しており，世界のGDPの約4割を占めている。

《 解 答 ・ 解 説 》

1 5

解説 出典は柳田国男著『野草雑記・野鳥雑記』。本文の内容を問う選択問題である。「アルプという川」「羽の色の白い小鳥」などのキーワードが本文中でどのように書かれているかを正しく理解し，選択肢と照らし合わせていけばよい。

2 4

解説 出典は小宮豊隆著『寺田寅彦随筆集 第四巻』。本文の内容を問う選択問題である。正解以外の選択肢には，本文と合致しないところや過剰に書きすぎているところが必ずあるので，読み飛ばさないよう注意しよう。

3 2

解説 出典は和辻哲郎著『古寺巡礼』。文整序問題である。最初の選択肢はAかFの二択となっている。その後は，どう選択肢を配置すれば自然な文章展開になるか考えていけばよい。

4 3

解説 出典は中村真一郎著『源氏物語の世界』。空欄補充問題である。どの選択肢も「普遍的」と「雅」などのように二択になっている。自然な流れになる選択肢を探せば，答えはおのずと見えてくる。

5 2

解説 出典は渡辺洋三『法とは何か』。空欄補充問題である。Aが「前者」と「後者」，BとDが順接と逆接という，それぞれ正反対の選択肢になっていることが大きなヒントとなる。

6 4

解説 出典は，ウィンストン・チャーチル著『わが半生（My Early Life）』。英国の政治家，W. チャーチルの自叙伝。チャーチルの置かれた状況や行動，考え方など，選択肢と該当する英文箇所を1つ1つ吟味すれば十分に対応できると思われる。

7 4

解説 出典は，ユヴァル・ノア・ハラリ著『サピエンス（Sapiens）』。例年，このような科学的題材も出題されている。仮定法を訳したと思われる選択肢が見られるため，これを機会に高校レベルの文法や熟語は一度復習しておくとよい。

8 3

解説 出典は，ペーター・ヴォールレーベン著『樹木たちの知られざる生活（The Hidden Life of Trees）』。筆者が長年の経験をもとに，知られざる森の姿について記した1冊。木がどのように子孫を残そうとしているかを読み取り，選択肢と照らし合わせることで正解が導き出せるだろう。

9 3

解説 出典は，フィリパ・ピアス著『トムは真夜中の庭で（Tom's Midnight Garden）』。「時」をテーマにした小説である。先に選択肢に目を通し，英文を読み進めながらトムの行動を逐一正誤判断していくこと。物語文では，強調

などのために主語と動詞の倒置が起きていることが多々ある。英文中の主語・述語・目的語を適切に把握することが大切である。

10 3

解説 出典は，ルーシー・M・モンゴメリ著『黄金の道（The Golden Road）』。英文の難易度は不明だが，選択肢の中に多くの情報が盛り込まれているので，細部まで丁寧な検討を要する必要がある。問題文を読む前に選択肢にあらかじめ目を通しておくとよい。

11 5

解説 「早朝ヨガ」，「ハイキング」，「ナイトサファリ」という3つの集合について，「属する人数」を求めるので，以下のベン図を作成して考える。また，これらの集合は①〜⑧に分類できる。

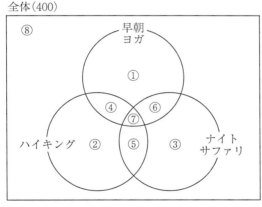

① 早朝ヨガだけに参加した宿泊客
② ハイキングだけに参加した宿泊客
③ ナイトサファリだけに参加した宿泊客
④ 早朝ヨガとハイキングの2つだけに参加した宿泊客
⑤ ハイキングとナイトサファリの2つだけに参加した宿泊客
⑥ ナイトサファリと早朝ヨガの2つだけに参加した宿泊客
⑦ 3つのオプショナルツアーすべてに参加した宿泊客
⑧ 3つのオプショナルツアーのいずれにも参加していない宿泊客

次に，①〜⑧にはそれぞれの集合に属する人数が当てはまると考え，条件A〜Eをもとに数式を立てる。

Aより，②+③+⑤+⑧=262，①+④+⑥+⑦=400−262=138

Bより，「少なくとも早朝ヨガとハイキングの両方に参加した宿泊客」は，「④早朝ヨガとハイキングの2つだけに参加した宿泊客」と「⑦　3つのオプショナルツアーすべてに参加した宿泊客」が含まれるので，④+⑦=30

また，「少なくとも早朝ヨガとナイトサファリの両方に参加した宿泊客」は，同様に考えると，⑥+⑦=34

Cより，③=36

Dより，②=5×⑤

Eより，⑦=16，⑧=166

ここまでで，③，⑦，⑧の人数が決まったので，上記の数式に代入すると，

Aは，②+36+⑤+166=262，①+④+⑥+16=138　…A′

Bは，④+16=30より④=14，⑥+16=34より⑥=18　…B′

B′をA′の2つ目の式に代入すると，①+14+18+16=138より，①=90

よって，早朝ヨガだけに参加した宿泊客の人数は90人である。

12 1

解説　下図のように地点Yをおき，この地点を通る場合と通らない場合に分けて考える。また，道路を横に1区画だけ進む場合を横，縦に1区画だけ進む場合を縦と記す。

① 　最短ルートで地点Aから地点Xまで行く経路の数

（ i ）　地点Yを通らない場合

　地点Aから出発して，

　横→横→横→横→縦→縦→縦，

　横→横→横→縦→横→縦→縦，

　横→横→横→縦→縦→横→縦，

　縦→縦→縦→横→横→横→横の4通りの経路がある。

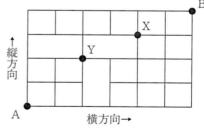

（ ii ）　地点Yを通る場合

　地点Aから地点Yまでの経路の数は，縦2つ，横2つの並べ方の数だけあるので，同じものを含む順列の公式より，$\dfrac{4!}{2!2!}=6$〔通り〕

また，地点Ｙから地点Ｘまでの経路の数は，縦→横，横→縦の２通りあるので，全部で$6 \times 2 = 12$〔通り〕

（ⅰ）（ⅱ）より，地点Ａから地点Ｘまでの経路の数は，$4 + 12 = 16$〔通り〕

②　地点Ｘから地点Ｂまでの最短ルートの経路の数

縦１つ，横２つの並べ方の数だけあるので，$\dfrac{3!}{2!} = 3$〔通り〕

よって，最短ルートで地点Ａから地点Ｘを通って地点Ｂまで行く経路の数は，$16 \times 3 = 48$〔通り〕

---

13 5

解説　３個のサイコロa，b，cを振って出た目の数を用いてできる３桁の整数abcは，111〜666のいずれかである。３桁の整数abcのうち21の倍数を考えるので，$n = 21 \times k$（kは自然数）とし，111〜666のいずれかとなる３桁の自然数n（ただし，a，b，cは１〜６のいずれかの数値である）の個数を求める。$111 = 21 \times 5 + 6$，$666 = 21 \times 31 + 15$より，$k = 6$〜31の自然数となる。ここで，３桁の整数abcのうち一の位の数cは１〜６であり，$21 \times k$の積の一の位の数は，kの一の位の数なので，$k \neq 7,\ 8,\ 9,\ 10,\ 17,\ 18,\ 19,\ 20,\ 27,\ 28,\ 29,\ 30$となる。

上記以外のkについて検討すると，

$k = 6：n = 21 \times 6 = 126$

$k = 11：n = 21 \times 11 = 231$

$k = 12：n = 21 \times 12 = 252$

$k = 13：n = 21 \times 13 = 273$　これは不適

$k = 14：n = 21 \times 14 = 294$　これは不適

$k = 15：n = 21 \times 15 = 315$

$k = 16：n = 21 \times 16 = 336$

$k = 21：n = 21 \times 21 = 441$

$k = 22：n = 21 \times 22 = 462$

$k = 23：n = 21 \times 23 = 483$　これは不適

$k = 24：n = 21 \times 24 = 504$　これは不適

$k = 25：n = 21 \times 25 = 525$

$k = 26：n = 21 \times 26 = 546$

$k = 31：n = 21 \times 31 = 651$

よって，条件を満たすnの個数は10個

したがって，3桁の整数abcの総数は，$6 \times 6 \times 6 = 216$〔個〕なので，

求める確率は，$\dfrac{10}{216} = \dfrac{5}{108}$

---

14 4

解説 生徒の数の合計は，$10 + 9 + 8 = 27$〔人〕なので，27人のうち3人の選び方は，

$${}_{27}C_3 = \dfrac{27 \times 26 \times 25}{3 \times 2 \times 1} = 2925 \text{〔通り〕}$$

白組，赤組及び青組の生徒を一人ずつ選ぶので，10人のうち一人，9人のうち一人，8人のうち一人の選び方は，${}_{10}C_1 \times {}_9C_1 \times {}_8C_1 = 10 \times 9 \times 8 = 720$〔通り〕

よって，求める確率は，$\dfrac{720}{2925} = \dfrac{16}{65}$

---

15 3

解説 これは油分け算の問題であり，「移し替えの回数を最少にする」ためには，次の手順で水を移し替えていく。容量18リットルの容器を容器大（18L），容量11リットルの容器を容器中（11L），容量7リットルの容器を容器小（7L）とし，容器大→容器中→容器小の順に水を移していく。ただし，容器が空で移せない場合や移すとそれ以前の状態に戻ってしまう場合は，1つ飛ばして次の手順を行う。さらに，各操作後の容器の中の水の量を以下の表にまとめる。

はじめ，容器大だけに18Lの水が入っており，1回目に容器大→中へ水を移すと，容器中は11Lまでしか水が入らないので容器大には$18 - 11 = 7$〔L〕残り，容器小は0Lのままである。

次に，2回目に容器中→小へ水を移すと，容器小は7Lまでしか水が入らないので容器中には$11 - 7 = 4$〔L〕残り，容器大は7Lのままである。

次に，3回目に容器小→大へ水を移すと，容器小の水はすべて容器大に移せるので容器小は0L，容器大は$7 + 7 = 14$〔L〕となり，容器中は4Lのままである。

次に，4回目に容器大→中へ水を移すと，容器中には既に4Lの水が入っているので7Lしか移せず，容器大は$14 - 7 = 7$〔L〕，容器中は11L，容器小は0Lとなるが，これは1回目の操作後と同じ状態となるので不適であり，1つ手順を飛ばして容器中→小へ水を移す。すると，容器大は14L，容器中は0L，容器小は4Lとなる。

216

回数	手順	容器大 (18L)	容器中 (11L)	容器小 (7L)
はじめ		18	0	0
1	容器大→中	7	11	0
2	容器中→小	7	4	7
3	容器小→大	14	4	0
4	容器中→小	14	0	4
5	容器大→中	3	11	4
6	容器中→小	3	8	7
7	容器小→大	10	8	0
8	容器中→小	10	1	7
9	容器小→大	17	1	0
10	容器中→小	17	0	1
11	容器大→中	6	11	1
12	容器中→小	6	5	7
13	容器小→大	13	5	0
14	容器中→小	13	0	5
15	容器大→中	2	11	5
16	容器中→小	2	9	7
17	容器小→大	9	9	0

同様に考えていくと，17回目の操作後に，容器大が9L，容器中が9L，容器小が0Lとなるので，必要な移し替えの最少の回数は17回となる。

16 2

解説 S席，A席，B席のチケットの料金をそれぞれ s 円，a 円，b 円とする。条件エを前提として，条件ア～ウの内容をもとに数式を立てて s，a，b の値を求める。

アより，$s > a > b$，$s - a = 4(a - b)$

イより，$60s + 300a + 900b = 7{,}500{,}000$

$$s + 5a + 15b = 125{,}000$$

ウより，$900b = 60s \times 5$

$$3b = s$$

ウをアの式に代入すると，$3b - a = 4(a - b)$

$$5a - 7b = 0 \quad \cdots ①$$

ウをイの式に代入すると，$3b + 5a + 15b = 125{,}000$

$$5a + 18b = 125{,}000 \quad \cdots ②$$

②−①より，$25b = 125{,}000$

$$b = 5{,}000 〔円〕$$

したがって，$s = 3b = 15{,}000$〔円〕，①を変形すると $a = \dfrac{7}{5}b = 7{,}000$〔円〕

よって，S席のチケットの料金は15,000円となる。

17 5

解説 グレープジュースについて，溶媒は水，溶質は果汁なので，

濃度〔%〕$= \dfrac{果汁の重さ}{水の重さ＋果汁の重さ} \times 100$ となる。それぞれの操作を行った後

の重さと濃度を，以下の表にまとめる。

はじめの果汁20％のグレープジュースの重さを x〔g〕とすると，果汁の重さ

は $\dfrac{20}{100}x$〔g〕，水の重さは $\dfrac{80}{100}x$〔g〕となる。

次に，水を y〔g〕加えたとき濃度が12％になったとすると，果汁12％のグ

レープジュースの重さは $x + y$〔g〕，果汁の重さは $\dfrac{20}{100}x$ のまま変わらず，水

の重さは $\dfrac{80}{100}x + y$〔g〕となる。

次に，果汁4％のグレープジュース500gでは，果汁の重さは $500 \times \dfrac{4}{100} = 20$

〔g〕，水の重さは $500 - 20 = 480$〔g〕となる。したがって，これらを加えてで

きた果汁8％のグレープジュースの重さは $x + y + 500$〔g〕，果汁の重さは $\dfrac{20}{100}x$

$+ 20$〔g〕，水の重さは $\dfrac{80}{100}x + y + 480$〔g〕となる。

操作	グレープジュースの重さ〔g〕	果汁の重さ〔g〕	水の重さ〔g〕	濃度〔%〕
はじめ	x	$\dfrac{20}{100}x$	$\dfrac{80}{100}x$	20
水を y〔g〕加える	$x + y$	$\dfrac{20}{100}x$	$\dfrac{80}{100}x + y$	12
果汁4％のグレープジュースを500g加える	$x + y + 500$	$\dfrac{20}{100}x + 20$	$\dfrac{80}{100}x + y + 480$	8

ここで，12%のグレープジュースについて，$\dfrac{\frac{20}{100}x}{x+y}\times100=12$ より，

$$20x=12(x+y)$$

$$y=\frac{2}{3}x \quad\cdots①$$

8%のグレープジュースについて，$\dfrac{\frac{20}{100}x+20}{x+y+500}\times100=8$ が成り立ち，①より，

$$\dfrac{\frac{20}{100}x+20}{x+\frac{2}{3}x+500}\times100=8$$

$$20x+2000=\frac{40}{3}x+4000$$

$$x=300 〔g〕$$

よって，水を加える前のグレープジュースの重さは300gとなる。

18 4

解説 \ $\angle\mathrm{CAB}=2a$，$\angle\mathrm{ABC}=2b$，$\angle\mathrm{BCA}=2c$ とおくと，$2a+2b+2c=180°$ より，

$a+b+c=90°$ $\cdots①$

△AICにおいて，$a+c+\angle\mathrm{CIE}+90°=180°$

①より，$a+c=90°-b$ となるのでこれを代入すると，

$90°-b+\angle\mathrm{CIE}+90°=180°$

$\angle\mathrm{CIE}=b=\angle\mathrm{IBD}$ $\cdots②$

△ADEにおいて，二等分線AIは底辺DEと垂直に交わるので，△ADEは二等辺三角形である。したがって，$\angle\mathrm{ADI}=\angle\mathrm{AEI}$

これらの外角も等しいので，$\angle\mathrm{BDI}=\angle\mathrm{IEC}$ $\cdots③$

②，③より，2組の角がそれぞれ等しいので，△BID∽△ICE

さらに，AIは△ADEの垂直二等分線なので，$\mathrm{DI}=\mathrm{IE}=x$〔cm〕とおくと，

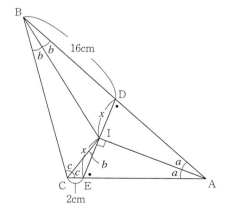

219

BD：IE = DI：EC

  16：$x = x$：2

      $x = 4\sqrt{2}$〔cm〕

よって，DE $= 2x = 8\sqrt{2}$〔cm〕

19 3

解 説 円A，Bの直径は等しいので，これを1とする。

円Aにおいて，直径の等しい4個の円pの中心を結ぶと，4つの辺の長さが等しくなり，二等辺三角形の2つの底角が等しいことを利用すると4つの内角の大きさも等しいので，正方形が描ける。この正方形の中心から4つの頂点までの距離は等しいので，この正方形の中心は円Aの中心である。円pの半径をxとおくと，正方形の対角線の長さは1辺の長さが$2x$の直角二等辺三角形の斜辺の長さとなるので，$2\sqrt{2}x$と表せる。したがって，円Aの直径は，$2x + 2\sqrt{2}x = 1$より，$x = \dfrac{1}{2 + 2\sqrt{2}}$

次に，円Bにおいて，題意より円Bの直径は円qの半径の4倍なので，円qの半径をyとおくと，$4y = 1$より，$y = \dfrac{1}{4}$

A

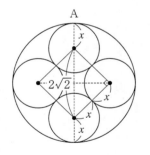

B

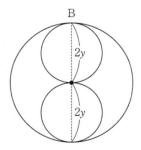

よって，1個の円pの面積に対する1個の円qの面積の比率は，$\dfrac{\pi\left(\dfrac{1}{4}\right)^2}{\pi\left(\dfrac{1}{2 + 2\sqrt{2}}\right)^2}$

$= \dfrac{4 + 8\sqrt{2} + 8}{16} = \dfrac{3 + 2\sqrt{2}}{4}$

20 2

解説　下図のように，整数を1から順に半時計回りに縦横同じ数だけ並べていく。すると，縦2個×横2個では$2^2=4$であり4は左下の角に配置される。同様に考えると，縦3個×横3個では$3^2=9$であり9は右上の角，縦4個×横4個では$4^2=16$であり16は左下の角，縦5個×横5個では$5^2=25$より25は右上の角，…，と続くので，偶数の2乗は左下の角，奇数の2乗は右上の角に配置されることがわかる。

3	2
4	1

3	2	9
4	1	8
5	6	7

13	12	11	10
14	3	2	9
15	4	1	8
16	5	6	7

13	12	11	10	25
14	3	2	9	24
15	4	1	8	23
16	5	6	7	22
17	18	19	20	21

縦2個×横2個　　縦3個×横3個　　縦4個×横4個　　縦5個×横5個

したがって，$400=20^2$より400は偶数の2乗なので左下の角に配置され，このとき縦20個×横20個の整数が並んでいることになる。ここで，400の右隣となる数は，下図のように時計回りに整数を戻していくことで求められるので，400から上に19個，右に19個，下に19個，左に18個前に並べられた数であり，$400-(19+19+19+18)=325$となる。

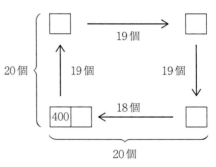

21 4

解説　1：誤り。2016年から2018年までについて，宇都宮市の年間支出金額の3か年の累計に対する京都市の年間支出金額の3か年の累計の比率は，

$$\frac{\text{京都市の年間支出金額の3か年の累計}}{\text{宇都宮市の年間支出金額の3か年の累計}}=\frac{2,870+3,041+2,989}{4,650+4,259+3,241}=0.73\cdots$$

より，0.6を上回っている。　2：誤り。2016年における宮崎市と大津市の年間支出金額の計を100としたとき，2020年における宮崎市と大津市の年間支出

金額の計の指数は，$\dfrac{2020年における宮崎市と大津市の年間支出金額の計}{2016年における宮崎市と大津市の年間支出金額の計} \times$

$100 = \dfrac{3,669 + 2,778}{2,895 + 2,753} \times 100 = 114.14\cdots$ より，120を下回っている。　3：誤り。
宇都宮市の年間支出金額と大津市の年間支出金額の差は，2017年は4,259 −
2,579 = 1,680〔円〕，2019年は4,358 − 2,348 = 2,010〔円〕なので，これらの
年は1,000円を上回っている。　4：正しい。5市の年間支出金額の合計は，
グラフの横軸を読むと2018年と2019年では16,000円程度であり，その20％
は $16,000 \times \dfrac{20}{100} = 3,200$〔円〕であるが，いずれの年も浜松市の年間支出金額
は3,200円を上回っているので，実際の5市の年間支出金額の合計に占める割
合は20％を上回っているとわかる。同様に，2020年の5市の年間支出金額の
合計は，17,000円程度であり，その20％は $17,000 \times \dfrac{20}{100} = 3,400$〔円〕となる
が，浜松市の年間支出金額は3,400円を上回っているので，実際の5市の年間
支出金額の合計に占める割合は20％を上回っているとわかる。　5：誤り。
（2020年における年間支出金額の対前年増加率〔％〕）＝
$\dfrac{（2020年における年間支出金額）－（2019年における年間支出金額）}{2019年における年間支出金額} \times 100$ と表
せ，宇都宮市だけが2019年から2020年にかけて年間支出金額が減少しており
負の値となるので，対前年増加率は最も小さいとわかる。また，浜松市は
$\dfrac{3,765 - 3,504}{3,504} \times 100 = 7.44\cdots$〔％〕，宮崎市は $\dfrac{3,669 - 2,385}{2,385} \times 100 = 53.83\cdots$
〔％〕，京都市は $\dfrac{3,130 - 2,787}{2,787} \times 100 = 12.30\cdots$〔％〕，大津市は $\dfrac{2,778 - 2,348}{2,348}$
$\times 100 = 18.31\cdots$〔％〕なので，2020年における年間支出金額の対前年増加率
が最も大きいのは宮崎市であるが，次に大きいのは大津市である。

22 3

解説　1：誤り。2015年における原付第一種と原付第二種の生産台数の計
を100としたとき，2018年における原付第一種と原付第二種の生産台数の計
の指数は，$\dfrac{140.9 + 59.5}{66.4 + 30.9} \times 100 = 205.96\cdots$ となり，200を上回っている。
2：誤り。二輪車生産台数の合計に占める小型二輪車の生産台数の割合は，
2018年では $\dfrac{389.9}{389.9 + 61.7 + 140.9 + 59.5} \times 100 = 59.80\cdots$〔％〕，2019年で

は$\dfrac{333.7}{333.7 + 54.7 + 131.0 + 47.9} \times 100 = 58.82\cdots$〔%〕より，これらの年は60 % を下回っている。　3：正しい。（対前年増加率〔%〕）= $\dfrac{（今年の生産台数）-（前年の生産台数）}{前年の生産台数} \times 100$であり，2016 年から 2019 年のうち軽二輪車の生産台数が前年より増加しているのは 2017 年だけなので，対前年増加率が最も大きいのは 2017 年である。一方，対前年増加率が最も小さいのは前年の生産台数から最も減少した 2018 年と考えられる。具体的に計算すると，2016 年が$\dfrac{73.2 - 76.9}{76.9} \times 100 = -4.81\cdots$〔%〕，2018 年が$\dfrac{61.7 - 79.0}{79.0} \times 100 = -21.89\cdots$〔%〕，2019 年が$\dfrac{54.7 - 61.7}{61.7} \times 100 = -11.34\cdots$〔%〕となるので，2018 年が最も小さい。　4：誤り。2017 年から 2019 年までの 3 か年における原付第二種の生産台数の平均に対する 2019 年における原付第二種の生産台数の比率は，$\dfrac{2019 年における原付第二種の生産台数}{2017 年から 2019 年までの 3 か年における原付第二種の生産台数の平均}$と表せる。すると，分母は$\dfrac{33.7 + 59.5 + 47.9}{3} = 47.03\cdots$〔千台〕であるが，分子は 47.9 千台なので，比率は 1.0 を上回る。　5：誤り。2019 年の対前年増加率は，小型二輪車の生産台数が$\dfrac{333.7 - 389.9}{389.9} \times 100 = -14.41\cdots$〔%〕，原付第一種が$\dfrac{131.0 - 140.9}{140.9} \times 100 = -7.02\cdots$〔%〕なので，小型二輪車は原付第一種を下回っている。

23 3

解説 1：誤り。（2016 年の卒業生の対前年増加率）= $\left\{\dfrac{（2016 年の卒業生数）-（2015 年の卒業生数）}{2015 年の卒業生数}\right\} \times 100 = \left(\dfrac{2016 年の卒業生数}{2015 年の卒業生数} - 1\right) \times 100$より，（2016 年の卒業生数）= $\left(\dfrac{2016 年の卒業生の対前年増加率}{100} + 1\right) \times$（2015 年の卒業生数）と表せる。2015 年の大学の卒業生数を 100 とおくと，2016 年から 2020 年までの対前年増加率は -0.8 %，1.4 %，-0.4 %，1.3 %，0.2 % と読み取れるので，それぞれの年の卒業生数は，（2016 年の卒業生数）= $\left(\dfrac{-0.8}{100} + 1\right) \times 100 = 99.2$，（2017 年の卒業生数）= $\left(\dfrac{1.4}{100} + 1\right) \times 99.2 =$

100.5888，（2018年の卒業生数）$=\left(\dfrac{-0.4}{100}+1\right)\times 100.5888 = 100.1864\cdots$となる。ここまで求めると，2019年と2020年は対前年増加率が正の値なのでそれぞれ前年を上回っているため，最も多いのが2020年とわかるが，最も少ないのは2016年である。　2：誤り。2017年から2020年までの専修学校の卒業生の対前年増加率は，1.1%，－1.0%，0.9%，－1.8%と読み取れる。（2020年の卒業生数）$=\left(\dfrac{2020\text{年の卒業生の対前年増加率}}{100}+1\right)\times$（2019年の卒業生数）$=$ $\left(\dfrac{2020\text{年の卒業生の対前年増加率}}{100}+1\right)\times\left(\dfrac{2019\text{年の卒業生の対前年増加率}}{100}+1\right)$ $\times$（2018年の卒業生数）$=\left(\dfrac{2020\text{年の卒業生の対前年増加率}}{100}+1\right)\times$ $\left(\dfrac{2019\text{年の卒業生の対前年増加率}}{100}+1\right)\times\left(\dfrac{2018\text{年の卒業生の対前年増加率}}{100}+1\right)$ $\times$（2017年の卒業生数）と表せるので，2016年における専修学校の卒業生を100としたとき，（2017年の卒業生数）$=\left(\dfrac{-1.8}{100}+1\right)\left(\dfrac{0.9}{100}+1\right)\left(\dfrac{-1.0}{100}+1\right)$ $\left(\dfrac{1.1}{100}+1\right)\times 100 = 0.982\times 1.009\times 0.99\times 1.011\times 100 = 99.17\cdots$より，95を上回っている。　3：正しい。2016年の高等学校の卒業生数をxとすると，2017年と2018年の高等学校の卒業生の対前年増加率は1.0%，－1.2%と読み取れるので，（2017年の卒業生数）$=\left(\dfrac{1.0}{100}+1\right)\times x = 1.01x$，（2018年の卒業生数）$=\left(\dfrac{-1.2}{100}+1\right)\times 1.01x \fallingdotseq 0.998x$となる。また，2016年の大学の卒業生数を$y$とすると，2017年と2018年の大学の卒業生の対前年増加率は1.4%，－0.4%と読み取れるので，（2017年の卒業生数）$=\left(\dfrac{1.4}{100}+1\right)\times y = 1.014y$，（2018年の卒業生数）$=\left(\dfrac{-0.4}{100}+1\right)\times 1.014y \fallingdotseq 1.010y$となる。したがって，高等学校の卒業生に対する大学の卒業生の比率は，2016年は$\dfrac{y}{x}$，2017年は$\dfrac{1.014y}{1.01x}\fallingdotseq$ $1.004\times\dfrac{y}{x}$，2018年は$\dfrac{1.010y}{0.998x}\fallingdotseq 1.012\times\dfrac{y}{x}$となるので，いずれの年も前年に比べて増加している。　4：誤り。選択肢3の結果を利用すると，2019年の高等学校の卒業生の対前年増加率は－0.6%と読み取れるので，（2019年の卒業生数）$=\left(\dfrac{-0.6}{100}+1\right)\times 0.998x \fallingdotseq 0.992x$より，高等学校については2016年の卒

業生 x に比べて減少している。高等専門学校生については，対前年増加率は2017年が3.3％，2018年が－1.3％，2019年が0.5％と読み取れるので，2016年の卒業生を z とすると，（2017年の卒業生数）＝ $\left(\dfrac{3.3}{100}+1\right)\times z=1.033z$，（2018年の卒業生数）＝ $\left(\dfrac{-1.3}{100}+1\right)\times1.033z\fallingdotseq1.020z$ となり，2019年の卒業生数は対前年増加率が正の値なので前年より増加しているので，高等専門学校については2016年の卒業生 z と比べて増加している。　5：誤り。選択肢4の結果を利用すると，高等専門学校について，（2019年の卒業生数）＝ $\left(\dfrac{0.5}{100}+1\right)\times1.020z\fallingdotseq1.025$ であり，2020年の対前年増加率は－2.4％と読み取れるので $1.025z$ を下回る。よって，2017年の $1.033z$ に比べて減少している。

24 　5

解説　1：誤り。（インドネシアからの合板輸入量）＝（合板輸入量の合計）×（インドネシアからの合板輸入量の構成比）より，2016年は $2,124\times\dfrac{38.7}{100}=$ 821.988〔千 m³〕，2017年は $2,219\times\dfrac{35.3}{100}=783.307$〔千 m³〕，2018年は $2,251\times\dfrac{39.2}{100}=882.392$〔千 m³〕，2019年は $1,892\times\dfrac{40.7}{100}=770.044$〔千 m³〕より，最も多いのは2018年であるが，最も少ないのは2019年である。

2：誤り。$\dfrac{2020年における中国からの合板輸入量}{2016年における中国からの合板輸入量}\times100=\dfrac{1,646\times\dfrac{6.4}{100}}{2,124\times\dfrac{6.6}{100}}\times$ $100=75.14\cdots$ より，70を上回っている。

3：誤り。2017年のマレーシアからの合板輸入量の対前年増加率は，

$$\dfrac{\left(\begin{smallmatrix}2017年におけるマレーシアから\\の合板輸入量\end{smallmatrix}\right)-\left(\begin{smallmatrix}2016年におけるマレーシアから\\の合板輸入量\end{smallmatrix}\right)}{2016年におけるマレーシアからの合板輸入量}\times100=$$

$$\dfrac{2,219\times\dfrac{52.3}{100}-2,124\times\dfrac{49.0}{100}}{2,124\times\dfrac{49.0}{100}}\times100=11.50\cdots〔\%〕,$$

2017年のベトナムからの合板輸入量の対前年増加率は，

$$\dfrac{\left(\begin{smallmatrix}2017年におけるベトナムから\\の合板輸入量\end{smallmatrix}\right)-\left(\begin{smallmatrix}2016年におけるベトナムから\\の合板輸入量\end{smallmatrix}\right)}{2016年におけるベトナムからの合板輸入量}\times100=$$

$$\frac{2{,}219 \times \frac{6.3}{100} - 2{,}124 \times \frac{57}{100}}{2{,}124 \times \frac{5.7}{100}} \times 100 = 15.46\cdots \text{〔%〕より,ベトナムからの合板}$$

輸入量の対前年増加率の方が下回っている。 **4**：誤り。(2017年のベトナムからの合板輸入量)－(2017年の中国からの合板輸入量)＝(2017年の合板輸入量の合計)×(2017年のベトナムからの合板輸入量の構成比)－(2017年の合板輸入量の合計)×(2017年の中国からの合板輸入量の構成比)＝(2017年の合板輸入量の合計)×{(2017年のベトナムからの合板輸入量の構成比)－(2017年の中国からの合板輸入量の構成比)}＝$2{,}219 \times \left(\frac{6.3 - 6.1}{100}\right) = 4.438$〔千m³〕より,2017年は6千m³以上上回っていない。 **5**：正しい。2018年から2020年までの3か年におけるマレーシアからの合板輸入量の年平均は,

$$\frac{2{,}251 \times \frac{46.0}{100} + 1{,}892 \times \frac{45.2}{100} + 1{,}646 \times \frac{42.9}{100}}{3} = 865.59\cdots \text{〔千m³〕より,870千m³}$$

を下回っている。

25 5

解説 **1**：誤り。有価証券の貯蓄現在高の対前年増加率は,2017年は－7%,2018年は－5%と読み取れるので,2016年における有価証券の貯蓄現在高を100とすると,(2017年の貯蓄現在高)＝$\left(\frac{-7}{100} + 1\right) \times 100 = 93$,(2018年の貯蓄現在高)＝$\left(\frac{-5}{100} + 1\right) \times 93 = 88.35$となり85を上回っている。 **2**：誤り。2017年の対前年増加率において,生命保険などの貯蓄現在高は0%,定期性預貯金の貯蓄現在高は－2%と読み取れるので,(2017年における生命保険などの貯蓄現在高)＝$\left(\frac{0}{100} + 1\right) \times 378 = 378$〔万円〕,(2017年における定期性預貯金の貯蓄現在高)＝$\left(\frac{-2}{100} + 1\right) \times 727 = 712.46$〔万円〕,これらの差は712.46－378＝334.46〔万円〕なので,350万円を下回っている。 **3**：誤り。選択肢2の結果より,(2017年における定期性預貯金の貯蓄現在高)＝712.46〔万円〕であり,定期性預貯金の貯蓄現在高の対前年増加率は,2018年が－8%,2019年が－2%と読み取れるので,(2018年における定期性預貯金の貯蓄現在高)＝$\left(\frac{-8}{100} + 1\right) \times 712.46 \fallingdotseq 655.46$〔万円〕,(2019年における定期性預貯金の

貯蓄現在高）$= \left(\dfrac{-2}{100} + 1 \right) \times 655.46 \fallingdotseq 642.35$〔万円〕より，これらの 3 か年における累計は，$712.46 + 655.46 + 642.35 = 2,010.27$〔万円〕なので，2,000 万円を上回っている。　4：誤り。2016 年における通貨性預貯金の貯蓄現在高は 412 万円であり，対前年増加率はいずれの年も正の値なので，2018 年から 2020 年までの年平均は 412 万円を上回っているとわかる。一方，2017 年における有価証券の貯蓄現在高は，2017 年における対前年増加率が -8 ％程度なので，（2017 年における有価証券の貯蓄現在高）$= \left(\dfrac{-8}{100} + 1 \right) \times 265 \fallingdotseq 243.8$〔万円〕となる。よって，2018 年から 2020 年までの通貨性預貯金の貯蓄現在高の年平均がこれを下回ることはない。　5：正しい。通貨性預貯金の貯蓄現在高の対前年増加率は，2017 年は 7 ％，2018 年は 4 ％，2019 年は 7 ％，2020 年は 13 ％ と読み取れる。（2020 年における通貨性預貯金の貯蓄現在高）$=$

$$\left(\dfrac{2020 \text{年における通貨性預貯金の対前年増加率}}{100} + 1 \right) \times （2019 \text{年における通貨性預貯金の貯蓄現}$$

在高）$=$

$$\left(\dfrac{2020 \text{年における通貨性預貯金の対前年増加率}}{100} + 1 \right) \times \left(\dfrac{2019 \text{年における通貨性預貯金の対前年増加率}}{100} + 1 \right) \times （2018 \text{年における通貨性預貯金の貯蓄現在高）} = \cdots$$

より，（2020 年における通貨性預貯金の貯蓄現在高）$=$

$$\left(\dfrac{2020 \text{年における通貨性預貯金の対前年増加率}}{100} + 1 \right) \left(\dfrac{2019 \text{年における通貨性預貯金の対前年増加率}}{100} + 1 \right) \left(\dfrac{2018 \text{年における通貨性預貯金の対前年増加率}}{100} + 1 \right) \left(\dfrac{2017 \text{年における通貨性預貯金の対前年増加率}}{100} + 1 \right) \times （2016 \text{年における通貨性預貯金の貯蓄現在高）}$$

$= \left(\dfrac{14}{100} + 1 \right) \left(\dfrac{7}{100} + 1 \right) \left(\dfrac{4}{100} + 1 \right) \left(\dfrac{7}{100} + 1 \right) \times 412 = 1.14 \times 1.07 \times 1.04 \times 1.07 \times 412 \fallingdotseq 559.25$〔万円〕となる。同様に，（2020 年における生命保険などの貯蓄現在高）$= \left(\dfrac{4}{100} + 1 \right) \left(\dfrac{-5}{100} + 1 \right) \left(\dfrac{-4}{100} + 1 \right) \left(\dfrac{0}{100} + 1 \right) \times 378 = 1.04 \times 0.95 \times 0.96 \times 1 \times 378 \fallingdotseq 358.53$〔万円〕となる。よって，これらの比率は $\dfrac{358.53}{559.25} = 0.641\cdots$ となるので，0.6 を上回っている。

26 1

解説 ある点に集まる線の数が奇数であるとき，その点のことを奇点という。図形に含まれる奇点の数により，一筆書きできるものとできないものが判断できる。また，一筆書きできるものには，始点と終点が一致する場合としない場合がある。

① 奇点が0個のとき

　一筆書きすることができ，始点と終点が一致する。

② 奇点が2個のとき

　一筆書きすることができるが，始点と終点は一致しない。

③ ①②以外

　一筆書きすることができない。

下図より，それぞれの図形に含まれる奇点の数（○を記した点の数）は，Aが0個，Bが4個，Cが2個，Dが6個，Eが2個となる。よって，始点と終点が一致する一筆書きなのはAである。

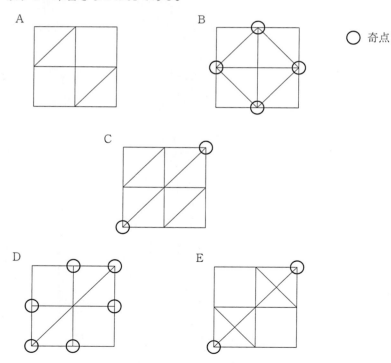

27 1

解説 問題文の大立方体を，上から1段目，上から2段目，上から3段目に分割して考える。それぞれの立体は，縦3個×横3個の合計9個の小立方体から構成される。穴のあけ方については，元の大立方体の上，正面，右側の3方向があるので，それぞれの場合にどの小立方体に穴があくか検討する。

① 元の大立方体の上から反対側の面まで垂直に穴をあける場合
　すべての段について，上から1段目と同じ場所の小立方体に穴があく。したがって，すべての段で左上の端，右上の端，左下の端の3箇所に●がつくので下図のようになる。

② 元の大立方体の正面から反対側の面まで垂直に穴をあける場合
　同じ段の小立方体には縦方向に穴があくが，異なる段の小立方体には穴があかない。したがって，上から1段目については右端の3箇所，上から3段目については左端の3箇所に●がつくので，下図のようになる。

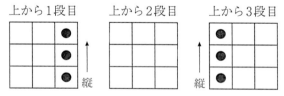

③ 元の大立方体の右側から反対側の面まで垂直に穴をあける場合
　同じ段の小立方体には横方向に穴があくが，異なる段の小立方体には穴があかない。したがって，上から1段目については下の3箇所，上から3段目については上と真ん中の6箇所に●がつくので，下図のようになる。

①〜③を合わせると，それぞれの段の各小立体は下図のようになる（ただし，●が重複する場合は１つしか記していない）。

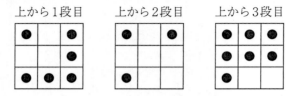

上から１段目　　上から２段目　　上から３段目

よって，穴があいた小立方体の個数は，6 + 3 + 7 = 16〔個〕

[28] 2

解説 問題文の図形は円すい台であり，これは大きな円すいの頂点から小さな円すいを切り取ったときに残った，頂点を含まない方の立体である。したがって，大きな円すいＡから小さな円すいＢを切り取る場合を考える。

まず，大きな円すいＡの展開図を考えると，下図①のように底面が大きな円Ａ，側面が大きな扇形Ａとなる。また，小さな円すいＢの展開図は，底面が小さな円Ｂ，側面が小さな扇形Ｂとなる。

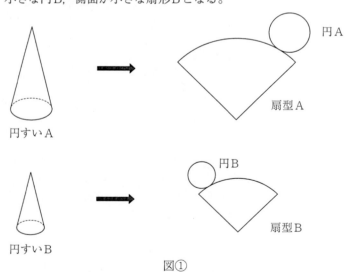

円すいＡ　　　　　　　　　円Ａ
　　　　　　　　　　　扇型Ａ

円すいＢ　　　　　　　円Ｂ
　　　　　　　　　　扇型Ｂ

図①

次に，大きな円すいＡから小さな円すいＢを切り取る場合，次図②のように２つの扇形の頂点を一致させ，大きな扇形と小さな扇形が重なった部分の図形

が切断される。さらに，小さな円は円すい台の上面となるので大きな円と反対側に残る。

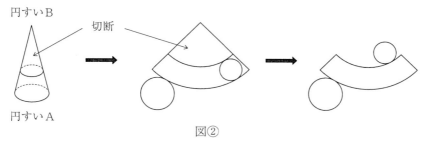

円すいB

切断

円すいA

図②

よって，求める展開図は選択肢2となる。

29 2

解説 問題文の図は六芒星の形をしており，これは2つの大きな正三角形から構成されている。また，正六角形の内角はすべて $\dfrac{(6-2) \times 180°}{6} = 120°$，

外角はすべて $180° - 120° = 60°$ なので，正六角形の各辺を延長してできる小さな三角形は1辺の長さが3cmの正三角形となる。したがって，この六芒星は1辺の長さが9cmの正三角形2つで構成されている。

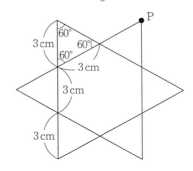

このように直線で囲まれた図形が直線上を滑ることなく回転したときに，図形の頂点にある点Pの描く軌跡は円弧となる。この円弧の半径は，一般的には点Pから回転の中心までの距離に等しく，中心角は回転の中心となる頂点における外角と等しくなる。次に，それぞれの回転時の様子を検討する。

① 1回目の回転

点Pが直線まで達した場合，軌跡は中心角90°の扇形の円弧となるが，下図のように点Pが直線に達する前に他の頂点が直線に達するので，その時点で1回目の回転は終了する。このときの中心角は，大きな正三角形の内角と等しいので60°，半径は大きな正三角形の1辺の長さと等しいので9cmと

231

なる。したがって，点Pが描く円弧の長さは，

$$2 \times 9 \times \pi \times \frac{60°}{360°} = 3\pi \,〔\mathrm{cm}〕$$

② 2回目の回転

点Pが直線まで達するが，このとき描かれる円弧に対応する扇形の半径は小さい正三角形の高さの2倍なので$2 \times \frac{3\sqrt{3}}{2} = 3\sqrt{3}$〔cm〕，中心角は辺の長さの比が$1:\sqrt{3}:2$の直角三角形の性質より60°となる。したがって，点Pが描く円弧の長さは，$2 \times 3\sqrt{3} \times \pi \times \frac{60°}{360°} = \sqrt{3}\pi$〔cm〕

③ 3回目の回転

点Pが回転の中心となるので，このとき図形が回転しても点Pは動かないため軌跡を描かない。

④ 4回目の回転

2回目の回転と同じ円弧を描くので，点Pが描く円弧の長さは，$\sqrt{3}\pi$〔cm〕

⑤ 5回目の回転

1回目の回転と同じ円弧を描くので，点Pが描く円弧の長さは，3π〔cm〕

⑥ 6回目の回転

円弧に対応する扇形の半径は，大きな正三角形の高さと小さな正三角形の高さの和となり，$\frac{9\sqrt{3}}{2} + \frac{3\sqrt{3}}{2} = 6\sqrt{3}$〔cm〕，中心角は六芒星の頂点間の距離が等しいので上記と同様60°となる。したがって，点Pが描く円弧の長さは，$2 \times 6\sqrt{3} \times \pi \times \frac{60°}{360°} = 2\sqrt{3}\pi$〔cm〕

一般的な回転

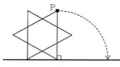

① 1回目の回転

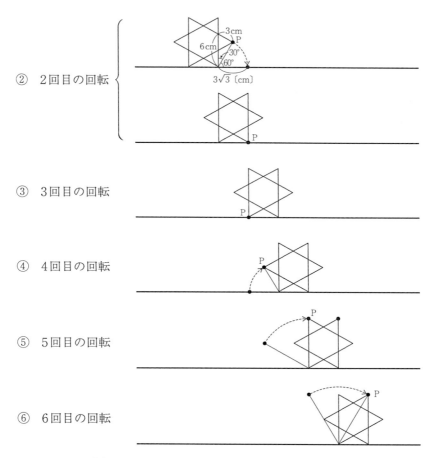

② 2回目の回転

③ 3回目の回転

④ 4回目の回転

⑤ 5回目の回転

⑥ 6回目の回転

よって，この六芒星が1回転したときに点Pが描く軌跡の長さは，

$3\pi + \sqrt{3}\pi + 0 + \sqrt{3}\pi + 3\pi + 2\sqrt{3}\pi = (6 + 4\sqrt{3})\pi$〔cm〕

30 5

解説 問題文の長方形を円の内側に接した状態で1周させたときに長方形が通過する領域を考えるので，まずは長方形のうち円周から最も離れた点の描く軌跡を検討する。この長方形を1周させると下図の左のようになることから，長方形の上側の辺の中点Mが円周から最も離れており，点Mは小さな円を描くと考えられる。したがって，求める面積は半径$3a$の円の面積から点M

が描く小さな円の面積を引いたものになる。

半径$3a$の円の面積は，$(3a)^2 \times \pi = 9\pi a^2$となる。

ここで，下図の右のように半径$3a$の円の中心と長方形のうち円周上の2点を結ぶ
と，1辺の長さが$3a$の正三角形となるので，点Mが描く円の半径はこの正三角
形の高さから長方形の1辺の長さaを引いたものになるので，$\dfrac{3\sqrt{3}}{2}a - a$となる。

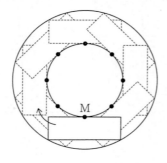 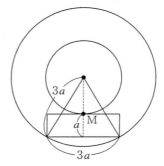

したがって，この円の面積は，$\left(\dfrac{3\sqrt{3}}{2}a - a\right)^2 \pi = \left(\dfrac{31}{4} - 3\sqrt{3}\right)\pi a^2$

よって，求める面積は，$9\pi a^2 - \left(\dfrac{31}{4} - 3\sqrt{3}\right)\pi a^2 = \left(\dfrac{5}{4} + 3\sqrt{3}\right)\pi a^2$

[31] 4

解説 1：選択肢に出ている三つの国はチンギス＝ハンの死後に建てられた
国である。モンゴル帝国は，様々な部族を取り込んで建てられた国である。
2：ワールシュタットの戦いは，バトゥ率いるモンゴル軍が，ドイツ・ポーラ
ンド連合軍を破った戦いである。　3：2代皇帝はオゴタイである。フビライ
は5代皇帝である。　4：正しい。　5：「海上交易を縮小させていった」が誤
りである。

[32] 5

解説 1：景気変動は「好況，後退，不況，回復」の4つの局面が循環する。
景気変動は景気循環と呼ばれることが多い。　2：デフレスパイラルは売れ残
り等のため企業の業績が悪化し，さらに物価が下がっていく現象である。
3：コンドラチェフの波動は，約50年を周期とする景気の循環で，技術革新
や大規模開発などによって起こると考えられている。短期波動は「キチンの

波」であり，それでも３年半を周期とする。　４：フリードマンは金融の規制緩和や公的企業の民営化を行うことが大切だと主張した。　５：正しい。

33　1

解説 １：正しい。　２：活性炭は，黒鉛の結晶が不規則的に集まった無定形炭素である。　３：ダイヤモンドの屈折率は非常に高い。　４：一酸化炭素は可燃性であり，水に溶けにくい。　５：二酸化炭素は空気より重く，水に溶けると弱酸性を示す。

34　1

解説 太陽は，原始星→主系列星→赤色巨星（巨星）→白色矮星，の順に進化する。現在の太陽は，主系列星の段階である。

35　1

解説 時事問題の一つと考えてよい問題である。ヤングケアラーとは，大人が担当すべき家事や家族の世話などを日常的に行なっている子どものこととされている。　１：正しい。　２：実態調査に関する説明が誤りである。３：介護力を前提としている部分が誤りである。　４：「幼いきょうだいをケアする」と限定している部分が誤り。親や祖父母などの世話や介助，家事・送り迎えなども含まれる。　５：当面は中高生の認知度５割を目指すと書かれているので誤りである。

36　4

解説 １：「土地利用の変化等に伴う生物多様性の損失や地球環境の変化に影響されないものの」という部分が誤りである。　２：「排出量削減に大きく寄与」という部分が誤りである。　３：「先進国中で最下位」という部分が誤りである。　４：正しい。　５：「気候変動対策への効果が小さいとされている」という部分が誤りである。

37　2

解説 １：地方創生の３つの視点は「ヒューマン・デジタル・グリーン」である。　２：正しい。　３：東京圏の大学等の地方へのサテライトキャンパス

の設置の推進が書かれている。選択肢の内容は反対になっている。　4：民間
のデジタル専門人材の市町村への派遣等を着実に推進と書かれている。3同様
反対の記述である。　5：「脱炭素の取組を地方においても進めていくべく」
と明記されている。「生物多様性の保全・回復」ではない。

38　2

解説　1：「デジタル社会の形成に関する内閣の事務を内閣官房と共に助け
ること」と書かれている。内閣府ではない。　2：正しい。　3：「デジタル庁
の長は，内閣総理大臣とする」，「内閣総理大臣は，デジタル庁に係る主任の
行政事務について，法律若しくは政令を施行するため，又は法律若しくは政
令の特別の委任に基づいて，デジタル庁の命令としてデジタル庁令を発する
ことができる」と書かれている。　4：「デジタル監の任免は，内閣総理大臣
の申出により，内閣が行う」と書かれている。　5：「デジタル庁に，デジタ
ル社会推進会議を置く」と書かれている。

39　5

解説　1：現代は第6の大量絶滅の危機と言われている。　2：完全に達成
されたのは約半数と書いてあるが，完全に達成されたものはないと評価され
ている。　3：「ほぼ横ばいの傾向」とあるが，増加しているので誤りである。
4：イノカシラフラスコモは長い間絶滅したと考えられていたが，2016年に井
の頭公園の井の頭池において，発芽が確認された。「絶滅したとされる」とい
う記述は誤りである。　5：正しい。

40　4

解説　1：GDPは約11兆ドルである。アメリカが離脱を表明しているので，
TPP11と言われている。　2：「日本の実質GDPを約3％押し上げる経済効果」
と書いてあるが，「約1％押し上げる」と考えられている。　3：「日本の実質
GDPを約2％押し上げる経済効果」と書いてあるが，「約0.8％押し上げる効果
がある」と考えられている。　4：正しい。　5：インドが参加を離脱したの
で，GDPも約4割ではなく，約3割である。

令和４年度　Ｉ類Ｂ（一般方式）教養試験 実施問題

東京都では，平成25年の試験よりＩ類Ｂ試験において新方式を採用しています（詳細は前述の募集要項を参照）。Ｉ類Ｂ（一般方式）教養試験では，問題が部分的に変更されており，前ページまでのＩ類Ｂ（新方式）の問題を，以下に出題されている問題番号で差し替えたものが，一般方式の出題内容となっています（例：P191掲載の問５→P237掲載の問25に差し替え）。なお，一般方式では40題すべて必答問題となっています。

25　ヨーロッパの芸術に関する記述として，妥当なのはどれか。〔新方式・問５の差替問題〕

1. 耽美主義とは，美を唯一最高の理想とし，美の実現を至上目的とする芸術上の立場をいい，代表的作品にワイルドの戯曲「サロメ」がある。

2. 古典主義とは，バロック式の芸術が持つ形式美や理知を尊重した芸術上の立場をいい，代表的作品にモネの絵画「積みわら」がある。

3. 写実主義とは，現実をありのままに模写・再現しようとする芸術上の立場をいい，代表的作品にゴッホの絵画「ひまわり」がある。

4. 印象主義とは，事物から受けた客観的印象を作品に表現しようとする芸術上の立場をいい，代表的作品にミレーの絵画「落穂拾い」がある。

5. ロマン主義とは，秩序と論理を重視しつつ感性の解放を目指す芸術上の立場をいい，代表的作品にフローベールの小説「ボヴァリー夫人」がある。

26　鎌倉仏教に関する記述として，妥当なのはどれか。〔新方式・問10の差替問題〕

1. 一遍は，煩悩の深い人間こそが，阿弥陀仏の救いの対象であるという悪人正機を説き，「愚管抄」をあらわし，時宗の開祖と仰がれた。

2. 栄西は，坐禅によってみずからを鍛練し，釈迦の境地に近づくことを主張する禅宗を日本に伝え，「興禅護国論」をあらわし，日本の臨済宗の開祖と仰がれた。

3. 親鸞は，善人・悪人や信仰の有無を問うことなく，すべての人が救われるという念仏の教えを説き，「選択本願念仏集」をあらわし，浄土宗を開いた。

4. 日蓮は,「南無妙法蓮華経」と題目を唱えることで救われると説き,武士を中心に広まった日蓮宗は, 鎌倉幕府の保護を受けた。

5. 法然は,「南無阿弥陀仏」の念仏を唱えれば, 極楽浄土に往生できるという専修念仏の教えを説き,「立正安国論」をあらわし, 浄土真宗(一向宗)を開いた。

28 世界の農業に関する記述として, 妥当なのはどれか。〔新方式・問13の差替問題〕

1. 園芸農業は, 北アメリカや日本などの大都市近郊でみられる, 鉢花や切花など, 野菜以外の観賞用植物を栽培する農業であり, 近年は輸送手段の発達とともに, 大都市から遠く離れた地域にも出荷する輸送園芸農業が発達している。

2. オアシス農業は, 乾燥地域においてみられる, 外来河川や湧水池などを利用した農業であり, イランではフォガラと呼ばれる人工河川を利用して山麓の水を導水し, オリーブなどを集約的に栽培している。

3. 企業的穀物農業は, アメリカやカナダなどでみられる, 大型の農業機械を用いて小麦やトウモロコシなどの穀物の大規模な生産を行う農業であり, 土地生産性が高いものの労働生産性は低い。

4. 混合農業は, ドイツやフランスなどの中部ヨーロッパに広くみられる, 中世ヨーロッパの三圃式農業から発展した農業であり, 穀物と飼料作物を輪作で栽培するとともに, 肉牛や鶏などの家畜を飼育している。

5. 地中海式農業は, アルジェリアやモロッコなどの地中海沿岸地域に特有の農業であり, 夏には小麦や大麦などの穀物が, 冬には柑橘類やブドウなどの樹木作物が栽培されている。

29 債務不履行による損害賠償に関する記述として, 妥当なのはどれか。〔新方式・問18の差替問題〕

1. 債務不履行により債権者が損害を被った場合には, 損害賠償の範囲は債務不履行がなければ生じなかった損害全てに及び, 特別な事情による損害も, 通常生ずべき損害と同様に損害賠償の対象となる。

2. 債権者と債務者の間であらかじめ違約金を定めておいた場合には, その違約金は原則として債務不履行に対する制裁と推定されるため, 債務者は, 債権者に対し, 現実に発生した損害賠償額に加えて違約金を支払わな

ければならない。

3. 金銭賠償とは，損害を金銭に算定して賠償するものであり，原状回復とは，債務不履行がなかったのと同じ状態に戻すものであるが，債務不履行による損害賠償の方法としては金銭賠償が原則とされる。

4. 昭和48年に最高裁は，金銭を目的とする債務の履行遅滞による損害賠償については，法律に別段の定めがなくとも，債権者は，約定または法定の利率以上の損害が生じたことを立証すれば，その賠償を請求することができるとした。

5. 平成23年に最高裁は，売買契約の締結に先立ち，信義則上の説明義務に違反して，契約締結の判断に影響を及ぼす情報を買主に提供しなかった場合，売主は契約締結により買主が被った損害に対し，契約上の債務不履行による賠償責任を負うとした。

[30] 国際連合に関する記述として，妥当なのはどれか。〔新方式・問21の差替問題〕

1. 総会は全加盟国により構成され，一国一票の投票権を持つが，総会での決議に基づいて行う勧告には，法的拘束力はない。

2. 国際連合には現在190か国以上の国々が加盟しており，日本は，国際連合が設立された当初から加盟している。

3. 安全保障理事会は，常任理事国6か国と非常任理事国10か国によって構成されており，安全保障理事会における手続き事項の決定は，常任理事国だけの賛成で行うことができる。

4. 国際司法裁判所は，国際的紛争を平和的に解決することを目的として設立され，現在では，国際人道法に反する個人の重大な犯罪も裁いている。

5. 平和維持活動（PKO：Peacekeeping Operations）について，日本は，紛争当事者のいずれかが平和維持隊への参加国に日本を指名していることなど，全部で6つの原則を参加の条件としている。

32 6℃の液体A，28℃の液体B，46℃の液体Cの比熱の異なる三つの液体から二つを選んで混ぜ合わせてしばらくすると，混ぜ合わせた液体の温度が次のように変化した。

ア　同じ質量の液体Aと液体Bとを混ぜ合わせると，液体の温度が16℃となった。

イ　同じ質量の液体Bと液体Cとを混ぜ合わせると，液体の温度が36℃となった。

　以上から，同じ質量の液体Aと液体Cとを混ぜ合わせてしばらくした後の液体の温度として，正しいのはどれか。ただし，液体の混ぜ合わせによる状態変化又は化学変化はなく，混ぜ合わせる二つの液体以外に熱は移動しないものとする。〔新方式・問27の差替問題〕

1. 16℃
2. 18℃
3. 20℃
4. 22℃
5. 24℃

34 ヒトの腎臓に関する記述として，妥当なのはどれか。〔新方式・問39の差替問題〕

1. 腎臓は，心臓と肝臓の中間に左右一対あり，それぞれリンパ管により膀胱につながっている。

2. 腎臓は，タンパク質の分解により生じた有害なアンモニアを，害の少ない尿素に変えるはたらきをしている。

3. 腎臓は，血しょうから不要な物質を除去すると同時に，体液の濃度を一定の範囲内に保つはたらきをしている。

4. 腎うは，腎臓の内部にある尿を生成する単位構造のことで，1個の腎臓に約1万個ある。

5. 腎小体は，毛細血管が集まって球状になったボーマンのうと，これを包む袋状の糸球体からなっている。

《 解 答 ・ 解 説 》

25 1

解説 1：正しい。　2：モネはフランス印象派を代表する画家である。古
典主義の画家としては，ダヴィドなどが挙げられる。　3：ゴッホは後期印象
派の画家である。写実主義の画家としてはクールベなどが挙げられる。
4：ミレーはフランスの自然主義の画家である。後期印象派画家として，セザ
ンヌ，ゴッホ，ロダンなどが挙げられる。　5：フロベールはフランス写実主
義作家である。ディケンズも写実主義作家である。ロマン主義の作家や詩人
としては，ユゴーやワーズワースなどが挙げられる。

26 2

解説 1：『愚管抄』は慈円の歴史書である。慈円は関白・九条兼実の弟で，
天台座主になった人物でもある。　2：正しい。　3：『選択本願念仏集』は法
然が著した書である。また，親鸞が開いたのは浄土真宗である。　4：日蓮は
他宗を辻説法で攻撃し，伊豆・佐渡へ流された。　5：『立正安国論』は日蓮
が著した文書である。また，法然が開いたのは浄土宗である。

28 4

解説 1：園芸農業とは，都市への出荷を目的にして，野菜，果樹，花卉
などを栽培する農業のことである。　2：イランの乾燥地帯にみられる地下用
水路はカナートという。フォガラは，北アフリカの乾燥地域にみられる地下
用水路である。構造はカナートと同様である。　3：企業的穀物農業は，機
械化の進んだ大規模な農業であり，労働生産性は極めて高い。　4：正しい。
5：地中海式農業は，高温乾燥の夏にはオリーブや柑橘類，温暖湿潤の冬に
は小麦などを栽培する。

29 3

解説 1：「特別の事情によって生じた損害であっても，当事者がその事情
を予見すべきであったときは，債権者は，その賠償を請求することができる」
とあるので，「通常生ずべき損害」という言い方では適合しない。　2：違約
金は，実際に損害が発生していない場合であっても支払いの義務が生じる。

3：正しい。　4：「約定の利率以上の損害が生じたときを立証」しても，賠償を請求することはできない。　5：「契約上の債務不履行による賠償責任を負うことにした」という部分が誤りである。

30 1

解説　1：正しい。　2：日本は1956年に発効された日ソ共同宣言の後，ソ連が日本の国連加盟支持にまわったことで，国連加盟が実現した。　3：常任理事国は5カ国（アメリカ・イギリス・フランス・中国・ロシア）である。4：国際司法裁判所は，国家間の紛争を解決，勧告的意見を与える役割を持っている機関である。　5：参加に関しては「参加5原則」と言われているものがある。

32 4

解説　液体A，B，Cの比熱をそれぞれc_A，c_B，c_Cとする。また，質量はすべて等しいので，これをmとおく。ここで，熱量の保存より，高温物質と低温物質を接触させたとき，高温物質が失う熱量と，低温物質が得る熱量が等しいことを利用して，条件ア，イから方程式を立てる。なお，（熱量）＝（質量）×（比熱）×（温度差）が成り立つ。

条件アより，液体Aの温度は6℃から16℃に上昇し，液体Bの温度は28℃から16℃に下降したので，$mc_A(16-6)=mc_B(28-16)$ が成り立ち，これを整理すると，$5c_A=6c_B$ …①

条件イより，液体Bの温度は28℃から36℃に上昇し，液体Cの温度は46℃から36℃に下降したので，$mc_B(36-28)=mc_C(46-36)$ が成り立ち，これを整理すると $4c_B=5c_C$ より，$c_B=\dfrac{5}{4}c_C$ …②

ここで，②を①に代入すると，$5c_A=6\times\dfrac{5}{4}c_C$ より，$c_A=\dfrac{3}{2}c_C$ …③

したがって，同じ質量の液体AとCを混ぜ合わせてしばらくした後の液体の温度をTとすると，初めの温度は液体Aの方が低いので，液体Aの温度は上昇し，液体Cの温度は下降する。よって，$mc_A(T-6)=mc_C(46-T)$ が成り立ち，これに③を代入すると，$m\times\dfrac{3}{2}c_C(T-6)=mc_C(46-T)$　整理して，

$\dfrac{3}{2}(T-6)=46-T$ より，$T=22$ 〔℃〕となる。

34 3

解説　1：腎臓があるのは，腹部の背側である。また，膀胱とは輸尿管によりつながっている。　2：アンモニアを尿素に変えるのは肝臓である。　3：正しい。　4：尿を生成する基本単位はネフロン（腎単位）であり，1個の腎臓に約100万個ある。　5：ボーマンのうと糸球体の説明が逆である。

第3部

論作文試験対策

- 論作文対策
- 実施課題例の分析

人物試験　　論作文対策

|||||||||||||||||||||||||||||| P O I N T ||||||||||||||||||||||||||||||

● Ⅰ．「論作文試験」とはなにか ●

（1）「論作文試験」を実施する目的

　かつて18世紀フランスの博物学者，ビュフォンは「文は人なり」と言った。その人の知識・教養・思考力・思考方法・人間性などを知るには，その人が書いた文章を見るのが最良の方法であるという意味だ。

　知識の質・量を調べる筆記試験の教養試験だけでは，判定しがたい受験生の資質をより正確にとらえるため，あるいは受験生の公務員としての適性を判断するため，多角的な観点から考査・評価を行う必要がある。

　そのため論作文試験は，公務員試験のみならず，一般企業でも重視されているわけだが，とりわけ公務員の場合は，行政の中核にあって多様な諸事務を処理して国民に奉仕するという職務柄，人物試験とともに近年は一層重視されているのが現状だ。しかも，この傾向は，今後もさらに強くなると予想される。

　同じ国語を使って，同じように制限された字数，時間の中で同じテーマの論作文を書いても，その論作文はまったく違ったものになる。おそらく学校で，同じ先生に同じように文章指導を受けたとしても，そうなるだろう。その違いのなかにおのずと受験生の姿が浮かび上がってくることになる。

　採用側からみた論作文試験の意義をまとめると，次のようになる。

---

①　公務員としての資質を探る

　公務員というのは，文字どおり公に従事するもの。地域住民に直接に接する機会も多い。民間企業の場合は，新入社員研修が何ヶ月もかけて行われることもあるが，公務員の場合は，ほとんどが短期間のうちに現場の真っ只中に入ることになる。したがって自立性や創造力などの資質を備えた人物が求められるわけで，論作文試験を通じて，そのような資質を判定することができる。

---

② 総合的な知識・理解力を知る

　論作文試験によって，公務員として必要な言語能力・文章表現能力を判定することや，公務員として職務を遂行するのにふさわしい基礎的な知識の理解度や実践への応用力を試すことができる。

　換言すれば，日本語を文章として正しく表現するための常識や，これまでの学校教育などで得た政治や経済などの一般常識を今後の実践の中でどれほど生かすことができるか，などの総合的な知識・理解力の判定をもしようということである。

③ 思考過程・論理の構成力を知る

　教養試験は，一般知識分野であれ一般知能分野であれ，その出題の質が総括的・分散的になりがちである。いわば「広く浅く」が出題の基本となりやすいわけだ。これでは受験生の思考過程や論理の構成力を判定することは不可能だ。その点，論作文試験ではひとつの重要な課題に対する奥深さを判定しやすい。

④ 受験生の人柄・人間性の判定

　人物試験（面接）と同様に，受験生の人格・人柄を判定しやすい。これは，文章の内容からばかりではなく，文章の書き方，誤字・脱字の有無，制限字数への配慮，文字の丁寧さなどからも判断される。

(2)「論作文試験」の実施状況

　公務員試験全体における人物重視の傾向とあいまって，論作文試験も重視される傾向にある。地方公務員の場合，試験を実施する都道府県・市町村などによって異なるが，行政事務関係はほぼ実施している。

(3) 字数制限と時間制限

　最も一般的な字数は1,000～1,200字程度である。最も少ないところが600字，最大が2,000字と大きく開きがある。

　時間制限は，60～90分，あるいは120分というのが一般的だ。この時間は，けっして充分なものではない。試しにストップウォッチで計ってみるといいが，他人の論作文を清書するだけでも，600字の場合なら約15分程度かかる。

テーマに即して，しかも用字・用語に気を配ってということになると，かなりのスピードが要求されるわけである。情報を整理し，簡潔に説明できる力を養う必要があるだろう。

(4)「論作文試験」の評価の基準

　採用試験の答案として書く論作文なので，その評価基準を意識して書くことも大切といえる。しかし，公務員試験における論作文の評価の基準は，いずれの都道府県などでも公表していないし，今後もそれを期待することはなかなか難しいだろう。

　ただ，過去のデータなどから手掛りとなるものはあるので，ここではそれらを参考に，一般的な評価基準を考えてみよう。

形式的な面からの評価	① 表記法に問題はないか。
	② 文脈に応じて適切な語句が使われているか。
	③ 文（センテンス）の構造，語句の照応などに問題はないか。
内容的な面からの評価	① テーマを的確に把握しているか。
	② 自分の考え方やものの見方をまとめ，テーマや論旨が明確に表現されているか。
	③ 内容がよく整理され，段落の設定や論作文の構成に問題はないか。
総合的な面からの評価	① 公務員に必要な洞察力や創造力，あるいは常識や基礎学力は十分であるか。
	② ものの見方や考え方が，公務員として望ましい方向にあるか。

　おおよそ以上のような評価の視点が考えられるが，これらはあらゆるテーマに対して共通しているということではない。それぞれのテーマによってそのポイントの移動があり，また，実施する自治体などによっても，このうちのどれに重点を置くかが異なってくる。

　ただ，一般的に言えることは，企業の採用試験などの場合，その多くは総合的な評価が重視され形式的な面はあまり重視されないが，公務員採用試験における論作文は，形式的な面も軽んじてはならないということである。なぜなら，公務員は採用後に公の文書を取り扱うわけで，それらには一定の

フォーマットがあるものが多いからだ。これへの適応能力が試されるのは当然である。

(5)「論作文試験」の出題傾向

　公務員試験の場合，出題の傾向をこれまでのテーマから見るのは難しい。一定の傾向がないからだ。

　ここ数年の例を見ると，「公務員となるにあたって」「公務員に求められる倫理観について」など，将来への抱負や心構え，公務員観に関するものから，「私が目指す●●県のまちづくり」「▲▲の魅力を挙げ，他地域の人々に▲▲を発信・セールスせよ」など，具体的なプランとアクションを挙げさせるところもあり，その種類まさに千差万別といえる。

　いずれにせよ，今までの自己体験，あるいは身近な事件を通して得た信条や生活観，自然観などを語らせ，その観点や感性から，公務員としての適性を知ろうとするものであることに変わりはないようだ。

●● II．「論作文試験」の事前準備 ●●

(1) 試験の目的を理解する

　論作文試験の意義や評価の目的については前に述べたが，試験の準備を進めるためには，まずそれについてよく考え，理解を深めておく必要がある。その理解が，自分なりの準備方法を導きだしてくれるはずだ。

　例えば，あなたに好きなひとがいたとする。ラブレター（あるいはメール）を書きたいのだが，あいにく文章は苦手だ。文章の上手い友人に代筆を頼む手もあるが，これでは真心は通じないだろう。そこで，便せんいっぱいに「好きだ，好きだ，好きだ，好きだ，好きだ，好きだ」とだけ書いたとする。それで十分に情熱を伝えることができるし，場合によっては，どんな名文を書き連ねるよりも最高のラブレターになることだってある。あるいはサインペンで用紙いっぱいに一言「好き」と大書して送ってもいい。個人対個人間のラブレターなら，それでもいいのである。つまり，その目的が，「好き」という恋心を相手にだけわかってもらうことにあるからだ。

　文章の長さにしてもそうで，例えばこんな文がある。

> 「一筆啓上　火の用心　おせん泣かすな　馬肥やせ」

　これは徳川家康の家臣である本多作左衛門重次が，妻に宛てた短い手紙である。「一筆啓上」は「拝啓」に当たる意味で，「おせん泣かすな」は重次の唯一の子どもであるお仙（仙千代）を「泣かしたりせず，しっかりと育てなさい」と我が子をとても大事にしていたことが伺える。さらに，「馬肥やせ」は武将の家には欠くことのできない馬について「いざという時のために餌をしっかり与えて大事にしてくれ」と妻へアドバイスしている。短いながらもこの文面全体には，家族への愛情や心配，家の主としての責任感などがにじみ出ているかのようだ。

　世の中にはもっと短い手紙もある。フランスの文豪ヴィクトル・ユーゴーは『レ・ミゼラブル』を出版した際にその売れ行きが心配になり，出版社に対して「？」と書いただけの手紙を送った。すると出版社からは「！」という返事が届いたという。意味がおわかりだろうか。これは，「売れ行きはどうか？」「すごく売れていますよ！」というやりとりである。前提になる状況と目的によっては，「？」や「！」ひとつが，千万の言葉よりも，意思と感情を的確に相手に伝達することもあるのだ。

　しかし，論作文試験の場合はどうだろうか。「公務員を志望した動機」というテーマを出されて，「私は公務員になりたい，私は公務員になりたい，私は公務員になりたい，……」と600字分書いても，評価されることはないだろう。

　つまり論作文というのは，何度もいうように，人物試験を兼ねあわせて実施されるものである。この意義や目的を忘れてはいけない。しかも公務員採用試験の場合と民間企業の場合では，求められているものに違いもある。

　民間企業の場合でも業種によって違いがある。ということは，それぞれの意義や目的によって，対策や準備方法も違ってくるということである。これを理解した上で，自分なりの準備方法を見つけることが大切なのだ。

(2) 文章を書く習慣を身につける

　多くの人は「かしこまった文章を書くのが苦手」だという。携帯電話やパソコンで気楽なメールを頻繁にしている現在では，特にそうだという。論作文試験の準備としては，まずこの苦手意識を取り除くことが必要だろう。

　文章を書くということは，習慣がついてしまえばそれほど辛いものではな

い。習慣をつけるという意味では，第一に日記を書くこと，第二に手紙を書くのがよい。

①　「日記」を書いて筆力をつける

　実際にやってみればわかることだが，日記を半年間書き続けると，自分でも驚くほど筆力が身に付く。筆力というのは「文章を書く力」で，豊かな表現力・構成力，あるいはスピードを意味している。日記は他人に見せるものではないので，自由に書ける。材料は身辺雑事・雑感が主なので，いくらでもあるはず。この「自由に書ける」「材料がある」ということが，文章に慣れるためには大切なことなのだ。パソコンを使ってブログで長い文章を書くのも悪くはないが，本番試験はキーボードが使えるわけではないので，リズムが変わると書けない可能性もある。やはり紙にペンで書くべきだろう。

②　「手紙」を書いてみる

　手紙は，他人に用件や意思や感情を伝えるものである。最初から他人に読んでもらうことを目的にしている。ここが日記とは根本的に違う。つまり，読み手を意識して書かなければならないわけだ。そのために，一定の形式を踏まなければならないこともあるし，逆に，相手や時と場合によって形式をはずすこともある。感情を全面的に表わすこともあるし，抑えることもある。文章を書く場合，この読み手を想定して形式や感情を制御していくということは大切な要件である。手紙を書くことによって，このコツに慣れてくるわけだ。

> 「おっはよー，元気い（＾＿＾）？　今日もめっちゃ寒いけど……」
>
> 「拝啓，朝夕はめっきり肌寒さを覚える今日このごろですが，皆々様におかれましては，いかがお過ごしかと……」

　手紙は，具体的に相手（読み手）を想定できるので，書く習慣がつけば，このような「書き分ける」能力も自然と身についてくる。つまり，文章のTPOといったものがわかってくるのである。

③　新聞や雑誌のコラムを写してみる

　新聞や雑誌のコラムなどを写したりするのも，文章に慣れる王道の手段。最初は，とにかく書き写すだけでいい。ひたすら，書き写すのだ。

ペン習字などもお手本を書き写すが，それと同じだと思えばいい。ペン習字と違うのは，文字面をなぞるのではなく，別の原稿用紙などに書き写す点だ。

とにかく，こうして書き写すことをしていると，まず文章のリズムがわかってくる。ことばづかいや送り仮名の要領も身につく。文の構成法も，なんとなく理解できてくる。実際，かつての作家の文章修業は，こうして模写をすることから始めたという。

私たちが日本語を話す場合，文法をいちいち考えているわけではないだろう。接続詞や助詞も自然に口をついて出ている。文章も本来，こうならなければならないのである。そのためには書き写す作業が一番いいわけで，これも実際にやってみると，効果がよくわかる。

なぜ，新聞や雑誌のコラムがよいかといえば，これらはマスメディア用の文章だからである。不特定多数の読み手を想定して書かれているために，一般的なルールに即して書かれていて，無難な表現であり，クセがない。公務員試験の論作文では，この点も大切なことなのだ。

たとえば雨の音は，一般的に「ポツリ，ポツリ」「パラ，パラ」「ザァ，ザァ」などと書く。ありふれた表現だが，裏を返せばありふれているだけに，だれにでも雨の音だとわかるはず。「朝から，あぶないな，と思っていたら，峠への途中でパラ，パラとやってきた……」という文章があれば，この「パラ，パラ」は雨だと想像しやすいだろう。

一方，「シイ，シイ」「ピチ，ピチ」「トン，トン」「バタ，バタ」，雨の音をこう表現しても決して悪いということはない。実際，聞き方によっては，こう聞こえるときもある。しかし「朝から，あぶないな，と思っていたら，峠への途中でシイ，シイとやってきた……」では，一般的には「シイ，シイ」が雨だとはわからない。

論作文は，作家になるための素質を見るためのものではないから，やはり後者ではマズイのである。受験論作文の練習に書き写す場合は，マスコミのコラムなどがよいというのは，そういうわけだ。

④　考えを正確に文章化する

頭の中では論理的に構成されていても，それを文章に表現するのは意外に難しい。主語が落ちているために内容がつかめなかったり，語彙が貧弱で，述べたいことがうまく表現できなかったり，思いあまって言葉

足らずという文章を書く人は非常に多い。文章は，記録であると同時に伝達手段である。メモをとるのとは違うのだ。

　論理的にわかりやすい文章を書くには，言葉を選び，文法を考え，文脈を整え，結論と課題を比較してみる……，という訓練を続けることが大切だ。しかし，この場合，一人でやっていたのでは評価が甘く，また自分では気づかないこともあるので，友人や先輩，国語に詳しいかつての恩師など，第三者の客観的な意見を聞くと，正確な文章になっているかどうかの判断がつけやすい。

⑤　文章の構成力を高める

　正確な文章を書こうとすれば，必ず文章の構成をどうしたらよいかという問題につきあたる。文章の構成法については後述するが，そこに示した基本的な構成パターンをしっかり身につけておくこと。一つのテーマについて，何通りかの構成法で書き，これをいくつものテーマについて繰り返してみる。そうしているうちに，特に意識しなくてもしっかりした構成の文章が書けるようになるはずだ。

⑥　制限内に書く感覚を養う

　だれでも時間をかけてじっくり考えれば，それなりの文章が書けるだろう。しかし，実際の試験では字数制限や時間制限がある。練習の際には，ただ漫然と文章を書くのではなくて，字数や時間も実際の試験のように設定したうえで書いてみること。

　例えば800字以内という制限なら，その全体量はどれくらいなのかを実際に書いてみる。また，全体の構想に従って字数（行数）を配分すること。時間制限についても同様で，60分ならその時間内にどれだけのことが書けるのかを確認し，構想，執筆，推敲などの時間配分を考えてみる。この具体的な方法は後に述べる。

　こうして何度も文章を書いているうちに，さまざまな制限を無駄なく十分に使う感覚が身についてくる。この感覚は，練習を重ね，文章に親しまない限り，身に付かない。逆に言えば実際の試験ではそれが極めて有効な力を発揮するのが明らかなのだ。

● Ⅲ．「合格答案」作成上の留意点 ●

（1）テーマ把握上の注意

　さて，いよいよ試験が始まったとしよう。論作文試験でまず最初の関門になるのが，テーマを的確に把握できるか否かということ。どんなに立派な文章を書いても，それが課題テーマに合致していない限り，試験結果は絶望的である。不幸なことにそのような例は枚挙にいとまがにないと言われる。ここでは犯しやすいミスを2，3例挙げてみよう。

---

　① 　似たテーマと間違える

　例えば「私の生きかた」や「私の生きがい」などは，その典型的なもの。前者が生活スタイルや生活信条などが問われているのに対して，後者はどのようなことをし，どのように生きていくことが，自分の最も喜びとするところかが問われている。このようなニュアンスの違いも正確に把握することだ。

　② 　テーマ全体を正確に読まない

　特に，課題そのものが長い文章になっている場合，どのような条件を踏まえて何を述べなければならないかを，正確にとらえないまま書き始めてしまうことがある。例えば，下記のようなテーマがあったとする。

> 「あなたが公務員になったとき，職場の上司や先輩，地域の人々との人間
> 関係において，何を大切にしたいと思いますか。自分の生活体験をもとに
> 書きなさい」

　①公務員になったとき，②生活体験をもとに，というのがこのテーマの条件であり，「上司・先輩，地域の人々との人間関係において大切にしたいこと」というのが必答すべきことになる。このような点を一つひとつ把握しておかないと，内容に抜け落ちがあったり，構成上のバランスが崩れたりする原因になる。テーマを示されたらまず2回はゆっくりと読み，与えられているテーマの意味・内容を確認してから何をどう書くかという考察に移ることが必要だ。

　③ 　テーマの真意を正確につかまない

　「今，公務員に求められるもの」というテーマと「公務員に求められるもの」というテーマを比べた場合，"今"というたった1字があるか否か

で，出題者の求める答えは違ってくることに注意したい。言うまでもなく，後者がいわゆる「公務員の資質」を問うているのに対して，前者は「現況をふまえたうえで，できるだけ具体的に公務員の資質について述べること」が求められているのだ。

　以上3点について述べた。こうやって示せば誰でも分かる当たり前のことのようだが，試験本番には受け取る側の状況もまた違ってくるはず。くれぐれも慎重に取り組みたいところだ。

(2) 内容・構成上の注意点

①　素材選びに時間をかけろ

　テーマを正確に把握したら，次は結論を導きだすための素材が重要なポイントになる。公務員試験での論作文では，できるだけ実践的・経験的なものが望ましい。現実性のある具体的な素材を見つけだすよう，書き始める前に十分考慮したい。

②　全体の構想を練る

　さて，次に考えなくてはならないのが文章の構成である。相手を納得させるためにも，また字数や時間配分の目安をつけるためにも，全体のアウトラインを構想しておくことが必要だ。ただやみくもに書き始めると，文章があらぬ方向に行ってしまったり，広げた風呂敷をたたむのに苦労しかねない。

③文体を決める

　文体は終始一貫させなければならない。文体によって論作文の印象もかなり違ってくる。〈です・ます〉体は丁寧な印象を与えるが，使い慣れないと文章がくどくなり，文末のリズムも単調になりやすい。〈である〉体は文章が重々しいが，断定するつもりのない場合でも断定しているかのような印象を与えやすい。

　それぞれ一長一短がある。書きなれている人なら，テーマによって文体を使いわけるのが望ましいだろう。しかし，大概は文章のプロではないのだから，自分の最も書きやすい文体を一つ決めておくことが最良の策だ。

(3) 文章作成上の注意点

① ワン・センテンスを簡潔に

　一つの文（センテンス）にさまざまな要素を盛り込もうとする人がいるが，内容がわかりにくくなるだけでなく，時には主語・述語の関係が絡まり合い，文章としてすら成立しなくなることもある。このような文章は論旨が不明確になるだけでなく，読み手の心証もそこねてしまう。文章はできるだけ無駄を省き，わかりやすい文章を心掛けること。「一文はできるだけ簡潔に」が鉄則だ。

② 論点を整理する

　論作文試験の字数制限は多くても2,000字，少ない場合は600字程度ということもあり，決して多くはない。このように文字数が限られているのだから，文章を簡潔にすると同時に，論点をできるだけ整理し，特に必要のない要素は削ぎ落とすことだ。これはテーマが抽象的な場合や，逆に具体的に多くの条件を設定してる場合は，特に注意したい。

③ 段落を適切に設定する

　段落とは，文章全体の中で一つのまとまりをもった部分で，段落の終わりで改行し，書き始めは1字下げるのが決まりである。いくつかの小主題をもつ文章の場合，小主題に従って段落を設けないと，筆者の意図がわかりにくい文章になってしまう。逆に，段落が多すぎる文章もまた意図が伝わりにくく，まとまりのない印象の文章となる場合が多い。段落を設ける基準として，次のような場合があげられる。

① 場所や場面が変わるとき。	④ 思考が次の段階へ発展するとき。
② 対象が変わるとき。	⑤ 一つの部分を特に強調したいとき。
③ 立場や観点が変わるとき。	⑥ 同一段落が長くなりすぎて読みにくくなるとき。

これらを念頭に入れて適宜段落を設定する。

(4) 文章構成後のチェック点

① 主題がはっきりしているか。論作文全体を通して一貫しているか。課題にあったものになっているか。

② まとまった区切りを設けて書いているか。段落は，意味の上でも視覚的にもはっきりと設けてあるか。

③ 意味がはっきりしない言いまわしはないか。人によって違った意味にとられるようなことはないか。

④ 一つの文が長すぎないか。一つの文に多くの内容を詰め込みすぎているところはないか。

⑤ あまりにも簡単にまとめすぎていないか。そのために論作文全体が軽くなっていないか。

⑥ 抽象的ではないか。もっと具体的に表現する方法はないものか。

⑦ 意見や感想を述べる場合，裏づけとなる経験やデータとの関連性は妥当なものか。

⑧ 個人の意見や感想を，「われわれは」「私たちは」などと強引に一般化しているところはないか。

⑨ 表現や文体は統一されているか。

⑩ 文字や送り仮名は統一されているか。

　実際の試験では，こんなに細かくチェックしている時間はないだろうが，練習の際には，一つの論作文を書いたら，以上のようなことを必ずチェックしてみるとよいだろう。

● Ⅳ．「論作文試験」の実戦感覚 ●

　準備と対策の最後の仕上げは，"実戦での感覚"を養うことである。これは"実戦での要領"といってもよい。「要領がいい」という言葉には，「上手に」「巧みに」「手際よく」といった意味と同時に，「うまく表面をとりつくろう」「その場をごまかす」というニュアンスもある。「あいつは要領のいい男だ」という表現などを思い出してみれば分かるだろう。

　採用試験における論作文が，論作文試験という競争試験の一つとしてある以上，その意味での"要領"も欠かせないだろう。極端にいってしまえば，こうだ。

> 「約600字分だけ，たまたまでもすばらしいものが書ければよい」

　もちろん，本来はそれでは困るのだが，とにかく合格して採用されることが先決だ。そのために，短時間でその要領をどう身につけるか，実戦ではどう要領を発揮するべきなのか。

（1）時間と字数の実戦感覚

①　制限時間の感覚

　公務員試験の論作文試験の平均制限時間は，90分間である。この90分間に文字はどれくらい書けるか。大学ノートなどに，やや丁寧に漢字まじりの普通の文を書き写すとして，速い人で1分間約60字，つまり90分間なら約5,400字。遅い人で約40字/1分間，つまり90分間なら約3,600字。平均4,500字前後と見ておけばよいだろう。400字詰め原稿用紙にして11枚程度。これだけを考えれば，時間はたっぷりある。しかし，これはあくまでも「書き写す」場合であって，論作文している時間ではない。

　構想などが決まったうえで，言葉を選びながら論作文する場合は，速い人で約20字前後/1分間，60分間なら約1,800字前後である。ちなみに，文章のプロたち，例えば作家とか週刊誌の記者とかライターという職業の人たちでも，ほぼこんなものなのだ。構想は別として，1時間に1,800字，400字詰め原稿用紙で4〜5枚程度書ければ，だいたい職業人として1人前である。言い換えれば，読者が読むに耐えうる原稿を書くためには，これが限度だということである。

　さて，論作文試験に即していえば，もし制限字数1,200字なら，1,200字÷20字で，文章をつづる時間は約60分間ということになる。そうだとすれば，テーマの理解，着想，構想，それに書き終わった後の読み返しなどにあてられる時間は，残り30分間。これは実にシビアな時間である。まず，この時間の感覚を，しっかりと頭に入れておこう。

②　制限字数の感覚

　これも一般には，なかなか感覚がつかめないもの。ちなみに，いま，あなたが読んでいるこの本のこのページには，いったい何文字入っているのか，すぐにわかるだろうか。答えは，1行が33字詰めで行数が32行，

空白部分もあるから約1,000字である。公務員試験の論作文試験の平均的な制限字数は1,200字となっているから、ほぼ、この本の約1頁強である。

　この制限字数を、「長い！」と思うか「短い！」と思うかは、人によって違いはあるはず。俳句は17文字に万感の想いを込めるから、これと比べれば1,000字は実に長い。一方、ニュース番組のアナウンサーが原稿を読む平均速度は、約400字程度/1分間とされているから、1,200字なら3分。アッという間である。つまり、1,200字というのは、そういう感覚の字数なのである。ここでは、論作文試験の1,200字という制限字数の妥当性については置いておく。1,200字というのが、どんな感覚の文字数かということを知っておけばよい。

　この感覚は、きわめて重要なことなのである。後でくわしく述べるが、実際にはこの制限字数によって、内容はもとより書き出しや構成なども、かなりの規制を受ける。しかし、それも試験なのだから、長いなら長いなりに、短いなら短いなりに対処する方法を考えなければならない。それが実戦に臨む構えであり、「要領」なのだ。

(2) 時間配分の実戦感覚

　90分間かけて、結果として1,200字程度の論作文を仕上げればよいわけだから、次は時間の配分をどうするか。開始のベルが鳴る（ブザーかも知れない）。テーマが示される。いわゆる「課題」である。さて、なにを、どう書くか。この「なにを」が着想であり、「どう書くか」が構想だ。

① まず「着想」に10分間

　課題が明示されているのだから、「なにを」は決まっているように思われるかもしれないが、そんなことはない。たとえば「夢」という課題であったとして、昨日みた夢、こわかった夢、なぜか印象に残っている夢、将来の夢、仕事の夢、夢のある人生とは、夢のある社会とは、夢のない現代の若者について……などなど、書くことは多種多様にある。あるいは「夢想流剣法の真髄」といったものだってよいのだ。まず、この「なにを」を10分以内に決める。文章を書く、または論作文するときは、本来はこの「なにを」が重要なのであって、自分の知識や経験、感性を凝縮して、長い時間をかけて決めるのが理想なのだが、なにしろ制限時間があるので、やむをえず5分以内に決める。

② 次は「構想」に10分間

「構想」というのは，話の組み立て方である。着想したものを，どうやって1,200字程度の字数のなかに，うまく展開するかを考える。このときに重要なのは，材料の点検だ。

たとえば着想の段階で，「現代の若者は夢がないといわれるが，実際には夢はもっているのであって，その夢が実現不可能な空想的な夢ではなく，より現実的になっているだけだ。大きな夢に向かって猛進するのも人生だが，小さな夢を一つ一つ育んでいくのも意義ある人生だと思う」というようなことを書こうと決めたとして，ただダラダラと書いていったのでは，印象深い説得力のある論作文にはならない。したがってエピソードだとか，著名人の言葉とか，読んだ本の感想……といった材料が必要なわけだが，これの有無，その配置を点検するわけである。しかも，その材料の質・量によって，話のもっていきかた（論作文の構成法）も違ってくる。これを10分以内に決める。

実際には，着想に10分，構想に10分と明瞭に区別されるわけではなく，「なにを」は瞬間的に決まることがあるし，「なにを」と「どう書くか」を同時に考えることもある。ともあれ，着想と構想をあわせて，なにがなんでも20分以内に決めなければならないのである。

③ 「執筆」時間は60分間

これは前述したとおり。ただ書くだけの物理的時間が約15〜20分間かかるのだから，言葉を選び表現を考えながらでは60分間は実際に短かすぎるが，試験なのでやむをえない。

まずテーマを書く。氏名を書く。そして，いよいよ第1行の書き出しにかかる。「夢，私はこの言葉が好きだ。夢をみることは，神さまが人間だけに与えた特権だと思う……」「よく，最近の若者には夢がない，という声を聞く。たしかに，その一面はある。つい先日も，こんなことがあった……」「私の家の近所に，夢想流を継承する剣道の小さな道場がある。白髪で小柄な80歳に近い老人が道場主だ……」などと，着想したことを具体的に文章にしていくわけである。

人によっては，着想が決まると，このようにまず第1行を書き，ここで一息ついて後の構想を立てることもある。つまり，書き出しの文句を書きこむと，後の構想が立てやすくなるというわけである。これも一つ

の方法である。しかし，これは，よっぽど書きなれていないと危険をともなう。後の構想がまとまらないと何度も書き出しを書き直さなければならないからだ。したがって，論作文試験の場合は，やはり着想→構想→執筆と進んだほうが無難だろう。

④ 「点検」時間は10分間で

　論作文を書き終わる。当然，点検をしなければならない。誤字・脱字はもとより，送り仮名や語句の使い方，表現の妥当性も見直さなければならない。この作業を一般には「推敲」と呼ぶ。推敲は，文章を仕上げる上で欠かせない作業である。本来なら，この推敲には十分な時間をかけなければならない。文章は推敲すればするほど練りあがるし，また，文章の上達に欠かせないものである。

　しかし，論作文試験においては，この時間が10分間しかない。前述したように，1,200字の文章は，ニュースのアナウンサーが読みあげるスピードで読んでも，読むだけで約3分はかかる。だとすれば，手直しする時間は7分。ほとんどないに等しいわけだ。せいぜい誤字・脱字の点検しかできないだろう。論作文試験の時間配分では，このことをしっかり頭に入れておかなければならない。要するに論作文試験では，きわめて実戦的な「要領の良さ」が必要であり，準備・対策として，これを身につけておかなければならないということなのだ。

実施課題例の分析

令和5年度

▼Ⅰ類A　論文（1時間30分，1000字以上1500字程度）

（1）　別添の資料から，強靭で持続可能な社会の実現に向けた取組として，サーキュラーエコノミー（循環経済）への転換を図るために，あなたが重要であると考える課題を200字程度で簡潔に述べよ。

（2）　（1）で述べた課題に対して，都を含む行政は具体的にどのような取組を進めるべきか，都の現行の施策に言及した上で，あなたの考えを述べよ。

なお，解答に当たっては，解答用紙に（1），（2）を明記すること。

資料1

都内産業廃棄物のリサイクル量及びリサイクル率

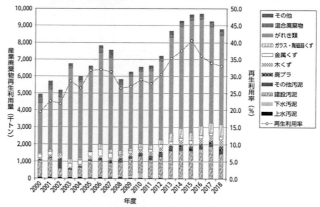

出典：東京都「東京都環境基本計画」（令和4年9月）より作成

都内一般廃棄物のリサイクル率の推移

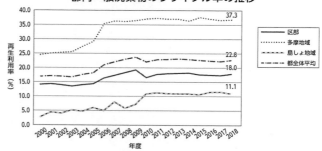

出典：東京都「東京都環境基本計画」（令和4年9月）より作成

資料2 ※ この部分は，著作権の関係により，掲載できません。

（出典：令和4年12月9日　読売新聞朝刊より作成）

資料3

都内の食品ロス発生量の内訳

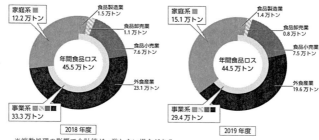

※端数処理の影響で合計値が一致しない場合がある

出典：東京都「東京都環境基本計画」（令和4年9月）より作成

衣料品における原材料調達から製造までの環境負荷

※この部分は，著作権の関係により，掲載できません。

出典：環境省「サステナブルファッション」（令和3年6月）より作成

資料4

東京の消費ベースGHG排出量の内訳

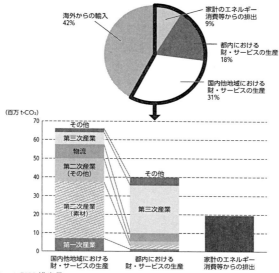

注　消費ベースGHG排出量

　エネルギー使用の実態をより明確にするための指標として，製品等が生産された際に排出された温室効果ガスを，その製品が最終的に消費される地域の排出量としてカウントする考え方（GHG：Greenhose Gasの略）

出典：東京都「東京環境基本計画」（令和4年9月）より作成

《執筆の方針》

　提示された資料を基に，強靭で持続可能な社会の実現に向けてサーキュラーエコノミー（循環経済）への転換を図ることの重要性と課題を指摘し，東京都の行政としてどのような取組みを進めるべきか具体的に論じる。

《課題の分析》

　サーキュラーエコノミー（循環経済）とは，資源投入量・消費量を抑えつつ，ストックを有効活用しながら，サービス化等を通じて付加価値を生み出す経済活動であり，資源・製品の価値の最大化，資源消費の最小化，廃棄物の発生抑制等を目指すものである。この循環経済への移行は，企業の事業活動の持続可能性を高めるため，ポストコロナ時代における新たな競争力の源泉となる可能性を秘めており，現に新たなビジネスモデルが国内外で進んでいる。東京都においては，資料からも分かるようにリサイクル活動の停滞，食品ロスの増加などの課題があり，行政としてサーキュラーエコノミー（循環経済）への転換を図っていくことが大きな課題となっている。

《作成のポイント》

　まず，大量消費型の経済社会活動は，気候変動問題，天然資源の枯渇，大規模な資源採取による生物多様性の破壊など様々な環境問題にも密接に関係しており，サーキュラーエコノミー（循環経済）を実現することの必要性を指摘する。次に，提示された資料から，リサイクル活動の停滞，食品ロスの増加など東京都においてサーキュラーエコノミー（循環経済）を実現する上での課題を整理して示す。そのうえで，東京都の行政としてどのような取組を進めていったらよいか述べる。具体的には，可能な限り新しい資源の利用を抑え，地球上の資源を循環させるための設計を前提として，既存の経済システムを改変していくための東京都の行政としての役割を論じるようにする。

▼Ⅰ類Ｂ（一般方式）・論文（1時間30分，1000字以上1500字程度）

(1)　別添の資料より，正しい情報をタイムリーに伝える「伝わる広報」を展開するために，あなたが重要であると考える課題を200字程度で簡潔に述べよ。

(2)　(1)で述べた課題に対して，都はどのような取組を進めるべきか，あなたの考えを述べよ。

　なお，解答に当たっては，解答用紙に(1)，(2)を明記すること。

資料1

今後力を入れて欲しい広報媒体と都政情報の入手経路

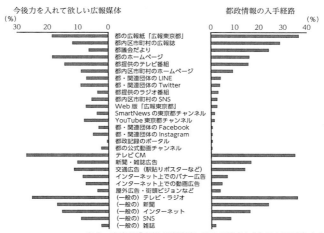

出典：東京都「広報広聴活動に関する調査」（令和4年3月）より作成

資料2

これからの都政の進め方について都民が望むこと

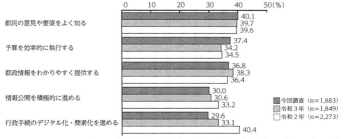

出典：東京都「都民生活に関する世論調査」（令和4年12月）より作成

資料3

都政情報の充足状況

出典：東京都「広報広聴活動に関する調査」（令和4年3月）より作成

《執筆の方針》

　提示された資料を基に，正しい情報をタイムリーに伝えるための広報の重要性と課題を指摘し，東京都の行政としてどのような取組みを進めるべきか具体的に論じる。

《課題の分析》

　広報という言葉はPublic Relations（パブリック・リレーションズ）の訳語であり，「組織体とその存続を左右するパブリックとの間に，相互に利益をもたらす関係性を構築し，維持するマネジメント機能」と定義されている。一般的に広報には，「伝える」「対話する」「フィードバック」「自己変革」「信頼関係をつくる」といった役割があるとされている。そのために，正しい情報を正確に伝えることは，必須の条件である。資料から分かるように都政情報そのものの他に，情報伝達手段の活用，一方向ではなく双方向での情報のやり取りなどに課題があることが分かる。

《作成のポイント》

　まず，都政に関する正しい情報を正確に伝えることは，単に情報を伝えるだけではなく行政と都民が対話をしたり，信頼関係を構築したりする重要な役割があることを指摘する。次に示された資料から，東京都の広報活動には情報が十分に伝わりきっていない，広報紙やホームページだけでない情報媒体を活用すること，行政から都民という一方向ではなく，都民から行政への情報伝達も重視するといった課題があることを整理して示す。そのうえで，東京都の行政としてどのような取組を進めていったらよいか具体的に述べる。具体的には，先に挙げた情報媒体の課題，相互の情報のやり取りといった課題をどのように克服していくか，具体的な方策を提示するようにしたい。

令和4年度

▼Ⅰ類A・論文（1時間30分，1,000字以上1,500字未満）

(1)　別添の資料から，文化振興により，人々の日常に楽しみを取り戻し，暮らしに潤いや活力をもたらすために，あなたが重要であると考える課題を200字程度で簡潔に述べよ。

(2)　(1)で述べた課題に対して，都を含む行政は具体的にどのような取組を進めるべきか，都の現行の施策に言及した上で，あなたの考えを述べよ。
　　なお，解答に当たっては，解答用紙に(1)，(2)を明記すること。

資料1　※ この部分は，著作権の関係により，掲載できません。

　　（出典：文化芸術推進フォーラム「『新型コロナウイルス感染症拡大による文化芸術界への甚大な打撃，そして再生に向けて』調査報告と提言」（2021年7月）より作成）

資料2　※ この部分は，著作権の関係により，掲載できません。

　　（出典：文化庁「文化に関する世論調査報告書」（令和3年3月）より作成）

資料3　※ この部分は，著作権の関係により，掲載できません。

　　（出典：「文化庁『文化芸術活動に携わる方々へのアンケート』の調査結果」より作成）

資料4　※ この部分は，著作権の関係により，掲載できません。

　　（出典：文化庁「文化に関する世論調査報告書」（令和3年3月）より作成）

《執筆の方針》

　まず，都民の生活の充実・向上のために，文化がどのような役割を果たすことができるのかを，資料から読み取れることを基に整理する。そのうえで，現在の施策を踏まえた文化振興上の課題を挙げて，さらに振興していくための具体的な方策について述べる。

《課題の分析》

　新型コロナウイルス感染症の流行に伴う文化芸術の停滞が言われる中，文化芸術を活性化するための方策が求められている。そのためには，東京に住む人々が互いに協力して文化振興のために積極的に活動することが重要である。しかし，それが十分ではない現状があり，今後，文化芸術活動を都民の良好な人間関係をつくるための場にしていかなければならない。そうした立場に立って示された資料から様々な課題を読み取り，文化振興のための具体的な施策に結び付けていきたい。

《作成のポイント》

　まず，東京都民の生活を充実させ，質的に向上させていくために，芸術文化の振興は非常に大きな役割を果たすことができることを述べる。しかし，それが十分ではないことを，示された資料から読み取る。そのうえで，芸術文化を振興することの意義を踏まえ，都民の芸術文化活動を盛んにするために，どのような活動をどのように取り入れていったらよいかについて整理する。子供や高齢者など多くの人が参加できる文化活動の普及，そうした活動のできる場の確保，指導者の派遣・養成といったことがその具体的な視点となる。いずれにしても，具体的で実現性のある文化芸術振興策をまとめるようにしたい。

▼Ⅰ類B・論文（1時間30分，1,000字以上1,500字未満）

(1) 別添の資料より，首都直下地震から命と財産を守るとともに，社会経済活動の麻痺による甚大な影響を回避するために，あなたが重要であると考える課題を200字程度で簡潔に述べよ。

(2) (1)で述べた課題に対して，都はどのような取組を進めるべきか，あなたの考えを述べよ。

なお，解答に当たっては，解答用紙に(1)，(2)を明記すること。

資料1 ※この部分は，著作権の関係により，掲載できません。
（出典：中央防災会議　首都直下地震対策検討ワーキンググループ「首都直下地震の被害想定と対策について（最終報告）」（平成25年12月）より作成）

資料2 ※この部分は，著作権の関係により，掲載できません。
（出典：令和3年10月8日　読売新聞朝刊より作成）

《執筆の方針》

　東京都で起きることが想定される直下型地震等の災害について整理し，その課題を挙げる。そのうえで，そうした課題を克服して災害に備えるために行政としてどのように取り組んでいったらよいのか述べる。

《課題の分析》

　近年，大規模な地震や台風による大雨などの自然災害が，各地で大きな被害をもたらしている。東京都では現在，直下地震等による大きな被害が心配され，その対応が喫緊の課題となっている。そうした災害による被害を最小限にとどめ，都民の安心・安全を守ることは，行政の重要な役割である。そのために，日常的に防災対策に努めなければならない。大規模な自然災害から市民の暮らしを守ることは，行政だけでは限界があることから，様々な地域組織やNPO，企業等と連携した取り組みが必要である。また，行政として行う「公助」の他に，住民が協力して行う「共助」，一人一人の住民の防災意識による「自助」などをどのように機能させていくのかが重要となる。

《作成のポイント》

　まず，東京都の直下型地震ではどのような災害が想定され，どのような被害が想定されるのか，そこにはどのような課題があるのかを整理する。そして，そうした課題を克服するために，どのような取り組みが必要か，日常的な防災への備えについて考える。その際，大規模な災害のときは行政の力だけでは限界があることから，地域のNPOや企業，医療機関などと

連携することなどの重要性を指摘する。そのうえで，地域の防災への備え
を高めておくとともに，警察や消防などの各関係機関の役割分担の明確化，
いざという時のシミュレーションに基づくマニュアルの作成，連絡体制の
確立，情報を共有化するシステムの構築など具体的な取り組みについて述
べていく。

令和３年度

▼Ⅰ類A・論文（1時間30分，1,000字以上1,500字未満）

(1)　別添の資料から，ウィズコロナ時代において東京の観光振興を図るた
　　めに，あなたが重要であると考える課題を200字程度で簡潔に述べよ。

(2)　(1)で述べた課題に対して，都を含む行政は具体的にどのような取組を
　　進めるべきか，都の現行の施策に言及した上で，あなたの考えを述べよ。
　　なお，解答に当たっては，解答用紙に(1)，(2)を明記すること。

| 資料1 | ※ この部分は，著作権の関係により，掲載できません。 |

資料：IATA「Outlook for air travel in the next 5 years」，「Five years to
return to the pre-pandemic level of passenger demand」を基に作成
（出典：「『未来の東京』を見据えた都政の新たな展開について～構造改革を梃子
として～」（令和2年8月）より作成）

| 資料2 | ※ この部分は，著作権の関係により，掲載できません。 |

（出典：株式会社JTB及び株式会社JTB総合研究所「新型コロナウイルス感染拡
大による，暮らしや心の変化および旅行再開に向けての意識調査（2020）」より作成）
（出典：公益財団法人　日本交通公社「新型コロナウイルス感染症流行下の日
本人旅行者の動向（その4）」（令和2年7月）より作成）

| 資料3 | ※ この部分は，著作権の関係により，掲載できません。 |

（出典：公益財団法人　日本交通公社「旅行年報2020」より作成）

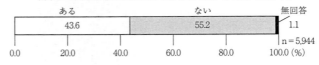

日常よく出かけるところに着くまでのバリアの有無（2016年）

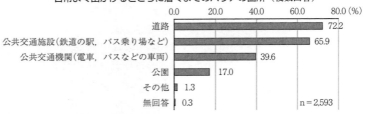

日常よく出かけるところに着くまでのバリアの箇所（複数回答）

調査対象：都内に居住する調査基準日（平成28年10月12日）現在満20歳以上の世帯員
出典：「平成28年度東京都福祉保健基礎調査『都民の生活実態と意識』」より作成

《執筆の方針》

　まず，四つの資料の内容を踏まえて，ウィズコロナ時代における観光振興のために重視すべき課題を述べる。次に，その課題解決に向けた取組について具体的に説明する。

《課題の分析》

　新型コロナにより深刻な影響を受ける中，旅行者ニーズの変化等に対応した観光関連事業者の取組を強化していく必要がある。また，持続可能な観光産業へと進化させることも重要な課題と言える。それを踏まえ，観光産業を再び成長軌道に乗せ，世界最高の「PRIME観光都市・東京」を実現させるための取組について考える。その際，各資料から東京都の観光振興の方針と旅行者の動向，心理的バリア，特にコロナ禍による影響を読み取り，これらを踏まえた今後の戦略を立てることが重要となる。具体的には，観光関連事業者への支援，観光人材の育成，国内観光の活性化，海外プロモーションの展開，インバウンド受け入れ環境の整備，観光のバリアフリー化，デジタル化，新サービス・商品開発，島しょ地域における観光資源開発などが考えられる。

《作成のポイント》

　（1）では，ウィズコロナ時代の観光はどうあるべきか，四つの資料を相互に関連させながら，重要課題を述べる。例えば，資料4ではバリアフリー化が進んでいないために不便や不安を感じるところという調査に関するものであるが，道路に関するものが多い。インフラ整備をはじめ，利用者ニー

ズを踏まえた取組が期待されている。

　（2）では，東京の観光振興を図るための取組について，具体的に2～3本の柱を立てて提示しよう。各柱にはタイトルをつけると効果的であり，ハード面，ソフト面の両面から展開するとよい。ここでも利用者ニーズを踏まえることがポイントである。結論部分では，都民が郷土に対してブランド意識をもてるよう，また，東京都の観光が持続的に発展するよう，都職員として誠心誠意努力し，創意工夫を活かしてさらに新しい魅力づくりにチャレンジする旨の決意を述べる。書き始める前には，必ず全体の構成やキーワードについて構想の時間を確保する必要がある。

▼Ⅰ類B・論文（1時間30分，1,000字以上1,500字未満）
（1）　別添の資料から，誰もが安心して働き続けられる東京を実現するために，あなたが重要であると考える課題を200字程度で簡潔に述べよ。
（2）　（1）で述べた課題に対して，都はどのような取組を進めるべきか，あなたの考えを述べよ。
　　　なお，解答に当たっては，解答用紙に（1），（2）を明記すること。

資料1　※ この部分は，著作権の関係により，掲載できません。
　　　（出典：厚生労働省「令和2年版　厚生労働白書」より作成）

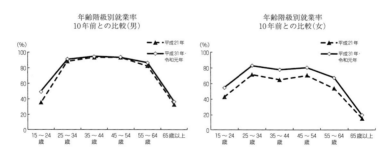

年齢階級別就業率の推移（東京都）

年齢階級別就業率
10年前との比較（男）

年齢階級別就業率
10年前との比較（女）

出典：東京都「平成31年・令和元年　東京の労働力（労働力調査結果）」より作成

資料2　※ この部分は，著作権の関係により，掲載できません。
　　　（出典：内閣府「平成30年版　子供・若者白書」より作成）

《執筆の方針》

　二つの資料の内容を踏まえて，誰もが安心して働き続けることができる東京の実現に向けた課題を述べ，そのための方策について具体的に説明する。

《課題の分析》

　資料1から，12年経っても希望と現実が乖離し，ワーク・ライフ・バランスが十分に実現できていないことが分かる。さらに近年，25〜64歳の女性就業率は男性に比べて10〜15％程度低い。この原因としては，資料2に示されたように初職離職の主な理由に結婚・子育てが挙げられていることが考えられる。また，仕事内容のミスマッチが最上位となっていることにも注目したい。したがって，課題としては，結婚や子育ても視野に入れ，男女ともワーク・ライフ・バランスを実現すること，及び雇用のミスマッチを解消することが挙げられる。具体的には，インターンシップ実施企業を増やし，実務経験時間の充実など一層実践的なインターンシップを実施することが考えられる。これにより，雇用のミスマッチによる離職の防止が期待できる。

《作成のポイント》

　(1) では，働き方改革や総活躍社会の趣旨を受け，その実現のために行政として考えるべき重要課題について述べる。

　(2) では，上記の課題に対する具体的方策について論述する。例えば次のような2つの柱が考えられる。第1に，都内企業に対する働き方改革の一層の推進である。生産年齢人口の減少が予想され，共働き世帯が増え，仕事と育児，介護等との両立を望む労働者も増加すると予測される。企業に対する長時間労働の是正促進，業務効率化に向けた事例の公募なども有効である。テレワークの定着も期待される。第2に，都内企業に対するインターンシップの推進である。職業適性や将来設計を考え，現場での実践的知識・技術に触れる機会としてより活用を図りたい。さらに，誰もが安心して働ける社会の実現のためには，保育所増設が不可欠という意見もある。結論では，困難な課題に対しても粘り強く対応し，都民のために貢献したい旨の決意を述べて結びとする。

令和2年度

▼Ⅰ類A・論文（1時間30分，1,000字以上1,500字未満）

(1)　別添の資料から，東京をイノベーションの好循環を生み出す都市として形成していくために，あなたが重要であると考える課題を200字程度で簡潔に述べよ。

(2) （1）で述べた課題に対して，都を含む行政は具体的にどのような取組を
進めるべきか，都の現行の施策に言及した上で，あなたの考えを述べよ。

資料1 ※ この部分は，著作権の関係により，掲載できません。

資料：厚生労働省「雇用保険事業年報」

（出典：東京都産業労働局「東京の産業と雇用就業2019」より作成）

資料2 ※ この部分は，著作権の関係により，掲載できません。

（出典：一般財団法人ベンチャーエンタープライズセンター「2018年度ベン
チャーキャピタル等投資動向速報」より作成）

資料3　　　東京の「強み」を伸ばし、「弱み」を克服する
経済、ビジネス

【弱み】
国際競争を勝ち抜くビジネス環境が整っていない

➤ 都内ＧＤＰは伸びているものの、アジアの都市と比べ、**都
市の成長力で見劣り**する。
※ この部分は、著作権の関係により、掲載できません。
※ 一般財団法人　森記念財団都市戦略研究所
「世界の都市総合力ランキング2019」より

➤ 第４次産業革命など、世界規模で起こる環境変化への対応
の**スピードが遅い**。

➤ **世界中から人や企業を呼び込む環境づくり**が不十分。

　・各種規制をはじめとした制度上の問題。

　・スタートアップ環境が十分に整っていない。

　（エコシステム形成、資金調達環境、人的ネットワーク等）

　・外国のエグゼクティブクラスの滞在環境に課題。

　（インターナショナルスクールなど、子供の教育に関する選択
　　肢の確保、各種手続の煩雑さ等）

　・英語が公用語でない。

➤ **中小企業の事業承継や生産性向上**に課題。

　・中小企業の活力を維持し、技術をどう継承していくか。

　・女性活躍やＩＣＴ活用などの取組が十分に進んでいない。

※ この部分は，著作権の関係により，掲載できません。
2030年に向けた政策目標（抜粋）
（出典：東京都「『未来の東京』戦略ビジョン」より作成）

《執筆の方針》

　資料にもとづき，東京をイノベーションの好循環を生み出す都市として
形成していくために自身が重要であると考える課題について述べるととも
に，その課題に対して都を含む行政は具体的にどのような取組を進めるべ

きか，既存の都の施策を踏まえて論述する。

《課題の分析》

　設問にある「イノベーションの好循環を生み出す都市」とは，企業と大学，公的研究機関との共同研究開発プログラムを推進するなど，産官学の連携が功を奏すと同時に，各機関に所属する研究者等が自身の研究機関，企業等の組織の壁を越えて，流動化することを促進できるような環境を生み出すこととされている。たとえば東京都では，令和2年1月22日に「スタートアップ・エコシステム　東京コンソーシアム」（以下，「本コンソーシアム」）を設立した。これは都市や大学を巻き込み，起業家教育やアクセラレータ機能を抜本的に強化すること等を通じて，起業家がこれまでの制約を超えて，潜在能力を開放するためのプラットフォーム事業となっている。

　資料1の出典である東京都産業労働局「東京の産業と雇用就業2019」においては，会社の創廃業についてのデータとして，東京における2018年度の「雇用保険事業年報」ベースの開業率は5.0％，廃業率は3.4％であり，欧米諸国と比べて低い水準であることが示されている。とりわけ東京における開業率・廃業率を産業別にみると，「医療，福祉」で廃業率が最も低く，「情報通信業」，「教育，学習支援業」の順で開業率が高くなっている。さらには，経営経験もなく，以前も今も企業に関心のない「起業無関心層」は全体の55.2％を占め，経営経験はないが，現在起業に関心がある「起業関心層」は16.0％，直近5年以内に自分で起業し，現在も経営している「起業家」は1.9％という結果が示されている。さらに「起業家」・「起業関心層」では30歳代以下の占める割合が6割弱となっている他，起業した事業については「個人向けサービス業」の割合が19.0％と最も高く，次いで「事業所向けサービス業」の割合が12.7％となっており，起業家の約6割が自宅で事業を営む形態をとっているという回答結果が示されている。

　一方で，資料2の「2018年ベンチャーキャピタル投資動向速報」によれば，2018年度のベンチャー企業への投資金額は1年前と比較して36.9％の増加，投資件数は5.1％の増加となった。また業種別の投資対象先としては，「IT関連」が53.6％でトップ，つづいて「バイオ・医療・ヘルスケア」が18.9％と多く，それぞれ前年よりも若干ながらシェアを伸ばしている。

　こうした資料から読み取れる傾向をふまえながら，東京都行政としてイノベーション事業を進めていくうえでの取組の内容や方向性について，自身の考えを論述するとよい。

《作成のポイント》

　設問（1）についてであるが，資料の掲載資料を総合すると，イノベーションでもっとも有望なのはIT関連の「情報通信業」であり，ベンチャー経営者としては自宅でテレワークをする個人起業家の割合が多いことがわかる。そこで東京都の方針である「イノベーションの好循環を生み出す都市」を推進させるためには，公的専門機関や大学と，こうしたIT情報通信事業を営む個人起業家との協働プロジェクト事業を強化することが課題であることが結論づけられる。

　そこで設問（2）においては，この方向性での東京都ないしは自治体行政一般の具体的な取組について，先進事例などを引用しながら書き進めることになる。これに関して東京都においては，イノベーション・エコシステム形成促進支援事業「認定地域別協議会」（PR支援型）というものを立ち上げ，高度に専門化した機械加工技術をもつ中小企業が集積する品川・蒲田・羽田空港地区では再開発事業とも連携して，次世代モビリティサービスの創出を目標とする拠点づくりを，また大手企業本社の集まる八重洲・日本橋・京橋地区では，クロステック，SDGs，食，モビリティ等，分野別の知識集積の拠点化をめざしている。

　こうした取組にあてはまらない新しい事例でもよいし，また東京以外の他地域や海外での行政主導型イノベーション事業の成功事例を引用して論述してもかまわない。いずれの場合も，具体例については5W1Hを明確にし，目的や成果を含めた事業内容について記述することが必要である。

▼Ⅰ類B・論文（1時間30分，1,000字以上1,500字未満）
（1）　別添の資料から，高齢者が安心し，生きがいを持って暮らしていくために，あなたが重要であると考える課題を200字程度で簡潔に述べよ。
（2）　（1）で述べた課題に対して，都はどのような取組を進めるべきか，あなたの考えを述べよ。
　なお，解答に当たっては，（1），（2）を明記すること。

資料1　※ この部分は，著作権の関係により，掲載できません。
（出典：「東京都高齢者保健福祉計画（平成30年度～平成32年度）」（平成30年3月）より作成）
（出典：内閣府「高齢者の日常生活に関する意識調査」（平成26年）より作成）

資料2　※ この部分は，著作権の関係により，掲載できません。
（出典：「高齢社会白書（令和元年版）」（令和元年7月）より作成）

《執筆の方針》

　高齢者が安心し，生きがいを持って暮らしていくために重要であると考える課題について，また東京都としてその実現に向けてどのような取組を進めるべきかについて，自身の考えを述べる。

《課題の分析》

　資料1に引用されている「東京都高齢者保健福祉計画」においては，「地域の実情に応じて，高齢者が，可能な限り，住み慣れた地域でその有する能力に応じ自立した日常生活を営むことができるよう，在宅医療，介護サービス，介護予防，住まいの確保及び自立した日常生活への支援が包括的に確保される体制」として「地域包括ケアシステム」の必要性と導入計画が提唱されているが，その背景にあるのは，①都内における要介護・要支援と認定された高齢者数の増加（平成12年〜28年の間に要介護認定率が約2倍に増加），②認知症患者の急速な増加予測（都内の要介護（要支援）認定を受けている高齢者のうち，何らかの認知症の症状を有する人（日常生活自立度Ⅰ以上）が令和7年には約60万人に増加すると推計），③「理想の就業年齢」についての調査で，多くの高齢者の方が定年退職後も働きたいという回答結果が示されたこと（70〜75歳までが全体の6割），④高齢者に対する「希望するすまい」に関する調査で，「現在の住宅に住み続けたい」という回答割合が最も高かったこと（全体の53％）といったデータ結果である。

　同じく資料1の出典「高齢者の日常生活に関する意識調査（平成26年）」においては，たとえば高齢者を対象としたアンケートの集計結果において，日常的に外出したいという質問に対しては「外出したい」が61.3％を占めているが，外出時の障害として「道路に階段，段差，傾斜があったり，歩道が狭い」という回答が15.2％で最も高く，次いで「ベンチや椅子等休める場所が少ない」13.7％，「バスや電車等公共の交通機関が利用しにくい」13.4％，「街路灯が少ない，照明が暗い」，「トイレが少ない，使いにくい」各11.3％，「道路に違法駐車，放置自転車，荷物の放置などがある」8.0％などの順となっている。同様に日常生活に関する情報で，もっと欲しい内容については「健康づくり」が41.1％と最も高く，次いで「年金」30.3％，「医療」26.0％，「趣味，スポーツ活動，旅行，レジャー」22.6％などの順となっていたが，これらの情報について「どの情報が信頼できるかわからない」50.5％が最も高く，次いで「必要な情報が乏しい」40.5％，「情報の内容がわかりにくい」38.8％，「どこから情報を得たらよいかわからない」

33.8％,「字が小さくて読めない」32.1％などの回答が寄せられている。また資料2の出典である「高齢社会白書（令和元年版）」に掲載されている「高齢者の住宅と生活環境に関する意識」においては，住み慣れた居住地に安心して住み続けるための必要条件として「近所の人との支え合い」（55.9％）が最も多くなっている。

　こうした資料から推測可能な課題を取り上げ，「高齢者の安心といきがいのある生活」のために重要であり，都が取り組むべきと考える施策について論述していくとよい。

《作成のポイント》

　課題（1）については資料1の「東京都高齢者保健福祉計画」で示されている課題の中から選んで，理由とともに簡潔にまとめる。（2）については，（1）で記述した課題内容を受けてそれを都の立場でどのように実現するのか，具体的な取組事例を挙げる。

　たとえば先述の資料1における調査結果にもとづく課題として，要介護者や認知症患者の増加を挙げ，それらに対する取組について，地域と連携した都内の在宅介護サービス事業や高齢者向けの地域医療サービスの充実，または近所同士で助け合いができるような地域自治組織体制の拡充，といった取組に対する具体的なアイデアを列挙することが可能である。また高齢者に対して住み慣れた地域で再雇用や再就職するという課題を満たすための，東京都主導の人材あっせんサービス事業，住宅供給事業といった取組について具体的に述べることでもよいだろう。

　あるいは課題として都心部におけるバリアフリーの不備を挙げ，街灯や公共トイレの充実，コミュニティバスのサービス拡大，放置自転車や路上違法駐車の撤去といったインフラ面での改善に向けての取組を挙げることも有効である。また高齢者の健康寿命の拡大という課題に対して，行政主導の健康づくりに関する教室や啓発活動の普及に向けての取組を挙げてもよい。さらに高齢者向けの行政情報の提供ツールの充実の必要性という課題を挙げ，同じく東京都としてユニバーサルデザインを反映させる広報誌や広報サイトの開発・改善といった取組を論述することも可能である。

　以上とは別に，自身に地理的な基礎知識やノウハウがあれば，たとえば東京都内で高齢者の多い居住地域を具体的に挙げるとともに，その地域の特徴や現状を説明したうえで，地域固有の課題と必要な取組について具体的に説明するという観点から論述を展開してもよい。

令和元年度

▼Ⅰ類A・論文（1時間30分，1,000字以上1,500字未満）

(1)　別途の資料から，未来を担う人材を育成するために，あなたが重要であると考える課題を200字程度で簡潔に述べよ。

(2)　(1)で述べた課題に対して，都を含む行政は具体的にどのような取組を進めるべきか，都の現行の施策に言及した上で，あなたの考えを述べよ。

なお，解答に当たっては，解答用紙に（1）（2）を明記せよ。

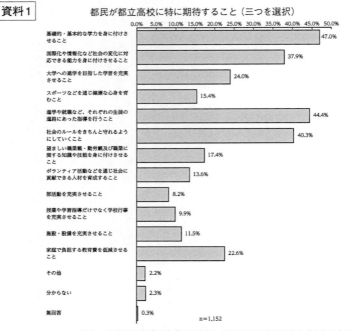

資料1　都民が都立高校に特に期待すること（三つを選択）

項目	割合
基礎的・基本的な学力を身に付けさせること	47.0%
国際化や情報化など社会の変化に対応できる能力を身に付けさせること	37.9%
大学への進学を目指した学習を充実させること	24.0%
スポーツなどを通じ健康な心身を育むこと	15.4%
進学や就職など，それぞれの生徒の進路にあった指導を行うこと	44.4%
社会のルールをきちんと守れるようにしていくこと	40.3%
望ましい職業観・勤労観及び職業に関する知識や技能を身に付けさせること	17.4%
ボランティア活動などを通じ社会に貢献できる人材を育成すること	13.6%
部活動を充実させること	8.2%
授業や学習指導だけでなく学校行事を充実させること	9.9%
施設・設備を充実させること	11.5%
家庭で負担する教育費を低減させること	22.6%
その他	2.2%
分からない	2.3%
無回答	0.3%

n＝1,152

出典：東京都教育委員会「都立高校に関する都民意識調査」（平成29年3月）より作成

資料2

都立高校生の国際感覚に関する現状

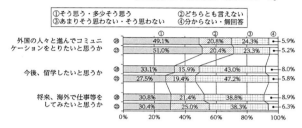

国際感覚に関する意識（前回（平成23年度）調査との比較）
【都立高校生：回答選択数…項目ごとに一つ】

①：今回（平成28年度）調査　　②：前回（平成23年度）調査

日本の伝統・文化に対する興味・関心の有無【都立高校生】

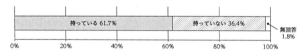

社会のグローバル化に伴い都立高校で取り組むべきこと（上位3項目）
【企業・大学等：回答選択数…一つ】

出典：東京都教育委員会「都立高校の現状把握に関する調査の結果について」（平成29年3月）より作成

資料3　※ この部分は，著作権の関係により，掲載できません。
　　　　（出典：内閣府総合科学技術・イノベーション会議ホームページ）
　　　　（出典：中央教育審議会「教育振興基本計画部会（第8期〜）（第21回）配付資料」より作成）

《執筆の方針》

　まず，未来を担う人材を育成するために，受験者が重要であると考える課題を，200字程度で簡潔に説明する。次に，都を含む行政は具体的にどのような取り組みを進めるべきか，都の現行の施策に言及した上で，説明する。答案用紙には項目立てをした上で，各設問の回答が明快になるように工夫する。

《課題の分析》

　「東京グローバル人材育成計画'20（Tokyo Global STAGE '20）」の内容を踏まえた出題と思われる。そこでは，育成すべき人材像として，社会や

世界の動きを見通し，自ら人生をたくましく切り拓く人材，日本の未来を担い，東京の発展を支え，リードする人材ということがある。その実現目標は，生徒と教員の英語力向上，国際交流機会の充実による国際感覚の充実など設定されている。一方で，すべての子どもたちが，将来，グローバル人材として未来を担うわけではない。地域社会の中で，経済活動や社会活動の担い手として自活していけるようになることも，未来を担うことに変わりはない。こうした方面でのキャリア教育の充実も，「未来を担う人材の育成」（東京都政策企画局）の中で，重視されている。

《作成のポイント》

設問の（1）と（2）に対し，確実に応答したことが採点者に分かるように，分けて書くようにしたい。（1）では，別添の資料から読みとれることの中から重要課題について述べる。例えばグローバル人材の育成，基礎学力の定着などが考えられる。（2）では，各教科の基礎学力の充実を図るために高校内の補習機会の保証やICTの活用による学力の向上など必要な取組みについて具体的に書く。「次世代リーダー育成道場」など留学支援の拡充による国際感覚の醸成で成果があったことなども併せて述べる。結論では，このような取組へのあなたの見解を述べる。

▼Ⅰ類B・論文（1時間30分，1,000字以上1,500字未満）

（1）別添の資料から，東京の成長に欠かせない中小企業の支援のために，あなたが重要であると考える課題を200字程度で簡潔に述べよ。

（2）（1）で述べた課題に対して，都はどのような取組を進めるべきか，あなたの考えを述べよ。

なお，解答に当たっては，解答用紙に（1），（2）を明記すること。

資料1	※ この部分は，著作権の関係により，掲載できません。

（出典：中小企業庁「中小企業白書　2018年版」より作成）

資料2	※ この部分は，著作権の関係により，掲載できません。

（出典：総務省「IoT時代におけるICT経済の諸課題に関する調査研究報告書（2017年3月）」より作成）

（出典：東京商工会議所「生産性向上・ICT活用状況に関するアンケート調査結果報告書（2017年3月）」より作成）

《執筆の方針》

資料を基に，東京の成長に欠かせない中小企業の支援のために自身が重要であると考える課題を簡潔にまとめたうえで，その課題に対して東京都が取り組むべき施策について，自身の考えを論述する。

《課題の分析》

　資料1の出典である「2018年版　中小企業白書」の概要では，中小企業は依然大企業との生産性格差が顕著であり，経営効率化を図るためにIT機器ないしシステムの導入が要課題であること，さらにはIT導入を行ううえでも業務プロセスの見直しが必要であること等が指摘されている。

　また資料2の出典「IoT時代におけるICT経済の諸課題に関する調査研究報告書」（総務省）によれば，IT関連システムを導入予定の企業へのアンケート調査では，大企業の6割が導入または導入予定と回答しているのに対し，中小企業では5割以上が「導入予定なし」と回答する結果が示される等，格差が依然大きいこと，回答理由としては「利用場面が不明」「資金不足」「効果に疑問」「人材不足」といったものが多く示されている。

　同じく資料の出典である「生産性向上・ICT活用状況に関するアンケート調査結果」（東京商工会議所）によれば，IoT，AI，ロボットなどのIT活用状況・利用意向について，「活用すべき分野がない」「導入する予定はない」とした企業は7割〜9割近くにのぼっており，中小企業にとって自社へのIT導入の有効性がまだ判断できない状況にある，と述べられている。

　東京都では，2019年1月「東京都中小企業振興ビジョン〜未来の東京を創るV戦略〜」が策定され，企業における①持続可能な経営，②イノベーション創出，③起業の増進，④テレワークの導入といった割合を大幅に増やすことが目標として掲げられており，とりわけ「中小企業の成長戦略の推進」戦略においては，最先端のロボット等に関する技術開発へのサポート，革新的な製品やサービスを創出するための支援が掲げられている。実際に東京都では2019年より「生産性向上のためのICTツール導入助成事業」が実施されており，300万円を上限とした企業のIT関連システム導入経費に対する費用助成が開始されたところである。

　そこで論述では，以上の調査・アンケート結果や，最近の東京都の中小企業支援策の動向を踏まえつつ，中小企業におけるICT導入支援策を中心に書き進めるとよい。

《作成のポイント》

　設問（1）では，東京都がロボットやAIなどの製造拠点としての特色を持っていることを踏まえ，中小企業の生産性，生産効率性向上のためのICT機器の導入の支援が，東京の成長戦略として有意義かつ重要課題であることを簡潔にまとめればよい。

　設問（2）では，（1）を実現させるための具体的支援策として，東京都では中小企業のICT導入への助成金制度を含め，技術開発支援や知識＆ノウハウ，情報提供の強化が示されている。ただ論述では，一般的な総論に内容を終始してしまっては限界があるので，中小企業の業種・製品やサービス，業務現場（工場・オフィスなど）を特定したうえで，その業務場面に導入可能なICT機器やシステムと，それが導入されることによる生産性向上につながるメリット等を具体的に示すことが，説得力ある論述の要件となる。

　たとえば宿泊業において，宿泊予約サイトへの管理情報を一元化するシステムを導入したことで情報更新作業の大幅な時間短縮が実現できた事例，建設業で経営管理システムを導入し，原価や予算実績業務の見える化を実現させたことで，情報集計時間を大幅に短縮できた事例，食品業でRPAシステムを導入し，複数の販売先の売上管理をツールに置き換え，自動化を達成できた事例など，さまざまなICT導入に関する成功事例が資料としてオンライン上にも紹介されている。そこで，こうした成功事例に関連づけけられるような自治体行政の立場からの中小企業支援策を提案するという趣旨で書き進めるとよい。

平成30年度

▼ I 類A・論文（1時間30分，1,000字以上1,500字未満）

（1）　別添の資料から，東京を世界に開かれた国際・観光都市にするために，あなたが重要であると考える課題を200字程度で簡潔に述べよ。

（2）　（1）で述べた課題に対して，都を含む行政は具体的にどのような取組を進めるべきか，都の現行の施策に言及した上で，あなたの考えを述べよ。

　　なお，解答に当たっては，解答用紙に（1），（2）を明記すること。

資料1

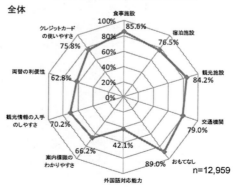

訪都外国人旅行者の項目別満足度

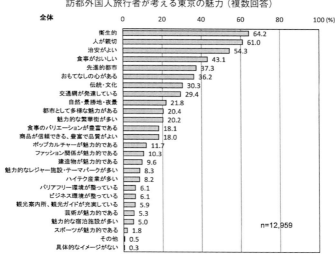

訪都外国人旅行者が考える東京の魅力（複数回答）

出典：東京都「平成28年度　国別外国人旅行者行動特性調査報告書」より作成

資料2 ※ この部分は，著作権の関係により，掲載できません。
「世界各都市における国際会議の開催件数の推移」
（出典：日本政府観光局（JNTO）「国際会議統計」）

資料3 ※ この部分は，著作権の関係により，掲載できません。
（出典：平成30年1月17日　産経新聞）

《執筆の方針》

　まず，（1）に答えて，別添の資料から，東京を世界に開かれた国際・観光都市にするために重要であると考える課題を述べる。その課題解決策が（2）で求められることから，それを見通して簡潔に述べる。次に，（2）に答えてその課題を解決に結びつく東京都の施策を指摘したうえで，自身の考えを述べる。

《課題の分析》

　日本政府観光局の統計によると，2018年の訪日外国人旅行者数は2,000万人を大きく超え，消費額とともに過去最高を更新した。これを受けて政府は，従来の計画を前倒しにして，2020年の訪日外国人旅行者数を4,000万人とする目標を掲げている。東京にそうした外国人観光客を呼び込み，国際・観光都市にしていくことは，東京都の社会・経済の活性化につながる。そのためにも，オリンピック・パラリンピックを契機に日本を訪れること

が想定される多くの外国人が，再度東京を訪れたいと思える世界に開かれた国際・観光都市にすることが重要である。

《作成のポイント》

（1）の東京を世界に開かれた国際・観光都市にするための課題としては，外国人に魅力ある観光ルートの開発，宿泊施設の拡充，外国語による案内，外国人に対する都民の対応などが課題となるだろう。

次に，東京に外国人旅行者を呼び込む方策について論じることになるが，日本らしさを体験できる企画の実施，日本を感じることのできる観光ルートの開発といった面とともに，外国人観光客が安心して日本を楽しむことのできる方策などが，そのポイントとなる。東京都の施策の中で，それらに結びつくものを指摘したうえで，既に観光地になっているところだけでなく，これまで目の向けられていなかったものにスポットを当て，具体的にどのような観光ルートや体験プランを開発していったらよいのかを論じたい。更に，そうした外国人観光客が安心して日本を楽しめるような施設や設備，ボランティア活動などについてもふれ，国際・観光都市東京にするためのポイントを整理して述べる。

▼Ⅰ類B・論文（1時間30分，1,000字以上1,500字未満）

（1）　別添の資料から，東京2020オリンピック・パラリンピック競技大会の成功に向けて，ボランティア活動への参加を促進するために，あなたが重要であると考える課題を200字程度で簡潔に述べよ。

（2）　（1）で述べた課題に対して，都はどのような取組を進めるべきか，あなたの考えを述べよ。

　　なお，解答に当たっては，解答用紙に（1），（2）を明記すること。

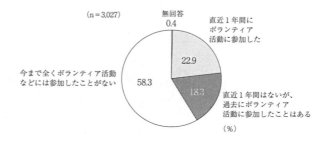

| 資料1 | ボランティア活動の参加経験 |

直近1年間にボランティア活動に参加したかを聞いた。

（n＝3,027）

- 無回答 0.4
- 直近1年間にボランティア活動に参加した 22.9
- 直近1年間はないが、過去にボランティア活動に参加したことはある 18.3
- 今まで全くボランティア活動などには参加したことがない 58.3

（％）

ボランティア活動の参加に必要なこと

　ボランティア活動などに参加したことがない人（1,766人）に、ボランティア活動に参加するために必要なことを聞いた。

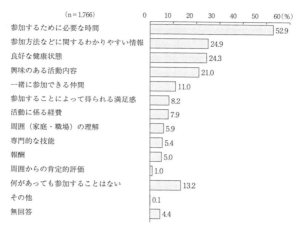

(n＝1,766)

項目	%
参加するために必要な時間	52.9
参加方法などに関するわかりやすい情報	24.9
良好な健康状態	24.3
興味のある活動内容	21.0
一緒に参加できる仲間	11.0
参加することによって得られる満足感	8.2
活動に係る経費	7.9
周囲（家庭・職場）の理解	5.9
専門的な技能	5.4
報酬	5.0
周囲からの肯定的評価	1.0
何があっても参加することはない	13.2
その他	0.1
無回答	4.4

出典：東京都生活文化局「都民等のボランティア活動等に関する実態調査」（平成29年3月）より作成

資料2 　※ この部分は，著作権の関係により，掲載できません。

（出典：平成29年7月24日　日本経済新聞朝刊より抜粋）

《執筆の方針》

　資料を基に，東京2020オリンピック・パラリンピック競技大会の成功に向けて，ボランティア活動への参加を促進するために重要であると考える課題を述べ，そのための東京都が進めるべき取組について，自身の考えを述べる。

《課題の分析》

　資料1からわかることは，ボランティア活動に全く参加した経験がない人の割合が6割近くを占めていること，さらにその理由として時間がない，わかりやすい情報が見つけにくい，興味のある活動内容が少ないといった項目が想定できることである。

　そこで設問（1）のボランティア活動への参加促進を進めるにあたっての課題としては，多くの時間を要しなくとも可能な活動内容で，かつ人々の興味をそそるような内容を増やしアピールすること，さらに誰でも目に留まる，わかりやすい内容の情報提供ツールを活用すること，などが想定できる。

　東京2020オリンピック・パラリンピック開催にあたって東京都が主催で運営するボランティアは，空港，都内主要駅，観光地，競技会場の最寄駅周辺及びライブサイトにおける観光・交通案内などを担当する「シティキャスト（都市ボランティア）」が該当する。そこで設問（2）については，これらのボランティア活動への参加促進を進めるために，たとえば参加者個人が得意とする業務，たとえば自身の居住・活動地域やよく訪れる（駅や会場周辺などの）スポットにおける案内役を優先的に担当してもらう，あるいは参加者個人が得意とする分野での予備知識が役立つ（空港や観光地などの）スポットでの案内を優先的に担当してもらうことを条件に募集するといったアイデアが提示可能である。また時間的配分についても，担当する時間帯を1時間単位で細かく区分し，参加者個人がもっとも参加しやすい希望時間帯を優先的に選択できるようにするシステムが検討できる。またボランティアが担当する「観光・交通案内」業務の具体的内容については，観光名所のある駅前に設置されている観光案内所業務のようなイメージになるが，それらの具体的な業務内容をわかりやすく，イラストや図解を駆使して冊子やホームページ上で公開するなどの工夫も効果的といえるだろう。

《作成のポイント》

　設問（1）については，資料分析の結果を基に，ボランティア活動への参加を促進するために重要であると考える課題について，ポイントを明示しながら簡潔にまとめる。

　設問（2）については，設問（1）でまとめたポイントに対応する，東京都が進めるべき取組について，具体例を挙げて自身の考えを述べる。その際，他の既成のイベントや観光案内関連業務で実際に成功したボランティア活動の事例や，自身が実際にこれまでに参加したボランティア体験などを関連付けて述べられるのであれば，引用してもかまわない。

　さらにはボランティア活動の魅力をアピールする創意工夫として，ボランティア専用の制服や帽子，カバンなどのファッションデザインの工夫について具体案を提示したり，ボランティアが携行し，観光客に配布するガイドマップのデザインや内容に関して自身の創意工夫のアイデアを披歴するといった論述も有効だろう。

平成29年度

▼Ⅰ類Ａ・論文（1時間30分，1,000字以上1,500字未満）

（1）　別添の資料から，東京において障害者スポーツへの理解や障害者ス

ポーツの普及を促進するために，あなたが重要であると考える課題を
200字程度で簡潔に述べよ。

(2) (1)で述べた課題に対して，都を含む行政は具体的にどのような取組を
進めるべきか，都の現行の施策に言及した上で，あなたの考えを述べよ。

なお，解答に当たっては，解答用紙に(1)，(2)を明記すること。

| 資料1 | ※ この部分は，著作権の関係により，掲載できません。 |

「平成29年1月25日　朝日新聞朝刊より作成」略

| 資料2 | ※ この部分は，著作権の関係により，掲載できません。 |

「東京都生活文化局『都民のスポーツ活動・パラリンピックに関する世論調査』
（平成28年9月調査）より抜粋」略

| 資料3 | ※ この部分は，著作権の関係により，掲載できません。 |

「スポーツ庁（著作権者），公益財団法人笹川スポーツ財団（発行元）『地域に
おける障害者スポーツ普及促進事業（障害者のスポーツ参加促進に関する調査
研究）』報告書（平成27年7月調査）より作成」略

《執筆の方針・課題の分析》

　まず，別添の資料から，障害者スポーツへの理解や普及促進のために重
要であると考える課題を述べる。同調査によれば，障害者スポーツに関心
がある人は58％（前年比13％増），障害者スポーツを見た人は71％（平成
26年比で20％増），2020年パラリンピックのシンボルマーク認知度は32％
（前年比14％増）などとなっており，増加傾向にはあるものの，まだ認識が
高いとは言い難い現状にある。都民の意識を高めると同時に，ボランティ
アなど，障害者スポーツを支える活動に対する関心と意欲が高まるように
努力する必要がある。

　実施種目の多様性，支援の在り方などを理解し，国際的な視野にも立っ
て，障害者スポーツに対する理解を深めることが大切である。資料から得
られた課題について，都の取組に触れながら，自身のアイデアを含めて障
害者スポーツの普及促進のための方策を述べる。

《作成のポイント》

　1,000字以上1,500字程度とあるが，なるべく制限字数一杯まで，自身の
認識や考え方をアピールしたいところである。

　全体を(1)(2)でまとめる。(1)では，資料を基に重要であると考える
課題を200字程度で簡潔に述べる。調査から見える傾向と問題点について，
例えば一般の認識の低さやパラリンピック実施に向けた不安要素などにつ

いて述べるとよい。(2) では，その課題を改善するために都政が取り組んでいる点について認識を示す。PR活動とその成果などについて述べることになろう。また，段落を改めて，自身の考える改善策として，障害者スポーツがより普及し促進される方策，2020年パラリンピックが一層盛り上がる方向でのアイデアについて述べ，最後に採用後の自身の決意で結ぶ。現行の施策について認識を示した後は，自身の考える方策を①②など，見出しを付けるなどして構成するとよい。

▼Ⅰ類B・論文（1時間30分，1,000字以上1,500字未満）

(1)　別添の資料から，東京を環境先進都市とするために，あなたが重要であると考える課題を200字程度で簡潔に述べよ。

(2)　(1) で述べた課題に対して，都はどのような取組を進めるべきか，あなたの考えを述べよ。

　　なお，解答に当たっては，解答用紙に (1)，(2) を明記すること

| 資料1 | ※ この部分は，著作権の関係により，掲載できません。|

「環境省「環境白書／循環型社会白書／生物多様性白書（平成28年版）」より抜粋」略

| 資料2 | ※ この部分は，著作権の関係により，掲載できません。|

「平成26年2月26日経産業新聞より作成」略

《執筆の方針・課題の分析》

　まず，別添の資料に基づく環境問題についての理解の下に，循環型社会，持続可能な社会に向けた重要課題を述べる。続いて，その課題を解決する方策について考えを述べる。

　具体的には「地域循環共生圏の創出による持続可能な地域づくり」をテーマとして，地域資源の持続的な活用，ライフスタイルの転換，脱炭素社会に向けた取組，シェアリング・エコノミー（モノは所有から共有へ），食品ロスの削減，ペーパーレス化など，具体的な課題を挙げて，その意義と取組内容について論述する。「生物多様性」に関しては，その保全，野生生物の適切な保護管理と外来種対策の強化という視点が必要となる。災害廃棄物の処理なども含め，全体としては，循環型社会の形成を主旨とした展開が求められる。

　課題意識と共に，課題解決に向けたアイデアと問題解決力が問われている。

《作成のポイント》

　全体を (1)(2) で構成し，(2) については，取組方策ごとに改行して段

落とする。

　(1)では，資料を基に重要であると考える課題を200字程度で簡潔に述べる。上記分析を基に，最重要課題と思われるものを1つ挙げて，その重要性を説明する。(2)では，その課題を解決するために，都はどのような取組を進めるべきかについて述べる。東京都の環境局のHPに「廃棄物と資源循環」に関する内容もあるが，一般廃棄物対策，リサイクル，持続可能な資源利用に向けたモデル事業などについても目を通しておきたい。環境問題は「環境教育」の観点から，児童・生徒に対する「生き方の教育」，都民への啓発という面で重要な要素を含んでおり，次世代の人づくり，生活づくりという面においても取り組む必要がある。自身の考える方策を，①…②…と見出しを付けるなどして，構成するとよい。制限字数一杯まで，自身の認識や考え方をアピールしよう。

平成28年度

▼Ⅰ類A・論文（1時間30分，1,000字以上1,500字未満）

(1)　別添の資料から，東京都を福祉先進都市とするために，あなたが重要だと考える課題を200字程度で簡潔に述べよ。

(2)　(1)で述べたことに対して，都は具体的にどのような取組を進めるべきか，都が実施している施策に言及した上で，あなたの考えを述べよ。
　　　なお，解答に当たっては，解答用紙に(1)，(2)を明記すること。

資料1	※ この部分は，著作権の関係により，掲載できません。
	（出典：平成27年9月30日　産経新聞より抜粋）

資料2	※ この部分は，著作権の関係により，掲載できません。
	（出典：内閣府「平成27年度　高齢社会白書」より作成）

資料3	※ この部分は，著作権の関係により，掲載できません。
	（出典：内閣府「平成27年度　高齢社会白書」より作成）

資料4	※ この部分は，著作権の関係により，掲載できません。
	（資料）「東京消防庁統計書」（各年10月東京消防庁）より作成
	（出典：東京都長期ビジョンより抜粋）

資料5	※ この部分は，著作権の関係により，掲載できません。
	（出典：平成28年1月16日　毎日新聞朝刊より抜粋）

《執筆の方針》

　(1)は5つの資料から，東京都を福祉先進都市とするために重要だと考える課題を200字程度で簡潔に述べる。(2)は(1)で述べたことにつき，都は

具体的にどのような取組を進めるべきか，都が実施している施策に言及した上で，受験者の考えを述べる。

《課題の分析》

　福祉の領域からの出題であり，専門性の設問と言えよう。高齢者の尊厳の保持と自立生活の支援の目的のもとで，可能な限り住み慣れた地域で生活を継続することができるような包括的な支援・サービス提供体制の構築を目指す「地域包括ケアシステム」に関する出題である。また，福祉サービスの費用負担による区分に関する知識も問うている。すなわち，以下の４つがある。「公助：税による公の負担」，「共助：介護保険などリスクを共有する仲間（被保険者）の負担」，「自助：自分のことを自分ですることに加え，市場サービスの購入も含む」，「互助：相互に支え合っているという意味で「共助」と共通点があるが，費用負担が制度的に裏付けられていない自発的なもの」。2025年までは，東京都内では，高齢者のひとり暮らしや高齢者のみの世帯がより一層増加するという見通しがある。このため，福祉財源が限られる中で，「自助」「互助」の考え方を都民に広げ，そして，「自助」「互助」の求められる範囲と役割を新しい形にして，整備することが求められている。

《作成のポイント》

　（1）は，東京23区内や市部などの都市においては，強い「互助」を期待することが難しい一方，民間サービス市場が大きく「自助」によるサービス購入を促す必要があることを述べてみよう。また，島しょ部や山間部では，民間サービスが限定的であるために，「互助」の役割が大きいことを述べる。全体として，少子高齢化や財政状況から，「共助」「公助」の大幅な拡充を期待することは難しく，「自助」「互助」の果たす役割が大きくなることを意識した取組が必要であることを述べたい。（2）は，「介護」，「医療」，「予防」という専門的なサービスと，その前提としての「住まい」と「生活支援・福祉サービス」が相互に関係し，連携しながら在宅の生活を支えていることを押さえたい。その上で，病院や高齢者施設に依存するのではなく，地域の中での支援活動の事例を挙げてみよう。一例として，23区を中心に行われている，見守りを推進し孤立を防ぐ取組や，高齢者サロンの設置や買い物の支援，さらには集合住宅における高齢者見守り体制の構築などを挙げてみよう。その上で，今後，東京都はこうした取組をどのように推進するのかを説明する。東京のような都市部では，ボランティアや住民活動である「互助」を期待することが難しいとされてきたが，様々な地域での都民

の活動＝NPO法人や任意団体の支援活動が活発化して広がり始め，独創的な活動も展開されるようになっている。今後は，このような動きを更に広げ，東京においても新しい「互助」の役割を拡大するための財政支援，人材支援の必要性などを挙げてみよう。

▼Ⅰ類B・論文（1時間30分，1,000字以上1,500字未満）

(1)　別添の資料を参考に，東京において，誰もが安心して快適に利用できる交通を実現していくために，あなたが重要と考える課題を200字程度で簡潔に述べよ。

(2)　(1)で述べた課題に対して，都はどのような取組を進めるべきか，あなたの考えを述べよ。

　　なお，解答に当たっては，解答用紙に(1)，(2)を明記すること。

資料1　　今後10年間の道路整備の方向性

Q4　東京都と特別区及び26市2町では，都市計画道路を計画的，効率的に整備するため，今後10年間で優先的に整備すべき路線を選定していく予定です。あなたが今後10年間の整備の方向性として，どうあるべきだと思うものを次の中から3つまで選んでください。

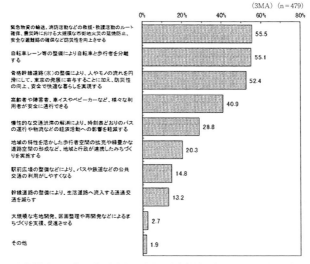

※骨格幹線道路…都内や隣接県を広域的に連絡し，高速自動車国道をはじめとする主要な道路を結ぶ，枢要な交通機能を担う幹線道路

その他の主な意見
・歴史と情緒あふれる道路が欲しい。

東京都生活文化局　平成27年度第3回インターネット都政モニターアンケート「東京における都市計画道路の整備」より作成

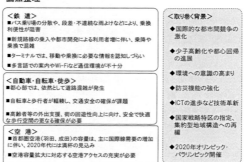

資料2　論点整理

<鉄　道>
■バス乗り場の分散や、段差・不連続な雨よけなどにより、乗換利便性が阻害
■新規路線の乗入や都市開発による利用者増に伴い、乗降や乗換で混雑
■ターミナルでは、移動や乗換に必要な情報を認知しづらい
■多言語での案内やWi-Fiなど通信環境が不十分

<自動車・自転車・徒歩>
■都心部では、依然として道路混雑が発生
■自転車と歩行者が輻輳し、交通安全の確保が課題
■高齢者等の外出支援、街の回遊性向上に向け、安全で快適な歩行空間の更なる確保が必要

<空　港>
■首都圏空港（羽田、成田）の容量は、主に国際線需要の増加に伴い、2020年代には満杯の見込み
■空港容量拡大に対応する空港アクセスの充実が必要

<取り巻く背景>
◆国際的な都市間競争の激化
◆少子高齢化や都心回帰の進展
◆環境への意識の高まり
◆防災機能の強化
◆ICTの進歩など技術革新
◆国家戦略特区の指定、集約型地域構造への再編
◆2020年オリンピック・パラリンピック開催

東京都都市整備局　平成26年8月26日　第2回東京の総合的な交通政策のあり方検討会資料「東京の交通が目指すべき将来像と政策目標について」より作成

《執筆の方針》

　（1）は，別添の資料を参考に，東京において，誰もが安心して快適に利用できる交通を実現していくために重要だと考える課題を200字程度で簡潔に述べる。（2）は（1）で述べた課題に対して，都はどのような取組を進めるべきか，受験者の考えを述べる。

《課題の分析》

　2020年のオリンピック・パラリンピック大会開催時の東京の姿，および大会終了後＝10年後の東京の姿についての考察を，交通論の視点から論述することを求められた設問である。都市の将来像を，公共交通，道路交通の複数の視点から論じていくという，地方上級試験としては難易度が高い部類に入る。とはいえ，与えられた資料を活用すれば，次のような内容について論じていくことは十分可能である。すなわち，誰もが安心して快適に利用できる交通とは，以下のようなものである。①鉄道やバスなどのバリアフリー化やスムーズな乗換により，誰もが安心して快適に利用できる交通体系の実現，②公共交通の利用促進や自転車の活用，歩行者に配慮した都市空間の創出等により，成熟した都市の魅力や生活の豊かさを実感でき，環境に配慮した交通体系の実現，③空港や臨海部へのアクセスや案内表示が改善され，外国人旅行者も快適に移動できる環境が整っている，④東京の持続可能な発展を支える，人や環境にやさしい交通体系を実現することにより，東京が快適で利便性の高い都市となっている。①～③は2020年までの，④は2020年以降の課題である。

《作成のポイント》

　(1)は，現状の問題点と将来像の乖離を指摘したい。鉄道のターミナル駅交通結節点での複雑な乗換や混雑が，訪日外国人のみならず，地方からの上京者にとって不自由であること，都内の道路は高齢者や子育て世代，障害者を含む全ての人が安心して安全に活動できる公共空間としては不十分であることなどを述べる。その上で，2020年のオリンピック・パラリンピック大会開催や国家戦略特区の指定をきっかけに，世界中から人，企業，モノ，カネを呼び込み，ビジネスや観光を更に発展させながら，国内外の都市間競争に勝っていく必要性を述べよう。(2)は(1)で述べたことに対する具体策を説明する。まず，交通結節点での複雑な乗換や混雑への対策は，駅前広場の整備や駅の再開発と合わせてバスやタクシー乗り場を集約・再編して，鉄道との乗換動線の改善やバス停留所への上屋設置，分かりやすい案内表示の充実などを一体的に進め，利用しやすい乗換環境を整えることなどを挙げてみよう。基幹交通である鉄道とバスなどの地域交通との乗換をしやすくし，徒歩や公共交通の利用による駅を中心とした暮らしやすいまちづくりを促進することに触れてもよい。安心して安全に活動できる公共空間の実現については，まず，防災対策とセットでなされる，無電柱化された幅の広い歩道整備について述べよう。合わせて，自転車の乗り入れの多い駅周辺における安全利用や放置削減に向けた啓発活動の充実などにより，利用者のルールやマナーを向上させ，自転車の安全で適正な利用を促進することなどを述べる。以上の点を押さえながら，2020年以降も，継続的に世界中から人，企業，モノ，カネを呼び込み，ビジネスや観光を更に発展させるために，国内外との活発な交流を支える交通ネットワークの充実を訴える。

平成27年度

▼Ⅰ類A・論文

(1) 別添の資料から，成熟都市としての更なる質的発展を成し遂げ，東京を世界一の都市として飛躍させるために，あなたが重要だと考える課題を200字程度で簡潔に述べよ。

(2) (1)で述べたことに対して，都は具体的にどのような取組みを進めるべきか，あなたの考えを述べよ。なお，解答に当たっては，解答用紙に(1)，(2)を明記すること。

資料1

出典：平成26年10月10日　日本経済新聞朝刊より抜粋

資料2

国際拠点の立地状況（製造業・非製造業）

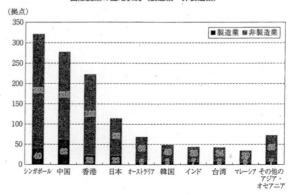

注　数値は日本に進出している企業で，外国投資家が株式又は持分の3分の1超となる企業を対象に，アジア・オセアニア地域統括拠点を設置している国・地域をアンケートにより調査（平成25年3月末時点・複数回答可）の結果。

出典：経済産業省「平成25年外資系企業動向調査」より作成

294

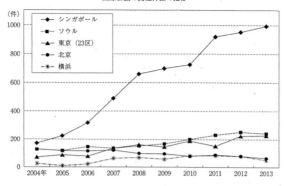

国際会議の開催件数の推移

注　ＵＩＡ国際会議統計選定基準による。

出典：JNTO（日本政府観光局）「2013年国際会議統計」より作成

《執筆の方針》

　三つの資料の内容を踏まえて，成熟都市としての更なる質的発展を成し遂げ，東京を世界一の都市として飛躍させるための課題を設定し，簡潔に述べる。その課題の解決のための取組みを具体的に説明する。

《課題の分析》

　本題は，東京が経済上の質的発展を成し遂げて，世界一の都市として飛躍させるための課題設定を求められている。資料１から，世界の都市力における東京の順位は４位に留まるのは，国際空港と経済活動拠点を結ぶ交通手段の整備が不十分であることがわかる。資料２は産業上の国際拠点の立地において，シンガポールなどに後れを取っていることを示している。資料３は，国際会議の開催件数で，シンガポールの伸びが顕著であるのに比べ，東京のそれは鈍いことを指す。以上，３つの資料を網羅的に把握した上で，一例として以下のような問題点を抽出すると良いであろう。経済活動の質の向上を課題とする上で，東京の利便性を，上位の都市に劣らないようにアピールすることと見るのが妥当である。

《作成のポイント》

　（1）は，３つの資料を相互に関連させる。産業の国際拠点数，国際会議の開催数で後れを取っているのは，空港や都心部と各拠点を結ぶ交通手段の整備が不十分であることによる不便さのためである。よって，交通手段の利便性の向上を課題とするという趣旨にする。（2）では，交通手段の利便性のための対応策を1200字程度で論じる。項目立てをしながら，必要な具体的対策を２

295

～3つ程度，提示しよう。東京都は，経済活動の拠点を，「都心」，「副都心」，「臨海部の新拠点」，隣県にまたがる「多摩地域」のエリアに分けている。各拠点の利便性を高めるには，羽田・成田の両国際空港とのアクセス整備，多摩にある横田基地の軍民共用空港化，東京を南北に結ぶ主要幹線道路の整備といったハード面の対策の必要が言われている。また，移動手段としての鉄道・バスの料金体系の違いがもたらす，利用者への大きな負担をどうなくすのかといったソフト面の対策も必要だ。こういった対策に触れることが必要だろう。

▼Ⅰ類B・論文

(1)　別添の資料から，将来にわたる東京の持続的な発展を実現するために，あなたが重要であると考える課題を200字程度で簡潔に述べよ。

(2)　で述べたことに対して，行政は具体的にどのような取組みを進めるべきか，あなたの考えを述べよ。なお，解答に当たっては，解答用紙に(1)，(2)を明記すること。

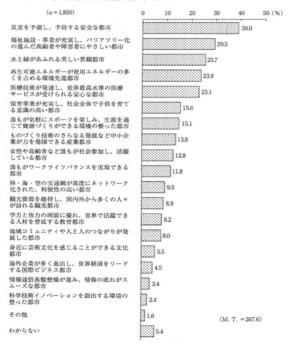

資料1

Q15 2020年東京オリンピック・パラリンピック競技大会後も持続的な発展を遂げた東京の将来像として，あなたが「こうなっていてほしい」と考える姿はどのようなものですか。この中からあなたのイメージに近いものを3つまでお選びください。（3M. A.）

(n＝1,850)

項目	(%)
災害を予測し、予防する安全な都市	39.0
福祉施設・事業が充実し、バリアフリー化の進んだ高齢者や障害者にやさしい都市	29.5
水と緑があふれる美しい景観都市	25.7
再生可能エネルギーが使用エネルギーの多くを占める環境先進都市	23.9
医療技術が発達し、世界最高水準の医療サービスが受けられる安心な都市	23.1
保育事業が充実し、社会全体で子供を育てる意識の高い都市	15.6
誰もが気軽にスポーツを楽しみ、生涯を通じて健康づくりができる環境の整った都市	15.1
ものづくり技術のさらなる発展など中小企業が力を発揮できる産業都市	13.8
女性や高齢者など誰もが社会参加し、活躍している都市	12.8
誰もがワークライフバランスを実現できる都市	11.8
陸・海・空の交通網が高度にネットワーク化された、利便性の高い都市	9.5
観光資源を維持し、国内外から多くの人々が訪れる観光都市	8.9
学力と体力の両面に優れ、世界で活躍できる人材を育成する教育都市	8.2
地域コミュニティや人と人のつながりが発展した都市	8.0
身近に芸術文化を感じることができる文化都市	5.5
海外企業が多く進出し、世界経済をリードする国際ビジネス都市	4.5
情報通信基盤整備が進み、情報の流れがスムーズな都市	3.4
科学技術イノベーションを創出する環境の整った都市	2.4
その他	1.6
わからない	5.4

〈M. T. ＝267.6〉

出典：東京都「都民生活に関する世論調査」より抜粋

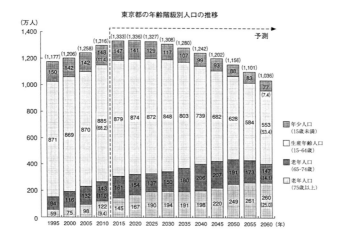

資料2

東京都の年齢階級別人口の推移

（資料）「東京都男女年齢（5歳階級）別人口の予測」（平成25年3月）（総務局）、「国勢調査」（総務省）等
より作成

（備考）1．2015年以降は政策企画局による推計
2．内訳の（ ）内の数字は人口に占める割合（2010年の割合は、年齢不詳を除いて算出）
3．四捨五入や、実績値には年齢不詳を含むことにより、内訳の合計が総数と一致しない場合がある

出典：東京都「東京都長期ビジョン」より抜粋

《執筆の方針》

　2つの資料を関連させながら，将来にわたる東京の持続的な発展を実現す
るために，受験者が重要と考える課題は何か。課題を簡潔に記述し，解決
策を具体的に述べる。

《課題の分析》

　いきなり資料1の上位項目を見て課題設定を目指すと，統一性がなくなっ
てしまう。まずは，2つの資料を関連付けて説明しやすくするため，両資料
を概観する方が得策な出題である。資料2は，人口推移のグラフであり，
2020年頃をピークにして，東京都の人口が減少に転じることを示している。
ここで出てきた，人口減少というキーワードにより，資料1の中で注目す
る項目を絞り込む。真っ先に浮かびやすいのが少子高齢化社会，子育て，
女性や高齢者の社会参加，地域コミュニティの維持といった視点であろう。
資料1を踏まえれば，本格的な人口減少の局面で，高齢者や障害者にやさ
しい都市づくり，コミュニティ維持と子育て意識の育成，女性や高齢者の
活用への対策が，重要な政策であるということが見えてくる。このように
考えながら課題設定をしていくと，一例として，人口減少局面における労
働力とコミュニティの維持，とすることができる。

《作成のポイント》

(1) は2つの資料を相互に関連させる。そのためには，単に収入や職業への不安というよりも，若い世代の生き方への考えに注目すべきであろう。この例では，一案として，よりよい人生設計のために必要なこと，あるいはライフ・ワーク・バランス向上を課題とし，200字程度でまとめる。(2) では，ライフ・ワーク・バランスの向上策を1200字程度で論じる。項目立てをしながら，必要な具体的対策を2〜3つ程度，提示しよう。東京都には，官庁や大企業の本社機能をはじめ，中小・零細企業の事業所が集積する。そういう場において，男女共同参画を推進したり（女性の職域拡大のモデルケースづくり，保育所充実のための市区町村のコーディネートなど），男性の子育てへの積極参加を後押しする教育機会づくりを説明する。また，東京都は，収入源や働き方に多様性があり，女性や若者への起業支援を積極的に勧めている。収入は多少減っても，時間的ゆとりの欲しい人にとっては，有効なキャリア設計になっている点に触れても良い。

平成26年度

▼Ⅰ類A・論文

(1) 別添の資料から，これからの社会を担う若い世代が将来に希望を持ち，社会で活躍できる都市を実現していくために，あなたが重要だと考える課題を200字程度で簡潔に述べよ。

(2) (1) で述べたことに対して，行政は具体的にどのような取組みを進めるべきか，あなたの考えを述べよ。なお，解答に当たっては，解答用紙に (1)，(2) を明記すること。

資料1	若者の意識調査

■現代の若者は厳しい時代を生きているが，その大半が現状を悲観しているというわけではなく，現在の生活には満足している者が多い。
○一方で，日本の未来に関しては，財政や社会保障，経済，雇用などに対する不安を理由として悲観的な見方が強い。しかし，日本の未来に自分も何かしら貢献したいと考える若者が多い。

現状に満足する若者

現在への生活の満足度（全体）

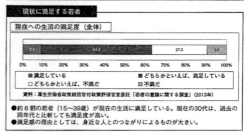

資料：厚生労働省政策統括官付政策評価官室委託「若者の意識に関する調査」（2013年）

●約6割の若者（15〜39歳）が現在の生活に満足している。現在の30代は，過去の同年代と比較しても満足度が高い。
●満足感の理由としては，身近な人とのつながりによるものが大きい。

未来に不安を感じる若者

日本の未来は明るいか（全体）

資料：厚生労働省政策統括官付政策評価官室委託「若者の意識に関する調査」（2013年）

●日本の未来に対して，半数近くが不安を感じている。
●不安の理由としては，厳しい財政状況や社会保障の負担増，少子化等による経済停滞と，厳しい雇用情勢。

出典：厚生労働省「平成25年版厚生労働白書」より作成

資料2

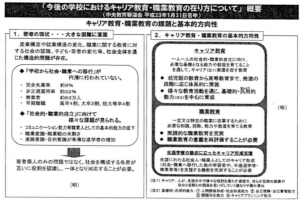

出典：平成23年1月　中央教育審議会
「今後の学校におけるキャリア教育・職業教育の在り方について（答申）」より抜粋

資料3

子育てをしやすくするために必要なもの

〔複数回答〕　　　　　　　　　　　　　　　　　　　　　　（n=7827）

項目	割合（％）
仕事の時間を短縮したり，ずらしたりする制度	30.9
育児休業制度の普及	15.1
子育てに理解のある職場環境の整備	44.9
児童手当など経済的な手当の充実	42.8
職場内保育施設の整備	14.1
出産・育児のために退職した人が復帰できる制度の充実	15.1
子供が病気やけがをしたときに休暇を取れる制度の充実	29.2
夜間・休日を問わず，子供を預けられる保育サービスの整備	18.5
小学生の子供を預けられるサービスの整備	12.7
求職中に子供を預けられるサービスの整備	5.7
出産や子育てに関する情報提供や相談の場の整備	2.7
子育て家庭の住宅環境の整備	7.8
男女が共に子育てに携わる意識啓発	11.9
子供の遊び場環境の整備	12.0
その他	5.6
特にない	2.0
無回答	1.3

出典：平成25年10月　東京都福祉保健局「平成24年度東京都福祉保健基礎調査」より作成

《執筆の方針》

　3つの資料を関連させながら，これからの社会を担う若い世代が将来に希望を持ち，社会で活躍できる都市を実現していくための課題は何か。課題を簡潔に記述し，解決策を具体的に述べる。

《課題の分析》

　資料1は，総じて現在の生活には満足している反面，未来への不安が大きいという傾向を示す。また，現状に不満が強くなく，未来の日本に対し

て貢献をしたいという考えもある。資料2は，若者が学校から社会的・職業的な自立を円滑に果たしていないのは，若者個人の問題ではなく，社会的な問題として把握すべきだという。そのためには，キャリア教育・職業教育が必要であると言われている。資料3は，働く上で，子育てのための環境や時間確保の必要性を感じる人の割合が，3割以上に達していることが示されている。以上の3つの資料を通底する課題と言えるのは，仕事や収入の不安ではなく，子育ても含めた充実した人生設計，ライフ・ワーク・バランスの実現であろう。本題は，東京都がライフ・ワーク・バランスを実現しやすい都市として，どのような政策が必要なのかを説明するものである。

《作成のポイント》

　(1)は3つの資料を相互に関連させる。そのためには，単に収入や職業への不安というよりも，若い世代の生き方への考えに注目すべきであろう。この例では，一案として，よりよい人生設計のために必要なこと，あるいはライフ・ワーク・バランス向上を課題とし，200字程度でまとめる。(2)では，ライフ・ワーク・バランスの向上策を1200字程度で論じる。項目立てをしながら，必要な具体的対策を2〜3つ程度，提示しよう。東京都には，官庁や大企業の本社機能をはじめ，中小・零細企業の事業所が集積する。そういう場において，男女共同参画を推進したり（女性の職域拡大のモデルケースづくり，保育所充実のための市区町村のコーディネートなど），男性の子育てへの積極参加を後押しする教育機会づくりを説明する。また，東京都は，収入源や働き方の多様性というところに注目し，女性や若者への起業支援を積極的に勧めている。収入は多少減っても，時間的ゆとりの欲しい人にとっては，有効なキャリア設計になっている点に触れても良い。

▼I類B・論文

(1)　別添の資料から，2020年の東京オリンピック・パラリンピック開催を踏まえ，東京を訪れる人の満足度をより高め，東京の魅力を世界に発信していくために，あなたが重要だと考える課題を200字程度で簡潔に述べよ。

(2)　(1)で述べた課題に対して，都はどのような取組みを進めるべきか，あなたの考えを述べよ。なお，解答に当たっては，解答用紙に(1)，(2)を明記すること。

資料1

東京五輪

ホテル・旅館、5割が期待

国内のホテル・旅館の半数以上が、2020年の東京五輪の経済効果に期待していることが分かった。日経リサーチの調査によると開催地のある関東地方だけでなく、関西や北海道でも期待する声が目立つ。ただ、現状では利用者に占める訪日観光客の割合が「1割未満」と答えた宿泊施設は全体の6割に達する。期待と現実のギャップはまだ大きいようだ。

調査は全国1001施設から回答を得た。東京五輪の経済効果を「とても期待する」と答えた比率はあわせて51・7%。地域別にみると関東は75・1%と高く、関西でも56・1%と半数を超えた。北海

全体の半数以上が東京五輪の経済波及効果に期待

無回答
全く期待していない10.0
あまり期待していない20.9
どちらとも言えない16.9
とても期待している22.3
まあ期待している29.4
(注)日経リサーチ調べ

日経リサーチ調べ　関西や北海道でも

道は34・5%、九州の福岡県も30・5%だった。外国人客の利用客率は60・9%が「1割に満たない」と回答。「3割未満」は81・3%に達した。6割近くが「外国人客を今後増やしたい」としており、46・2%が「投資計画がある」とした。内訳をみると37・4%が「1～2年以内」に実施するという。外国人客の不満がインターネット環境について「無料で接続できる環境を整備する」は約2割だった。

調査は昨年11～12月に実施。主要都市にある4087の宿泊施設を対象にした。

出典：平成26年2月20日　日本経済新聞朝刊より抜粋

資料2

世界の都市と比べた現在の東京の「強み」「弱み」

<強み>

(n = 1,815)

項目	(%)
電車や路線バスなど公共交通機関の利便性がよい	58.8
治安がよく街が清潔に保たれている	55.0
安全な水道水が飲める	54.2
芸術・音楽・ファッション・アニメのイベントなど、文化発信力がある	28.4
医療サービスが充実している	26.2
自動車や工場の排気ガスによる大気汚染が少ない	20.9
魅力的な観光スポットが多い	15.3
国際空港までのアクセス・国際線就航数など海外へのアクセスがよい	14.7
大学・研究所などの高度教育・研究拠点が数多くある	13.3
公園や街路樹などの緑が豊富である	13.1
企業立地や人材確保など、ビジネス環境がよい	8.9
物価や住宅事情、通勤通学事情の面で生活しやすい	8.4
地震や豪雨などの自然災害に強い	7.7
子育て家庭や高齢者に対する福祉が充実している	6.0
その他	1.2
無回答	0.4

301

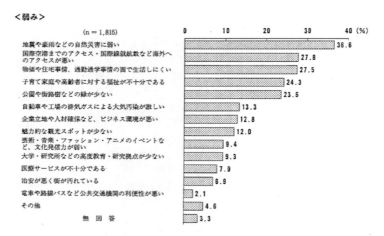

＜弱み＞

(n = 1,815)

	(%)
地震や豪雨などの自然災害に弱い	36.6
国際空港までのアクセス・国際線就航数など海外へのアクセスが悪い	27.8
物価や住宅事情、通勤通学事情の面で生活しにくい	27.5
子育て家庭や高齢者に対する福祉が不十分である	24.3
公園や街路樹などの緑が少ない	23.6
自動車や工場の排気ガスによる大気汚染が激しい	13.3
企業立地や人材確保など、ビジネス環境が悪い	12.8
魅力的な観光スポットが少ない	12.0
芸術・音楽・ファッション・アニメのイベントなど、文化発信力が弱い	9.4
大学・研究所などの高度教育・研究拠点が少ない	9.3
医療サービスが不十分である	7.9
治安が悪く街が汚れている	6.9
電車や路線バスなど公共交通機関の利便性が悪い	2.1
その他	4.6
無 回 答	3.3

出典：平成25年11月　東京都生活文化局「都民生活に関する世論調査」より抜粋

《執筆の方針》

　2020年の東京オリンピック・パラリンピック開催を踏まえ，東京を訪れる人の満足度をより高め，東京の魅力を世界に発信していくための課題を設定し，簡潔に述べる。その課題の解決のための取組みを具体的に説明する。

《課題の分析》

　本題は，与えられた資料を概観するだけで，東京における観光客の増加をいかに図るかという，観光政策の内容であることは，比較的容易に分かる。とりわけ，訪日外国人の客数をいかに伸ばすかが課題となるだろう。資料1からは，訪日外国人旅行者の日本側の受け入れ体制が，万全ではない現状を読み取る。資料2からは，交通の利便性，良好な治安，水質の良さなどの強み，天災への弱さと空港アクセスの悪さという弱みを読み取る。意外に手こずると思われるのは，資料2の扱いで，資料1との繋がりを見出せるかどうかが，評価の分かれ目である。一案として，東京の持っている強みによって，弱みをいかに補うのか，その点を外国にどうアピールするかが，課題となるだろう。

《作成のポイント》

　(1)は，2つの資料を相互に関連させる。東京の強みによって，弱みをいかに補うのか，その点を外国にどうアピールするかが課題となる点を明示しよう。(2)では，訪日外国人旅行者を呼び込む具体策を1200字程度で論じる。項目立てをしながら，必要な対策を2～3つ程度，提示しよう。そ

の際，資料の読み取りと関係のある内容にすることが重要である。時間に
正確で，安全な鉄道を使ってもらうための工夫（事業者間の料金体系の一
体化，係員の外国語対応力の強化など），インターネットやタブレット端末
の利用環境の整備をしながら，大規模災害発生の情報や注意すべき犯罪の
情報を発信する仕組みなどが思いつくだろう。また，緑が豊富で，水質も
良い，多摩地域の魅力を外国人に発信し，東京都全体を回遊してもらう工
夫などを訴えるのも良い。

第4部

面接試験対策

- 面接対策
- 集団討論対策
- 実施課題例の分析

人物試験　面接対策

▓▓▓▓▓▓▓▓▓▓▓▓▓▓ ＰＯＩＮＴ ▓▓▓▓▓▓▓▓▓▓▓▓▓▓

◐◐ Ⅰ．面接の意義 ◐◐

　筆記試験や論作文（論文）試験が，受験者の一般的な教養の知識や理解の程度および表現力やものの考え方・感じ方などを評価するものであるのに対し，面接試験は人物を総合的に評価しようというものだ。

　すなわち，面接担当者が直接本人に接触し，さまざまな質問とそれに対する応答の繰り返しのなかから，公務員としての適応能力，あるいは職務遂行能力に関する情報を，できるだけ正確に得ようとするのが面接試験である。豊かな人間性がより求められている現在，特に面接が重視されており，一般企業においても，面接試験は非常に重視されているが，公務員という職業も給与は税金から支払われており，その職務を完全にまっとうできる人間が望まれる。その意味で，より面接試験に重きがおかれるのは当然と言えよう。

◐◐ Ⅱ．面接試験の目的 ◐◐

　では，各都道府県市がこぞって面接試験を行う目的は，いったいどこにあるのだろうか。ごく一般的に言えば，面接試験の目的とは，おおよそ次のようなことである。

---

　① 　人物の総合的な評価

　　試験官が実際に受験者と対面することによって，その人物の容姿や表情，態度をまとめて観察し，総合的な評価をくだすことができる。ただし，ある程度，直観的・第一印象ではある。

　② 　性格や性向の判別

　　受験者の表情や動作を観察することにより性格や性向を判断するが，実際には短時間の面接であるので，面接官が社会的・人生的に豊かな経験の持ち主であることが必要とされよう。

---

③　動機・意欲等の確認

　　公務員を志望した動機や公務員としての意欲を知ることは，論作文試験等によっても可能だが，さらに面接試験により，採用側の事情や期待内容を逆に説明し，それへの反応の観察，また質疑応答によって，試験官はより明確に動機や熱意を知ろうとする。

　以上3点が，面接試験の最も基本的な目的であり，試験官はこれにそってさまざまな問題を用意することになる。さらに次の諸点にも，試験官の観察の目が光っていることを忘れてはならない。

④　質疑応答によって知識・教養の程度を知る

　　筆記試験によって，すでに一応の知識・教養は確認しているが，面接試験においてはさらに付加質問を次々と行うことができ，その応答過程と内容から，受験者の知識教養の程度をより正確に判断しようとする。

⑤　言語能力や頭脳の回転の速さの観察

　　言語による応答のなかで，相手方の意志の理解，自分の意志の伝達のスピードと要領の良さなど，受験者の頭脳の回転の速さや言語表現の諸能力を観察する。

⑥　思想・人生観などを知る

　　これも論作文試験等によって知ることは可能だが，面接試験によりさらに詳しく聞いていくことができる。

⑦　協調性・指導性などの社会的性格を知る

　　前述した面接試験の種類のうち，グループ・ディスカッションなどはこれを知るために考え出された。公務員という職業の場合，これらの資質を知ることは面接試験の大きな目的の一つとなる。

● Ⅲ．面接試験の問題点 ●

　これまで述べてきたように，公務員試験における面接試験の役割は大きいが，問題点もないわけではない。

　というのも，面接試験の場合，学校の試験のように“正答”というものがないからである。例えば，ある試験官は受験者の「自己PR＝売り込み」を意欲があると高く評価したとしても，別の試験官はこれを自信過剰と受け取り，公務員に適さないと判断するかもしれない。あるいは模範的な回答をしても，「マニュアル的だ」と受け取られることもある。

　もっとも，このような主観の相違によって評価が左右されないように，試験官を複数にしたり評価の基準が定められたりしているわけだが，それでもやはり，面接試験自体には次に述べるような一般的な問題点もあるのである。

---

① 短時間の面接で受験者の全体像を評価するのは容易でない

　面接試験は受験者にとってみれば，その人の生涯を決定するほど重要な場であるのだが，その緊張した短時間の間に日頃の人格と実力のすべてが発揮できるとは限らない。そのため第一印象だけで，その全体像も評価されてしまう危険性がある。

② 評価判断が試験官の主観で左右されやすい

　面接試験に現れるものは，そのほとんどが性格・性向などの人格的なもので，これは数値で示されるようなものではない。したがってその評価に客観性を明確に付与することは困難で，試験官の主観によって評価に大変な差が生じることがある。

③ 試験官の質問の巧拙などの技術が判定に影響する

　試験官の質問が拙劣なため，受験者の正しく明確な反応を得ることができず，そのため評価を誤ることがある。

④ 試験官の好悪の感情が判定を左右する場合がある

　これも面接が「人間 対 人間」によって行われる以上，多かれ少なかれ避けられないことである。この弊害を避けるため，前述したように試験官を複数にしたり複数回の面接を行ったりなどの工夫がされている。

⑤ 試験官の先入観や信念などで判定がゆがむことがある

　人は他人に接するとき無意識的な人物評価を行っており，この経験の積

み重ねで，人物評価に対してある程度の紋切り型の判断基準を持つようになっている。例えば，「額の広い人は頭がよい」とか「耳たぶが大きい人は人格円満」などというようなことで，試験官が高年齢者であるほどこの種の信念が強固であり，それが無意識的に評価をゆがめる場合も時としてある。

　面接試験には，このように多くの問題点と危険性が存在する。それらのほとんどが「対人間」の面接である以上，必然的に起こる本質的なものであれば，万全に解決されることを期待するのは難しい。しかし，だからといって面接試験の役割や重要性が，それで減少することは少しもないのであり，各市の面接担当者はこうした面接試験の役割と問題点の間で，どうしたらより客観的で公平な判定を下すことができるかを考え，さまざまな工夫をしているのである。最近の面接試験の形態が多様化しているのも，こうした採用側の努力の表れといえよう。

● Ⅳ．面接の質問内容 ●

　ひとくちに面接試験といっても，果たしてどんなことを聞かれるのか，不安な人もいるはずだ。ここでは志望動機から日常生活にかかわることまで，それぞれ気に留めておきたい重要ポイントを交えて，予想される質問内容を一挙に列記しておく。当日になって慌てないように，「こんなことを聞かれたら（大体）こう答えよう」という自分なりの回答を頭の中で整理しておこう。

■志望動機編■

（1）　受験先の概要を把握して自分との接点を明確に
　公務員を受験した動機，理由については，就職試験の成否をも決めかねない重要な応答になる。また，どんな面接試験でも，避けて通ることのできない質問事項である。なぜなら志望動機は，就職先にとって最大の関心事のひとつであるからだ。受験者が，どれだけ公務員についての知識や情報をもったうえで受験をしているのかを調べようとする。

(2)　質問に対しては臨機応変の対応を

　受験者の立場でいえば，複数の受験をすることは常識である。もちろん「当職員以外に受験した県や一般企業がありますか」と聞く面接官も，それは承知している。したがって，同じ職種，同じ業種で何箇所かかけもちしている場合，正直に答えてもかまわない。しかし，「第一志望は何ですか」というような質問に対して，正直に答えるべきかどうかというと，やはりこれは疑問がある。一般的にはどんな企業や役所でも，ほかを第一志望にあげられれば，やはり愉快には思わない。

(3)　志望の理由は情熱をもって述べる

　志望動機を述べるときは，自分がどうして公務員を選んだのか，どこに大きな魅力を感じたのかを，できるだけ具体的に，しかも情熱をもって語ることが重要である。

　たとえば，「人の役に立つ仕事がしたい」と言っても，特に公務員でなければならない理由が浮かんでこない。

① **例題Q＆A**

Q.　あなたが公務員を志望した理由，または動機を述べてください。
A.　私は子どもの頃，周りの方にとても親切にしていただきました。それ以来，人に親切にして，人のために何かをすることが生きがいとなっておりました。ですから，一般の市民の方のために役立つことができ，奉仕していくことが夢でしたし，私の天職だと強く思い，志望させていただきました。

Q.　もし公務員として採用されなかったら，どのようにするつもりですか。
A.　もし不合格になった場合でも，私は何年かかってでも公務員になりたいという意志をもっています。しかし，一緒に暮らしている家族の意向などもありますので，相談いたしまして一般企業に就職するかもしれません。

②予想される質問内容

> ○ 公務員について知っていること，または印象などを述べてください。
>
> ○ 職業として公務員を選ぶときの基準として，あなたは何を重要視しましたか。
>
> ○ いつごろから公務員を受けようと思いましたか。
>
> ○ ほかには，どのような業種や会社を受験しているのですか。
>
> ○ 教職の資格を取得しているようですが，そちらに進むつもりはないのですか。
>
> ○ 志望先を決めるにあたり，どなたかに相談しましたか。
>
> ○ もし公務員と他の一般企業に，同時に合格したらどうするつもりですか。

■仕事に対する意識・動機編■

1　採用後の希望はその役所の方針を考慮して

　採用後の希望や抱負などは，志望動機さえ明確になっていれば，この種の質問に答えるのは，それほど難しいことではない。ただし，希望職種や希望部署など，採用後の待遇にも直接関係する質問である場合は，注意が必要だろう。また，勤続予定年数などについては，特に男性の場合，定年まで働くというのが一般的である。

2　勤務条件についての質問には柔軟な姿勢を見せる

　勤務の条件や内容などは，職種研究の対象であるから，当然，前もって下調べが必要なことはいうまでもない。

　「残業で遅くなっても大丈夫ですか」という質問は，女性の受験者によく出される。職業への熱意や意欲を問われているのだから，「残業は一切できません！」という柔軟性のない姿勢は論外だ。通勤方法や時間など，具体的な材料をあげて説明すれば，相手も納得するだろう。

　そのほか初任給など，採用後の待遇についての質問には，基本的に規定に

311

従うと答えるべき。新卒の場合，たとえ「給料の希望額は？」と聞かれても，「規定通りいただければ結構です」と答えるのが無難だ。間違っても，他業種との比較を口にするようなことをしてはいけない。

3　自分自身の言葉で職業観を表現する

　就職や職業というものを，自分自身の生き方の中にどう位置づけるか，また，自分の生活の中で仕事とはどういう役割を果たすのかを考えてみることが重要だ。つまり，自分の能力を生かしたい，社会に貢献したい，自分の存在価値を社会的に実現してみたい，ある分野で何か自分の力を試してみたい……などを考えれば，おのずと就職するに当たっての心構えや意義は見えてくるはずである。

　あとは，それを自分自身の人生観，志望職種や業種などとの関係を考えて組み立ててみれば，明確な答えが浮かび上がってくるだろう。

①例題Q＆A

Q.	公務員の採用が決まった場合の抱負を述べてください。
A.	まず配属された部署の仕事に精通するよう努め，自分を一人前の公務員として，そして社会人として鍛えていきたいと思います。また，公務員の全体像を把握し，仕事の流れを一日も早くつかみたいと考えています。

Q.	公務員に採用されたら，定年まで勤めたいと思いますか。
A.	もちろんそのつもりです。公務員という職業は，私自身が一生の仕事として選んだものです。特別の事情が起こらない限り，中途退職したり，転職することは考えられません。

②予想される質問内容

○ 公務員になったら，どのような仕事をしたいと思いますか。

○ 残業や休日出勤を命じられたようなとき，どのように対応しますか。

○ 公務員の仕事というのは苛酷なところもありますが，耐えていけ
  ますか。

○ 転勤については大丈夫ですか。

○ 公務員の初任給は○○円ですが，これで生活していけますか。

○ 学生生活と職場の生活との違いについては，どのように考えてい
  ますか。

○ 職場で仕事をしていく場合，どのような心構えが必要だと思いま
  すか。

○ 公務員という言葉から，あなたはどういうものを連想しますか。

○ あなたにとって，就職とはどのような意味をもつものですか。

■自己紹介・自己PR編■

1　長所や短所をバランスよくとりあげて自己分析を

　人間には，それぞれ長所や短所が表裏一体としてあるものだから，性格に
ついての質問には，率直に答えればよい。短所については素直に認め，長所
については謙虚さを失わずに語るというのが基本だが，職種によっては決定
的にマイナスととられる性格というのがあるから，その点だけは十分に配慮
して応答しなければならない。

　「物事に熱しやすく冷めやすい」といえば短所だが，「好奇心旺盛」といえば
長所だ。こうした質問に対する有効な応答は，恩師や級友などによる評価，
交友関係から見た自己分析など具体的な例を交えて話すようにすれば，より
説得力が増すであろう。

2　履歴書の内容を覚えておき，よどみなく答える

　履歴書などにどんなことを書いて提出したかを，きちんと覚えておく。重
要な応募書類は，コピーを取って，手元に控えを保管しておくと安心だ。

3　志望職決定の際，両親の意向を問われることも

　面接の席で両親の同意をとりつけているかどうか問われることもある。家族関係がうまくいっているかどうかの判断材料にもなるので，親の考えも伝えながら，明確に答える必要がある。この際，あまり家族への依存心が強いと思われるような発言は控えよう。

①例題Q&A

Q.	あなたのセールスポイントをあげて，自己PRをしてください。
A.	性格は陽気で，バイタリティーと体力には自信があります。高校時代は山岳部に属し，休日ごとに山歩きをしていました。3年間鍛えた体力と精神力をフルに生かして，ばりばり仕事をしたいと思います。

Q.	あなたは人と話すのが好きですか，それとも苦手なほうですか。
A.	はい，大好きです。高校ではサッカー部のマネージャーをやっておりましたし，大学に入ってからも，同好会でしたがサッカー部の渉外担当をつとめました。試合のスケジュールなど，外部の人と接する機会も多かったため，初対面の人とでもあまり緊張しないで話せるようになりました。

②予想される質問内容

　○　あなたは自分をどういう性格だと思っていますか。

　○　あなたの性格で，長所と短所を挙げてみてください。

　○　あなたは，友人の間でリーダーシップをとるほうですか。

　○　あなたは他の人と協調して行動することができますか。

　○　たとえば，仕事上のことで上司と意見が対立したようなとき，どう対処しますか。

　○　あなたは何か資格をもっていますか。また，それを取得したのはどうしてですか。

○ これまでに何か大きな病気をしたり，入院した経験がありますか。

○ あなたが公務員を志望したことについて，ご両親はどうおっしゃっていますか。

■日常生活・人生観編■

1 趣味はその楽しさや面白さを分かりやすく語ろう

余暇をどのように楽しんでいるかは，その人の人柄を知るための大きな手がかりになる。趣味は"人間の魅力"を形作るのに重要な要素となっているという側面があり，面接官は，受験者の趣味や娯楽などを通して，その人物の人柄を知ろうとする。

2 健全な生活習慣を実践している様子を伝える

休日や余暇の使い方は，本来は勤労者の自由な裁量に任されているもの。とはいっても，健全な生活習慣なしに，創造的で建設的な職場の生活は営めないと，採用側は考えている。日常の生活をどのように律しているか，この点から，受験者の社会人・公務員としての自覚と適性を見極めようというものである。

3 生活信条やモットーなどは自分自身の言葉で

生活信条とかモットーといったものは，個人的なテーマであるため，答えは千差万別である。受験者それぞれによって応答が異なるから，面接官も興味を抱いて，話が次々に発展するケースも多い。それだけに，嘘や見栄は禁物で，話を続けるうちに，矛盾や身についていない考えはすぐ見破られてしまう。自分の信念をしっかり持って，臨機応変に進めていく修練が必要となる。

①例題Q＆A

Q.	スポーツは好きですか。また，どんな種目が好きですか。
A.	はい。手軽に誰にでもできるというのが魅力ではじめたランニングですが，毎朝家の近くを走っています。体力増強という面もありますが，ランニングを終わってシャワーを浴びると，今日も一日が始まるという感じがして，生活のけじめをつけるのにも大変よいものです。目標は秋に行われる●●マラソンに出ることです。

Q.	日常の健康管理に，どのようなことを心がけていますか。
A.	私の場合，とにかく規則的な生活をするよう心がけています。それとあまり車を使わず，できるだけ歩くようにしていることなどです。

②予想される質問内容

○ あなたはどのような趣味をもっているか，話してみてください。

○ あなたはギャンブルについて，どのように考えていますか。

○ お酒は飲みますか。飲むとしたらどの程度飲めますか。

○ ふだんの生活は朝型ですか，それとも夜型ですか。

○ あなたの生き方に影響を及ぼした人，尊敬する人などがいたら話してください。

○ あなたにとっての生きがいは何か，述べてみてください。

○ 現代の若者について，同世代としてあなたはどう思いますか。

■一般常識・時事問題編■

1　新聞には必ず目を通し，重要な記事は他紙と併読

　一般常識・時事問題については筆記試験の分野に属するが，面接でこうしたテーマがもち出されることも珍しくない。受験者がどれだけ社会問題に関

心をもっているか，一般常識をもっているか，また物事の見方・考え方に偏りがないかなどを判定しようというものである。知識や教養だけではなく，一問一答の応答を通じて，その人の性格や適応能力まで判断されることになると考えておくほうがよいだろう。

2 社会に目を向け，健全な批判精神を示す

思想の傾向や政治・経済などについて細かい質問をされることが稀にあるが，それは誰でも少しは緊張するのはやむをえない。

考えてみれば思想の自由は憲法にも保証された権利であるし，支持政党や選挙の際の投票基準についても，本来，他人からどうこう言われる筋合いのものではない。そんなことは採用する側も認識していることであり，政治思想そのものを採用・不採用の主材料にすることはない。むしろ関心をもっているのは，受験者が，社会的現実にどの程度目を向け，どのように判断しているかということなのだ。

①例題Q＆A

Q. 今日の朝刊で，特に印象に残っている記事について述べてください。
A. △△市の市長のリコールが成立した記事が印象に残っています。違法な専決処分を繰り返した事に対しての批判などが原因でリコールされたわけですが，市民運動の大きな力を感じさせられました。

Q. これからの高齢化社会に向けて，あなたの意見を述べてください。
A. やはり行政の立場から高齢者サービスのネットワークを推進し，老人が安心して暮らせるような社会を作っていくのが基本だと思います。それと，誰もがやがて迎える老年期に向けて，心の準備をしていくような生活態度が必要だと思います。

②予想される質問内容

○ あなたがいつも読んでいる新聞や雑誌を言ってください。

○ あなたは，政治や経済についてどのくらい関心をもっていますか。

○ 最近テレビで話題の××事件の犯人逮捕についてどう思いますか。

○ △△事件の被告人が勝訴の判決を得ましたがこれについてどう思いますか。

---

③面接の方法

（1） 一問一答法

　面接官の質問が具体的で，受験者が応答しやすい最も一般的な方法である。例えば，「学生時代にクラブ活動をやりましたか」「何をやっていましたか」「クラブ活動は何を指導できますか」というように，それぞれの質問に対し受験者が端的に応答できる形式である。この方法では，質問の応答も具体的なため評価がしやすく，短時間に多くの情報を得ることができる。

（2） 供述法

　受験者の考え方，理解力，表現力などを見る方法で，面接官の質問は総括的である。例えば，「愛読書のどういう点が好きなのですか」「○○事件の問題点はどこにあると思いますか」といったように，一問一答ではなく，受験者が自分の考えを論じなければならない。面接官は，質問に対し，受験者がどのような角度から応答し，どの点を重視するか，いかに要領よく自分の考えを披露できるかなどを観察・評価している。

（3） 非指示的方法

　受験者に自由に発言させ，面接官は話題を引き出した論旨の不明瞭な点を明らかにするなどの場合に限って，最小限度の質問をするだけという方法で。

（4） 圧迫面接法

　意識的に受験者の神経を圧迫して精神状態を緊張させ，それに対する受験者の応答や全体的な反応を観察する方法である。例えば「そんな安易な考えで，職務が務まると思っているんですか？」などと，受験者の応答をあまり考慮せずに，語調を強めて論議を仕掛けたり，枝葉末節を捉えて揚げ足取り

をする，受験者の弱点を大げさに捉えた言葉を頻発する，質問責めにするといった具合で，受験者にとっては好ましくない面接法といえる。そのような不快な緊張状況が続く環境の中での受験者の自制心や忍耐力，判断力の変化などを観察するのが，この面接法の目的だ。

● V．面接Q＆A ●

★社会人になるにあたって大切なことは？★

〈良い例①〉

　責任を持って物事にあたることだと考えます。学生時代は多少の失敗をしても，許してくれました。しかし，社会人となったら，この学生気分の甘えを完全にぬぐい去らなければいけないと思います。

〈良い例②〉

　気分次第な行動を慎み，常に，安定した精神状態を維持することだと考えています。気持ちのムラは仕事のミスにつながってしまいます。そのために社会人になったら，精神と肉体の健康の安定を維持して，仕事をしたいのです。

〈悪い例①〉

　社会人としての自覚を持ち，社会人として恥ずかしくない人間になることだと思います。

〈悪い例②〉

　よりよい社会を作るために，政治，経済の動向に気を配り，国家的見地に立って物事を見るようにすることが大切だと思います。

●コメント

　この質問に対しては，社会人としての自覚を持つんだという点を強調すべきである。〈良い例〉では，学生時代を反省し，社会へ出ていくのだという意欲が感じられる。

　一方〈悪い例①〉では，あまりにも漠然としていて，具体性に欠けている。また〈悪い例②〉のような，背のびした回答は避ける方が無難だ。

★簡単な自己PRをして下さい。★

〈良い例①〉

体力には自信があります。学生時代，山岳部に所属していました。登頂した山が増えるにつれて，私の体力も向上してきました。それに度胸というようなものがついてきたようです。

〈良い例②〉

私のセールスポイントは，頑張り屋ということです。高校時代では部活動のキャプテンをやっていましたので，まとめ役としてチームを引っ張り，県大会出場を果たしました。

〈悪い例①〉

セールスポイントは，3点あります。性格が明るいこと，体が丈夫なこと，スポーツが好きなことです。

〈悪い例②〉

自己PRですか……エピソードは……ちょっと突然すぎて，それに一言では……。

〈悪い例③〉

私は自分に絶対の自信があり，なんでもやりこなせると信じています。これまでも，たいていのことは人に負けませんでした。公務員になりましたら，どんな仕事でもこなせる自信があります。

●コメント

自己PRのコツは，具体的なエピソード，体験をおりまぜて，誇張しすぎず説得力を持たせることである。

〈悪い例①〉は具体性がなく迫力に欠ける。②はなんとも歯ぎれが悪く，とっさの場合の判断力のなさを印象づける。③は抽象的すぎるし，自信過剰で嫌味さえ感じられる。

★健康状態はいかがですか？★

〈良い例①〉

　健康なほうです。以前は冬になるとよくカゼをひきましたが，4年くらい前にジョギングを始めてから，風邪をひかなくなりました。

〈良い例②〉

　いたって健康です。中学生のときからテニスで体をきたえているせいか，寝こむような病気にかかったことはありません。

〈悪い例①〉

　寝こむほどの病気はしません。ただ，少々貧血気味で，たまに気分が悪くなることがありますが，あまり心配はしていません。勤務には十分耐えられる健康状態だと思います。

〈悪い例②〉

　まあ，健康なほうです。ときどき頭痛がすることがありますが，睡眠不足や疲れのせいでしょう。社会人として規則正しい生活をするようになれば，たぶん治ると思います。

●コメント

　　多少，健康に不安があっても，とりたててそのことを言わないほうがいい。〈悪い例②〉のように健康維持の心がけを欠いているような発言は避けるべきだ。まず健康状態は良好であると述べ，日頃の健康管理について付け加える。スポーツばかりではなく，早寝早起き，十分な睡眠，精神衛生などに触れるのも悪くない。

★どんなスポーツをしていますか？★

〈良い例①〉

　毎日しているスポーツはありませんが，週末によく卓球をします。他のスポーツに比べると，どうも地味なスポーツに見られがちなのですが，皆さんが思うよりかなり激しいスポーツで，全身の運動になります。

〈良い例②〉

　私はあまり運動が得意なほうではありませんので，小さいころから自主的にスポーツをしたことがありませんでした。でも，去年テレビでジャズダンスを見ているうちにあれならば私にもできそうだという気がして，ここ半年余り週1回のペースで習っています。

〈悪い例①〉

　スポーツはどちらかといえば見る方が好きです。よくテレビでプロ野球中継を見ます。

●コメント

　スポーツをしている人は，健康・行動力・協調性・明朗さなどに富んでいるというのが一般の（試験官の）イメージだ。〈悪い例①〉のように見る方が好きだというのは個人の趣向なので構わないが，それで終わってしまうのは好ましくない。

★クラブ・サークル活動の経験はありますか？★

〈良い例①〉

　剣道をやっていました。剣道を通じて，自分との戦いに勝つことを学び，また心身ともに鍛えられました。それから横のつながりだけでなく先輩，後輩との縦のつながりができたことも収穫の一つでした。

〈良い例②〉

　バスケット部に入っておりました。私は，中学生のときからバスケットをやっていましたから，もう6年やったことになります。高校までは正選手で，大きな試合にも出ていました。授業終了後，2時間の練習があります。また，休暇時期には，合宿練習がありまして，これには，OBも参加し，かなりハードです。

〈悪い例①〉

　私は社会心理研究会という同好会に所属していました。マスコミからの情報が，大衆心理にどのような影響をおよぼしているのかを研究していました。大学に入ったら，サークル活動をしようと思っていました。それが，いろいろな部にあたったのですが，迷ってなかなか決まらなかったのです。そんなとき，友人がこの同好会に入ったので，それでは私も，ということで入りました。

〈悪い例②〉

　何もしていませんでした。どうしてもやりたいものもなかったし，通学に2時間半ほどかかり，クラブ活動をしていると帰宅が遅くなってしまいますので，結局クラブには入りませんでした。

●コメント

　クラブ・サークル活動の所属の有無は，協調性とか本人の特技を知るためのものであり，どこの採用試験でも必ず質問される。クラブ活動の内容，本人の役割分担，そこから何を学んだかがポイントとなる。具体的な経験を加えて話すのがよい。ただ，「サークル活動で●●を学んだ」という話は試験官にはやや食傷気味でもあるので，内容の練り方は十分に行いたい。

　〈悪い例①〉は入部した動機がはっきりしていない。〈悪い例②〉では，クラブ活動をやっていなかった場合，必ず別のセールスポイントを用意しておきたい。例えば，ボランティア活動をしていたとか，体力なら自信がある，などだ。それに「何も夢中になることがなかった」では人間としての積極性に欠けてしまう。

★新聞は読んでいますか？★

〈良い例①〉

　毎日，読んでおります。朝日新聞をとっていますが，朝刊では"天声人語"や"ひと"そして政治・経済・国際欄を念入りに読みます。夕刊では，"窓"を必ず読むようにしています。

〈良い例②〉

　読売新聞を読んでいます。高校のころから，政治，経済面を必ず読むよう，自分に義務づけています。最初は味気なく，つまらないと思ったのですが，このごろは興味深く読んでいます。

〈悪い例①〉

　定期購読している新聞はありません。ニュースはほとんどテレビやインターネットで見られますので。たまに駅の売店などでスポーツ新聞や夕刊紙などを買って読んでいます。主にどこを読むかというと，これらの新聞の芸能・レジャー情報などです。

〈悪い例②〉

　毎日新聞を読んでいますが，特にどこを読むということはなく，全体に目を通します。毎日新聞は，私が決めたわけではなく，実家の両親が購読していたので，私も習慣としてそれを読んでいます。

●コメント

　この質問は，あなたの社会的関心度をみるためのものである。毎日，目を通すかどうかで日々の生活規律やパターンを知ろうとするねらいもある。具体的には，夕刊紙ではなく朝日，読売，毎日などの全国紙を挙げるのが無難であり，読むページも，政治・経済面を中心とするのが望ましい。

　〈良い例①〉は，購読している新聞，記事の題名などが具体的であり，真剣に読んでいるという真実味がある。直近の記憶に残った記事について感想を述べるとなお印象は良くなるだろう。〈悪い例①〉は，「たまに読んでいる」ということで×。それに読む記事の内容からも社会的関心の低さが感じられる。〈悪い例②〉は〈良い例①〉にくらべ，具体的な記事が挙げられておらず，かなりラフな読み方をしていると思われても仕方がない。

人物試験　集団討論対策

‖‖‖‖‖‖‖‖‖‖‖‖‖‖‖‖‖‖　P O I N T　‖‖‖‖‖‖‖‖‖‖‖‖‖‖‖‖‖‖‖‖

　近年，社会性や人間関係能力，コミュニケーション能力などが特に重視されるようになってきた。行政が組織的に実践されていることからわかるとおり，集団の一員としての資質や組織的な役割意識，そして課題解決能力が求められているのである。集団討論はこれらの評価や公務員としての適性を判断する手段として，全国的に採用試験で実施されるようになった。集団討論は，主に2次試験で実施されることが多い。一般的には，小グループにテーマを与えて，一定時間の中で討論させる方法が実施されている。

●●● 面接試験の形式 ●●●

［一例］

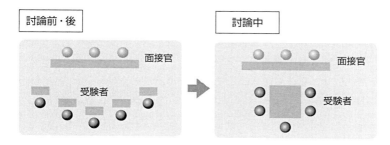

- ■**形式**　受験者が6〜8人程度で面接官が2〜4人程度
- ■**内容**　グループに課題を与え，1人1〜2分で意見を述べてから全体で自由討議に入る。司会者を受験生の中から選び進行させたり，司会者を決めないで進行させたりし，面接官は観察や評価に専念する。
- ■**時間**　30〜50分程度
- ■**特徴**　集団活動を通して，受験者の協調性や社会性，論理性や判断力など集団内での社会的能力を観察できる。これは面接官が評価に専念できる利点がある一面，あまり発言できない受験者の評価が十分にできないといった欠点もある。

■手順

1　グループで座り，討論のテーマが提示される。
2　各自テーマを読み，5分間程度で自分の考えをメモにまとめ討論の準備をする。
3　各自1分間程度でテーマについての意見を述べる。
4　全員意見を述べたら20分間の課題解決型討論を始める。
5　採点者は，受験者の討論を観察し評価する。
6　討論後，面接官からの質問に答える。

★ポイント　協調性や社会性といった社会的能力を中心に評価されるので，相手の意見を尊重しながら自分の主張を行うようにする。自分の意見に固執したり，他の意見に攻撃的に反論したりしないように注意する必要がある。

● 集団討論の意義 ●

　このようにして，面接前の態勢を整えるが，やはり，主担当者がいて，全体を取り仕切っているのであるから，面接の期間中，その人物の言動から目を逸らさないようにすることである。出題に関しては，次に述べることとするが，この集団討論での重要なことは，討論に入る前であり，その態勢をどのようにつくるかである。さらに，それぞれの意見交換ということになるので，最初の出会いの時のそれぞれの印象が強く残るということになる。

● 実施形式と攻略法 ●

①面接官主導の討論

　自己紹介という形で，それぞれに1〜2分間ずつ時間が与えられることが多い。このことで，その集団の様子が明らかになるが，面接官がすべて指示するため，受験者がコの字型や円形になっている中心に，面接官が1人加わることになる。

　課題の提示は，面接官が課題を読み上げる方法や受験者各自に紙面が配られる場合，会場の掲示板に示してある場合などがあるが，ほとんどの場合は，後者2つの方法であるため討論中に課題を忘却することはないと考

えられる。

　応答の形式等すべて，面接官の指示に従うことであるが，注意すべきことは，議論に熱中するあまり，発言時間を超過してしまうことである。この傾向についてはよく見られることであるため，面接官よりあらかじめ「発言時間は，1分以内」との指示もあるはずである。しかも，時間超過には発言中断の注意が発せられることになるため，自らの発言については要注意である。このとき，前述したことであるが，発言内容を「結論から」述べ，次に「その理由」とし，他の受験者がもっと聞きたいと思うようになることが望ましく，対話的になるのがよいのである。

②受験者相互の意見交換

　着席してから質疑に入る前に点呼をとり，受験者の確認があり，その後，自己紹介という形で，それぞれに1〜2分間ずつ時間が与えられることが多いのは，面接官主導の討論の場合と同様である。このことで，その集団の様子が明らかになるが，受験生がコの字型や円形になっている場合，面接官が加わることはないのである。

　そして，面接官から，「どなたか，司会になっていただけませんか。」といわれる場合と「これからは，それぞれ自由に意見を出し合って，討論をしていただきます。」という2つの形態があり，後者の傾向が強くなりつつあるようである。このことは，前者の場合，司会を決定するまでに手間がかかり，それぞれの討論時間が均一にならない，という事情があるからである。したがって，示された課題に対する最初の意見表明は，かなりの度胸も必要になるが，そのことが，全体の雰囲気を左右することにもなるため，慎重になるべきである。

● 集団討論試験に対する対応の基本 ●

〈集団討論の対応〉

　集団討論では，他の面接と異なり，受験者が集団の中でどのような能力を発揮し，また協調できるかなどが，とくに観察されているので，その観点について知っておくことが大切である。このことについての評価の観点の意味づけを示しておく。

ア　観察されていること
○貢献度

　　課題解決に寄与することで，受験者が討論の機能をどの程度理解し，目的達成のためにどの程度貢献したのかを見るものである。発言の回数が多くても，自己中心的で課題解決に役立たない場合は，高い評価を得ることはできず，発言回数が少なければ，当然，低く評価されることになる。

○協調性

　　これは協同して事に当たる状態を作り上げることに寄与することで，発言態度が独善ではなく，民主的であることや他の人の意見及び反対の立場の人の意見にも耳を傾ける態度が望まれる。とくに，発言の活発でない受験者を励ますような態度も評価される。

○主導性

　　グループ全体を課題解決への方向付けをすることで，ただ単にリーダーシップを発揮するということではなく，全員を納得させながら問題解決の方向に導いていくことが求められている。したがって，より建設的な意見や信頼感のある発言などが，高く評価されている。

○判断力

　　問題を十分理解し，正しい判断が行われているかどうかである。また，討議の過程において，自分の置かれている立場に対する状況判断が，適切であるかどうかなどが評価されている。

○表現力

　　自らが主張しようとするところを適切な言葉や有効なエピソードなどを加えて表現されているかどうかである。また，このグループディスカッションは，討論とは言っても勝ち負けが問題とされるわけではなく，面接試験なのであるから，あまり感情をむき出しにした言葉遣いや他の人に対する冷たい言い方は，避けなければならないことであり，その配慮などが評価される。

○企画性

　　討論の進行に対して，計画的な発言が行われているかどうかである。また，そのように進行させようと努力しているかどうかなどについて，とくに，全体の状況に対する配慮が評価されている。

　イ　評価を高める十ヶ条
　　Ⅰ　油断をしない。
　　Ⅱ　好感を与える。
　　Ⅲ　対話的になる。
　　Ⅳ　信頼感を与える。
　　Ⅴ　演出を考えておく。
　　Ⅵ　けじめを感じさせる。
　　Ⅶ　気配りを感じとらせる。
　　Ⅷ　全力投球の気構えをもつ。
　　Ⅸ　健康的で，活気を感じさせる。
　　Ⅹ　人間的な温かみを感じとらせる。

●●● 集団討論におけるアドバイス ●●●

・はじめに各自自分の意見を述べるので，そのとき，他のメンバーの考えを簡単にメモしながら聞くと，後の討論のとき他の受験生がテーマをどのように捉えているのかがわかり，意見をまとめやすくなる。
・テーマの内容によっては論じにくいものもあるが，行政の課題に関連づけ，公務員の視点から発言するとよい。
・自分の考えばかりを言うのではなく，他の人の意見を聞き，それに対して自分はどう思うかを発言することが大切である。
・自分と意見が違う場合には「私は……のように思いますが皆さんはどう思われますか」などと尋ねてみるとよい。
・他の人の言っていることがよくわからなかったら，「○番の方，もう少し具体的に説明していただけますか」などのように聞くことも必要である。
・みんなで一緒にコンセンサス（共通理解）を得るといった気持ちを大切にする。
・普段から友達同士で行政の課題について，気楽に話をしたり，意見交換をしておくことが大切である。
・他の受験者の意見に関連づけて発言するとよい。
　［例］　「○さんが言われたのに付け加えて，私は……と考えています」
　　　　　「○さんと○さんが言われたことに私も賛成で，……を加えたいと思

います」

「〇さんは先ほど……のように言われましたが，私は……と考えています」

「〇さんが言われることに関して，私の意見は……と考えています」

●言葉遣い

　面接試験だからといって，特に難しい言葉を使う必要はなく，日常使っている敬語を使った丁寧な言葉で十分である。自分の考えや意見を正しく，わかりやすく，相手に伝えられるようにすることが重要である。つまり，公務員として，住民の模範となるような正しい日本語を使うことが大切であると言える。

　しかし，面接試験のときには緊張してしまい，つい普段の癖がでてしまうものである。常日頃から，目上の人や年長者と話すときに，正しい敬語が使えるようにしておくことが大切である。

集団討論の流れ

①課題の把握と方針の決定（個人発表）

　問題点の構造化を図り，解決すべき課題を整理して，2，3つに集約した課題を自分の意見として挙げる。

②構造の把握と分析

　テーマの分野がどのような構造になっているのか，どの方向から考えていったらいいのかを討論する。皆の意見を整理し，同様の意見をまとめて構造的に分類する。

③課題の焦点化と討論の流れの確認

　構造化された課題の中で，話し合いで焦点化していく課題を1つ選び，メンバーで確認しながら，選んだ課題についての分析と問題点の確認，以降の討論の流れを確認する。

④課題の深化

　テーマの課題に対して意見を出し合い，課題の問題点や，状況を解明する。

⑤課題解決の対策

　課題が解明できてきたら，時間を見ながら，対策や対処法についての具体策を出す方向へと進める。

⑥解決策のまとめ

　一通り課題への解決策が出てきたら，皆の解決策をいくつかにまとめて集約していく。分類できるものは分類して構造的に整理する。

⑦次の課題への転換

　時間が残っている場合には，次の課題へと話を転じる発言をする。課題の焦点化から同様の話し合いを行う。

⑧議題の収束へ

　残り3～5分程度になったら全体を収束させる方向に議論を進める。抽象的な話から具体的な解決策へと発展させていく。

●●● 評価項目 ●●●

貢献度　グループ・ディスカッションを進めるとき，課題に対する論点を示したり，議論の方向性を定めたりする働きが重要である。これは受験者の発言や発表が，討論を進める上で，どのように貢献できたかを評価するものである。発言の回数が多くても，課題からずれていたり，自己中心的で課題解決に役立たない場合には評価されない。当然，発言が少なければ評価は低い。

評価の観点

- 適切な論点を提供する
- 論点についての適切な意見を述べる
- 課題の解決に役立つ意見を提供する
- 混乱した討論を整理し，論題からはずれた意見を修正する
- 討論をまとめる方向へと意見を述べる

協調性　グループでの協同作業は，まわりとの協調性が必要である。他人の意見や反対の意見にも耳を傾け，発言態度が民主的であることが求められる。感情的に対立したり，攻撃的に意見を述べるといった態度では自由な意見交換が成立しなくなってしまう。まわりの意見に気を配り，他人の意見も積極的に認め，発展させようとする態度が望ましい。

評価の観点

- 自分の意見に固執しない

・他人の意見を意欲的に聞こうとする

・他人の意見を積極的に認めようとする

・対立・攻撃を和らげるように努める

・グループの雰囲気を高めようと努める

主導性 グループ・ディスカッションでは，全員を納得させながら課題解決の方向へと導いていくことが望まれている。ただ単にリーダーシップをとるということではなく，民主的に互いの意見を尊重し合いながら解決へと進めていく主導性が求められている。

評価の観点

・進んで口火を切る発言をする

・討論を次の段階へと発展させる働きをする

・意見が討論の進行に大きな影響を与えている

・討論をまとめる方向へと導く

・他者を促し，全員が討論に参加できるようにする

企画性 討論の進行に対して計画的に発言し，一定の時間の中で課題の論点を解決の方向へとまとめていく努力をしなくてはならない。受験者が討論の全体構想をもって発言しているか，論点を示しながら発展させ，まとめへと計画的に意見を述べているかといったことが評価される。また，現実的・具体的に課題を捉え，その解決の方策を考えることも重要なことである。

評価の観点

・討論進行に対して計画的な発言を行う

・一定の方向性を持った意見を述べる

・制限時間を考えながら発言している

・課題に対する全体構想をもっている

・発言内容が現実的・具体的である

◖◗ 評価の観点 ◖◗

①貢献度

課題解決に寄与した程度で，受験者が討論の機能をどの程度理解し，目

的達成のためにどの程度貢献したかを見るものである。発言の回数が多くても，自己中心的で課題解決に役立たない場合は高評価を得ることはできないし，発言回数が少なければ当然低く評価されることになる。

②協調性

これは協同して事に当たる状態を作り上げることに寄与した程度で，発言態度が独善的でなく民主的であることや，他の人の意見，反対の立場の人の意見にも耳を傾ける態度が望まれる。

③主導性

グループを課題解決の方向に動かした程度でただ単にリーダーシップをとるということではなく，全員を納得させながら問題解決の方向に導いていくことが求められている。

④判断力

問題を十分理解し正しい判断が行われているかどうか，また討議の過程において自分のおかれている立場に対する状況判断が適切であるかどうか，などである。

⑤表現力

自分の主張しようとするところが適切な言葉や有効なエピソードなどを使って表現されているかどうか。また，このグループディスカッションは討論とはいっても勝ち負けが問題とされるわけではなく面接試験なのであるから，あまり感情をむき出しにした言葉遣いや，他の人に対する冷たい言い方は避けなければならないのは当然である。

⑥企画性

討論の進行に対して計画的な発言が行われているかどうか，また行おうと努力しているかどうかなどについて，特に，全体の状況に対する配慮などが評価される。

実施課題例の分析

令和5年度

　▼グループワーク・Ⅰ類Ｂ行政（新方式）　グループ討議時間は50分

　○　東京都では，多摩・島しょの魅力を創出し様々な機会をとらえ積極的に発信することにより，国内外に新たなファン層を増やし，賑わいと活力にあふれる地域社会の構築に取り組んでいる。あなた達は，世界を魅了し続ける多摩・島しょを実現する施策を検討するプロジェクトチームの一員となった。

　　　国内外におけるプレゼンスを飛躍的に高め，新たなファン層を呼び込むために，どのような取組を行うべきか。チーム内で議論し，職場の上司に説明するために必要なポイントをホワイトボードにまとめなさい。

《グループワークの方針・課題の分析》

　　東京の西部に位置する多摩地区や太平洋上の島しょ地区は23区とのインフラ格差などが大きく，「多摩格差」という言葉がクローズアップされたこともある。また島しょは，その地理的環境も相まってあらゆる面で23区との格差があると言わざるを得ない。近年，都や市町村の努力の結果かなりの部分で解消しており，今後は単なる区部との対比ではなく，地域の魅力を活かした新たな視点からの多摩・島しょ振興策が必要である。グループワークでは，多摩・島しょ地域の魅力について整理したうえで，賑わいと活力にあふれる多摩・島しょ地区にしていくための取組について話し合う。該当する地区に存在する多数の大学や先端技術産業，豊かな自然やゆとりの空間といった地域の特色，発達してきた交通手段や通信技術などの効果的な活用が話し合いのポイントとなるだろう。

《グループワークのポイント》

　　グループワークにあたっては，まず，多摩・島しょ地区の特徴や魅力などについて話し合う。多摩地区には，多数の大学の立地や先端技術産業の集積，豊かな自然やゆとりの空間の存在，良好な居住環境など，今後の発展の芽となりうる地域資源が数多く存在している。島しょ地区では，本土にはない自然環境や豊かな水産資源などの魅力が豊富である。そのうえで，そうした魅力を活かして賑わいと活力にあふれる多摩・島しょ地区にしていくための取組について話し合う。たとえば，都市基盤整備や産業振興な

どに分けて話し合うことも考えられるだろう。いずれにしても，発達してきた様々な交通手段や通信技術などをどのように活用し，地域の振興に役立てていくかが議論のポイントとなる。

○　東京都では，再生可能エネルギーの利用拡大など，あらゆる施策を総動員して2030年カーボンハーフに向けた取組を加速させている。あなた達は，「エネルギーを『減らす』『創る』『蓄める』」を社会全体で加速させる施策を検討するプロジェクトチームの一員となった。

　　今後，まち全体の脱炭素化を複合的・重層的に進め，2030年カーボンハーフを実現していくために，どのような取組を行うべきか。チーム内で議論し，職場の上司に説明するために必要なポイントをホワイトボードにまとめなさい。

《グループワークの方針・課題の分析》

　排出ガス等による温暖化など，環境問題が世界的な注目を浴びており，世界は2050年CO_2排出実質ゼロという共通のゴールに向けて急速に歩みを進めている。東京都は，2030年までに温室効果ガス排出量を50％削減する「カーボンハーフ」を表明するとともに，この実現に向けて，2019年に策定・公表した「ゼロエミッション東京戦略」をアップデートし，取組を加速させている。そのために「Think Globally，Act Locally」という考えに基づき，身近なところから環境問題に取り組んでいかなければならない。グループワークでは，カーボンハーフを実現するための東京都としての方策を話し合うことになる。たとえば，「再生可能エネルギーへ転換」「エネルギー自立地域づくり」などをどのように具体化していったらよいか話し合う。

《グループワークのポイント》

　グループワークにあたっては，まず地球温暖化などが人々の生活にどのような影響を与えているのか話し合う。その際，自分が実際に見たり，聞いたりした事例を織り込むことで説得力のある話し合いにすること。次に，カーボンハーフを実現するためにどのような取組みをしていったらよいのか話し合う。その際，個人の日常的な取組みと東京都や企業による取り組みに分けて話し合っていくとよい。個人としては，車の利用など，日常生活を見直すことの重要性を整理したい。都や企業としては，再生可能エネルギーへの転換，エネルギー自立地域づくりなど，人々の生活の具体的な支援策を含めてエネルギーを『減らす』『創る』『蓄める』ための方策などをまとめていきたい。

令和４年度

　▼グループワーク・Ⅰ類Ｂ行政（新方式）　グループ討議時間は50分

　○　東京都では，「女性活躍推進」のため，女性が活躍できる社会環境の整備を進めている。あなた達は，育児・介護と仕事の両立を支援するプロジェクトチームの一員となった。

　　今後，女性が自ら希望に応じた生き方を選択し，自分らしく輝くために，どのような取組を行うべきか。チーム内で議論し，職場の上司に説明するために必要なポイントをホワイトボードにまとめなさい。

《グループワークの方針・課題の分析》

　現在，日本は急速な人口減少の局面を迎えており，労働力不足が懸念されている。また，国民のニーズの多様化やグローバル化等に対応するためには，社会活動における人材の多様性（ダイバーシティ）を確保することが不可欠であり，そのためには女性の活躍が求められる。しかし，雇用形態の現状を見ると，女性は出産・育児等による離職後の再就職にあたり，非正規雇用労働者となる場合が多く，女性雇用者における非正規雇用労働者の割合は半数以上となっている。このように，働く場面において女性の力が十分に発揮できているとはいえない状況を踏まえると，女性の社会参加を促進していくことが重要である。女性が，職業生活においてその希望に応じて十分に能力を発揮し，活躍できる環境を整備するために「女性の職業生活における活躍の推進に関する法律（女性活躍推進法）」が制定されている。これにより，従業員101人以上の企業は，女性の活躍推進に向けた行動計画の策定などが義務づけられている。グループワークにあたっては，女性が希望に応じた働き方が実現できるよう，時間や場所などに捉われない多様な働き方について話し合い，まとめていきたい。

《グループワークのポイント》

　まず，女性の雇用を促進することの意義と重要性について，社会的背景や法的整備の過程などを踏まえて話し合う。特に，東京都の経済や産業などの実態を踏まえ，女性の活躍を促進することの必要性を強調する。その際，具体的なデータや事例を示すことで，説得力のある話し合いにすること。そして，東京都において女性の活躍を促進するにあたり有効である場面を取りあげ，どのような施策を進めていくことが可能か討論する。保育環境の整備，男性の育児参加の促進などといったことがその具体的な内容となる。グループワークにあたってその根底に置く考え方は，女性の社会

参加を促進し，東京都の産業や経済を活性化させるということでポイントをまとめていきたい。

○　東京都では，世界に羽ばたきグローバルに活躍する人材や，Society 5.0時代を主体的に生き抜き，AIやIoT等を活用したものづくりをけん引する人材の育成を推進している。あなた達は，東京や日本の未来を担う人材育成を推進するプロジェクトチームの一員となった。

　　将来，高度な語学力や豊かな国際感覚，最先端技術等を活用し，世界で活躍する若者を育成していくために，どのような取組を行うべきか。チーム内で議論し，職場の上司に説明するために必要なポイントをホワイトボードにまとめなさい。

《グループワークの方針・課題の分析》

　Society 5.0時代を迎え，DX（デジタル・トランスフォーメーション）を効果的に活用することが求められる社会となっている。DXとは，組織がAI，IoT，ビッグデータなどのデジタル技術を用いて，業務フローの改善や新たなモデルの創出，古いシステムからの脱却や組織風土の変革などを実現させることを意味し，これからの社会で避けては通ることのできないシステムである。グループワークにあたっては，このデジタル化が進む背景を分析して整理する。そのために，DXが産業や暮らしにもたらすメリットとデメリットについて話し合うことが必要である。AIの進化とその活用については多くのメリットが言われているが，逆に人間性が欠落する，社会の人間関係が希薄化するといった反対論もある。そこで，そうしたデメリットをどのように克服し，世界で活躍する若者を育成していくか，その方策について話し合ってチームの考えをまとめる。

《グループワークのポイント》

　グループワークに当たっては，まずデジタル化の進化が社会にどのような影響を与えるのか，そのメリットとデメリットについて整理する。メリットは様々考えられるが，例えば，人間ができない記憶力で正確な情報の整理・活用ができる点，人間にとって危険な仕事に対応できる点などがある。デメリットとしては，人間としての生き方や人間でなければできないことがあるといった点が挙げられる。そうした話し合いを踏まえ，デジタル化が産業や暮らしにもたらすデメリットを克服し，世界で活躍する若者を育成していくための方策について話し合う。AIに任せることと人間が行うべきことの住み分けをどうするのか，デジタルに任せる分野をどのように設

定していくのか，などがグループワークのポイントとなる。いずれにしても，デジタル技術を積極的に利活用し，国際化の進む社会に対応していくという立場でまとめていきたい。

令和3年度

▼グループワーク・Ⅰ類B行政（新方式）　グループ討議時間は50分

○　東京都では，島しょ地域の豊かな自然や特産品等の魅力を生かし，にぎわいと活力に満ち溢れた地域社会をつくりあげるため，「島しょ地域観光振興プロジェクト」に取り組んでいる。あなた達は，ポストコロナを見据えた観光振興施策を検討するプロジェクトチームの一員となった。

　　コロナ禍で観光産業が打撃を受けている中，島しょ地域の魅力を創出・発信するため，どのような取組を行うべきか，チーム内で議論し，職場の上司に説明するために必要なポイントをホワイトボードにまとめなさい。

《グループワークの方針・課題の分析》

　島しょ地域の魅力創出と，魅力の発信をするための取組を議論し，観光振興に資する方策をグループの意見としてまとめる。

　大島町，新島村，小笠原村ほか，東京島しょ地域には自然環境の美しさ，食の豊かさ，レジャー・アートの楽しみなど魅力が多い。こうした魅力は「魅力紹介ハンドブック」に紹介されているが，さらなる魅力の創出についてアイデアを出し合う。新型コロナウイルス感染症拡大により，外出自粛が求められる中，東京の島々の特産品を家の中で体感してもらいたいという思いから，島食材を使用したオンライン形式の「東京愛らんどレシピコンテスト」などが既に開催されている。島しょ地域の自然環境と人々のくらしや文化・観光資源・特産品等の魅力を広く紹介する「東京愛らんどフェア」も新橋SL広場で開催されている。また，「区民まつり」や「全国連携マルシェin芝浦」にブースを出展し，島の特産品を販売するなどの取組もなされている。

《グループワークのポイント》

　集団討論では，司会者役が課題に対する各自の認識や意見について，1分程度で述べる機会を設けることが多い。集団討論の評価規準の一つは，他人の意見を聞きつつ，自分の意見も言える「調整力」があるかどうかというものである。まずは，自身の意見をはっきり主張したい。社会人としてのマナー，丁寧な言葉づかい，コミュニケーション能力は基本と言える。自分の意見を述べる準備にだけ気をとられがちであるが，集団討論では，

他の受験者の意見もよく聴き取る必要がある。

　ここでは，新たな魅力の創出とその発信方法についてグループで話し合い，上司に対して有効なプレゼンテーションを行うという命題が与えられている。集団としてよりよい成果に結びつくよう方策について積極的に意見を出し，グループに貢献していく必要がある。創意ある企画力も重要であるが，協調性も大切である。

○　東京都では，近い将来，首都直下型地震等が東京を襲う可能性が高いため，被害の最小化に向けた取組を進めており，あなた達は，そのプロジェクトチームの一員となった。

　　首都直下型地震等に対して，ハード・ソフトの両面からの備えを更に加速し，災害の脅威から都民を守るために，どのような取組を行うべきか。チーム内で議論し，職場の上司に説明するために必要なポイントをホワイトボードにまとめなさい。

《グループワークの方針・課題の分析》

　70％の確率で，今後30年以内にM7クラスの巨大地震が起きると言われる。これに対処するため，都が行うべき防災対策，防災まちづくりについて議論していく。

　まず，首都直下型地震等に対しては，さまざまな被害が想定されている。建物の損壊，火災の多発と延焼，長期に亘る停電，通信の不調，主要道路への影響，交通機関への影響などがあり，復興には長期間を要する。また，熊本地震では直接死に対して，震災関連死が3倍を超えた。避難生活における健康被害にも配慮すべきであるということが教訓と言える。これらを踏まえ，震災に対する備えとともに，減災に関する配慮，震災後の復興を視野に入れて対策を立てる必要がある。近年の大震災からも教訓は多い。事前対策と事後対応に関する課題を踏まえ，ハード面，ソフト面から対応すべき取組を話し合う。防災対策の基本としては自助・共助・公助があるが，ここでは都民を守るための公助の視点がポイントとなる。

《グループワークのポイント》

　プロジェクトチームの一員として積極的に意見を述べる姿勢と，他の意見をよく聴き取りそれらに関わろうとする姿勢が重要である。また，自身の意見を述べることばかりに前のめりにならないバランス感覚も必要と言える。社会人としてのマナー，丁寧な言葉遣いを心掛けたい。

　議論に際しては，大震災に対する危機意識を示し，都民を守るための効

果的にして具体的な方策を示す必要がある。グループとして実りある提案となるように，積極的に意見を述べ，話し合いの成果に貢献したい。その際，防災体制や災害発生前の備えと発生後の行動マニュアルに関して触れるようにしたい。都としての備蓄体制や，地震発生時の避難指示のあり方に言及するのもよい。災害を想定したシミュレーション，的確な情報収集と情報発信の重要性，自主防災組織の充実や訓練などにも触れたい。

令和2年度

▼グループワーク・I類B行政（新方式）　グループ討議時間は50分

○　東京都では，屋内での受動喫煙による健康影響を未然に防止し，誰もが快適に過ごせる街を実現するため，東京都受動喫煙防止条例が制定された。都民の理解と協力を得るための具体的方策を検討することになり，あなた達はそのプロジェクトチームの一員となった。

受動喫煙防止に対する都民の理解と協力を得るために，どのような取組を行うべきか。チーム内で議論し，職場の上司に説明するために必要なポイントをホワイトボードにまとめなさい。

《グループワークの方針・課題の分析》

受動喫煙とは，他人が吸ったタバコの煙などを吸引してしまうことである。その影響により，がん，心臓疾患，呼吸器系疾患などの様々な疾病の危険が高まると指摘され，WHOによれば，職場の受動喫煙によって毎年世界でおよそ20万人の労働者の命が奪われているとされている。予防医学の観点から受動喫煙防止の動きが世界で広がり，日本では平成15年に施行された健康増進法において，公共施設等の多数の人が利用する施設の管理者に受動喫煙防止義務が課せられた。それを受け，厚生労働省は不特定多数が利用する飲食店や遊技場を全面禁煙とするよう各都道府県に通知を出した。それを受けて各自治体で条例制定の動きが広がり，東京都でも東京都受動喫煙防止条例が制定された。グループワークにあたっては，受動喫煙が人々の生活や健康にどのような影響があるのかを整理したうえで，受動喫煙防止に対する都民の理解と協力を得るための方策について話し合う。

《グループワークのポイント》

グループワークにあたっては，まず，受動喫煙によって人々の生活や健康にどのような影響があるのか話し合う。がん，心臓疾患，呼吸器系疾患などの様々な疾病の危険が高まることを確認する。喫煙者にも煙草を吸う権利があると主張する人もいるが，世界の趨勢からも，受動喫煙の防止策

を講じることが不可欠であることを共通理解する。そのうえで，受動喫煙の具体的な防止策について話し合う。多くの人が集まる公園や公共施設，大小の飲食店，路上などに分けて論議していくとよい。ただし，一律に禁止するということではなく，条件を付けたり，環境を整えたりすることなどを考えていくことも考える必要がある。また，喫煙者を増やさないための方策についても話し合いの対象としたい。

○　東京都では，新型コロナウイルス感染防止対策として，新たな時代の働き方の一つであるテレワークを推進している。都内企業に対し，テレワークを更に推進するための方策を検討することになり，あなた達は，そのプロジェクトチームの一員となった。

　　テレワークの更なる推進を図るために，どのような取組を行うべきか。チーム内で議論し，職場の上司に説明するために必要なポイントをホワイトボードにまとめなさい。

《グループワークの方針・課題の分析》

　テレワークは，インターネットなどの情報通信手段を活用し，場所や時間にとらわれずに働く労働形態である。テレワークには『雇用型』と『非雇用型』があり，今回の新型コロナウイルス感染防止対策として東京都が推進しているのは，企業や自治体などで働く人がオフィス以外の場所で業務を行う『雇用型』を指している。テレワークには，女性や高齢者，障害者などの就業機会が拡大する，通勤混雑の緩和に役立つ，コスト削減につながるなど，メリットが多い。特に新型コロナウイルスの流行の防災策の一つとして，広く普及した。テレワークには，業績の評価や労働時間の把握・管理が難しいといった問題があることが指摘されており，今回の普及によってその克服が期待されている。

《グループワークのポイント》

　まず，「テレワーク」とはどのような働き方なのか話し合い，今回の新型コロナウイルスの流行への対策以外に，どのような特徴や利点があるのか話し合って整理する。基本的には，労働力不足を補うための女性や高齢者，障害者などの就業機会の拡大，通勤混雑の緩和，コスト削減といった考え方があることを共通理解する。その際，自分自身の経験や実際に見たり聞いたりしたことを基にすることで，説得力のある話し合いにしていきたい。続いて，「テレワーク」の導入に伴う課題を出し合い，その対策について話し合う。最大の課題は，業績の評価や労働時間の把握をどうするのかとい

うことである。そのための対策としては，仕事内容や時期によるテレワークの部分的導入，管理システムの開発といった方策などが考えられるだろう。

○　東京都では，安心して子供を産み育て，子育ての喜びを実感できる社会を目指すための取組を進めており，あなた達は，そのプロジェクトチームの一員となった。

　　出産・子育てに関わる家族の負担を社会全体で支え，子供が過ごしやすい地域のまちづくりを進めるために，どのような取組を行うべきか。チーム内で議論し，職場の上司に説明するために必要なポイントをホワイトボードにまとめなさい。

《グループワークの方針・課題の分析》

　人口が減少していくことによって，様々な課題が生じると指摘されているが，一般的に「人口が減少すると経済成長率が低下する」と言われる。一生に女性が生む子供の数を示す人口置換水準の日本の値は，1.39と大変低くなっている。その原因は様々考えられるが，若い世代などの所得の伸び悩み，依然として厳しい女性の就労環境，子育て世代の男性の長時間労働など，子育てに関わる環境が整っていないことが大きな原因であると考えられる。行政や社会で子育て環境を整えることは，東京都も含めて全国の課題となっている。グループワークでは，子育て環境を充実させ，若い世代が安心して子供を生み，育てることのできる社会にするために行政や社会がどのような取組をしていくか話し合い，グループの意見をまとめる。

《グループワークのポイント》

　グループワークにあたっては，まず，少子化が急速に進展していること，少子化の著しい進展は，社会の活性化の阻害要因になることを確認する。そのうえで，たとえば，若い世代が子供を生み，育てていくのにどのような不安，課題があるかを話し合う。若い世代などの所得の伸び悩み，依然として厳しい女性の就労環境，子育て世代の男性の長時間労働など，子育てに関わる環境が整っていないことなどが挙げられる。そうした話し合いを踏まえ，若い世代が安心して子供を生み，育てることのできる環境を整えるために行政や社会がどのような取組みをしていけばよいのかを話し合う。産休・育休制度の充実，男性の育児参加の推進，保育所の確保，地域での子育てコミュニティの確立といったことなどが考えられるだろう。こうした子育て支援のための具体的な取組みを整理し，まとめていく。

令和元年度

▼グループワーク・Ⅰ類B行政（新方式）　グループ討議時間は50分

○　東京都では，鉄道混雑対策により快適な通勤を実現するため，民間企業と連携した取組を実施している。あなた達は，その取組のさらなる推進に向けたプロジェクトチームの一員となった。

　　より快適な通勤の実現を推進する上で，どのような取組を行うべきか。チーム内で議論し，職場の上司に説明するために必要なポイントをホワイトボードにまとめなさい。

《グループワークの方針・課題の分析》

　人口が集中する大都市圏においては，通勤・通学時の混雑が大きな問題となっている。日々，ぎゅうぎゅう詰めの満員電車に揺られることで，多くの人がストレスを感じ，生産性や仕事へのモチベーション低下も懸念される。特に，日本の首都である東京都では，通勤・通学の交通手段の要となる「都市鉄道」の混雑が大きな課題である。国土交通省が2018年7月に発表した「都市鉄道の混雑率調査」によると，東京圏では「混雑率180％」を超えている路線が11路線もあるとされている。東京都では，通勤時間をずらすことによって満員電車の混雑緩和を促進する「時差Biz」を実施している。民間企業もICTを活用するなどして，その取り組みをサポートしているが解決には至っていないのが現実である。グループワークでは，そうした実態を踏まえ，快適な通勤の実現を推進するための取組について話し合う。

《グループワークのポイント》

　グループワークに当たっては，まず，東京圏における「都市鉄道」の混雑の状況について話し合い，共通理解する。その際，実際に見たり，経験したりしたことを基にして話し合うことで，現状が具体的に共通理解できる。次に，現在，鉄道混雑の解消に向けてどのような取組みが行われているのか，その成果はどうなっているかなどについて話し合う。これらの話し合いに，東京都の鉄道混雑に関する具体的なデータが提示できると話し合いの内容が現実的になる。そのうえで，交通混雑の課題を解決し，快適な通勤の実現を図るためにどのようなことに取り組んでいったらよいか話し合う。東京都の関係機関はもとより，通勤主体である都民，民間企業などの幅広い参画を想定することが重要である。

○　東京都では，身近な場所でスポーツを楽しめる都市空間を形成するため，区市町村や民間企業と連携した取組を検討することになり，あなた

達は，そのプロジェクトチームの一員となった。

　　あらゆる人が，スポーツを通じて交流し，相互に理解を深める環境の整備を図るために，どのような取組を行うべきか。チーム内で議論し，職場の上司に説明するために必要なポイントをホワイトボードにまとめなさい。

《グループワークの方針・課題の分析》

　社会環境の変化に伴い，地域における人間関係の希薄化が言われている。地域における都民の生活を充実させるために，地域活動を活性化するための方策が求められている。そのためには，そこに住む人々が互いに交流し，協力して地域のために積極的に活動することが重要である。そのための鍵は，人と人との相互理解を深めることである。スポーツ活動は，そうした人間関係をつくるための絶好の場である。また，高齢化が進む現在，健康寿命を高めるためにも生涯にわたってスポーツに親しむことのできる環境をつくることが重要となっている。グループワークにあたっては，都民の生活の充実のために，スポーツ活動がどのような役割を果たすことができるのかを整理する。そのうえで，都民がスポーツ活動に親しむための環境を整備するための取組みについて話し合う。

《グループワークのポイント》

　まず，地域における人間関係が希薄化する中で，人と人とを結び付け活力ある地域をつくっていくために，スポーツ活動は非常に大きな役割を果たすことができることを確認する。スポーツ活動を通した交流，相互理解に基づく人間関係づくりがそのポイントとなる。また，高齢化が進む現在，高齢者の健康寿命を高めるためにもスポーツ活動に親しむ環境をつくることが重要となっている。そうした話し合いを踏まえ，都民が身近な場所でスポーツを楽しめるようにするために，どのような環境を整えていったらよいか話し合う。スポーツのできる場の確保とともに，どのようなスポーツ活動を，どのように取り入れていったらよいかについても話し合う。高齢者や女性でもできる簡単なスポーツの普及，そうしたスポーツのできる場の確保，指導者の派遣・養成といったことが具体的な視点となる。東京都の関係機関はもとより，地域づくりの主体である都民，地域の関係団体や民間企業のなどの幅広い参画を想定することが重要である。

○　東京都では，障害のある人もない人も，お互いに尊重し支え合いながら，地域の中で共に生活する社会の実現を目指しており，あなた達は，障害者

への支援に関する施策を検討するプロジェクトチームの一員となった。

　どんなに障害が重くても，障害者本人が希望する地域で安心して暮らすためには，どのような取組が必要か。チーム内で議論し，職場の上司に説明するために必要なポイントをホワイトボードにまとめなさい。

《グループワークの方針・課題の分析》

　平成28年4月，障害者差別解消法が施行された。これは，障害を理由とする差別の解消を推進することを目的とする法律で，障害の有無によって分け隔てられることなく，相互に人格と個性を尊重し合いながら共生するインクルーシブ社会の実現を目指すことを目的としている。特に，障害者に対する不当な差別的取り扱いを禁止し，行政機関や企業等に対して合理的配慮の提供を義務づけていることに特徴がある。設問は，このような法律の趣旨に則って，障害のある人もない人も，お互いに尊重し支え合いながら，地域の中で共に生活していくことのできる社会にしていくためにどうしたらよいのか，障害者がくらしやすいまちをどのようにつくっていくのかについて話し合うことになる。

《グループワークのポイント》

　まず，障害のある人は，社会で生活していく上でどのような困難や大変さを抱えているのかについて話し合い，それを整理していく。障害の種類にもよるが，道路や建物などの施設の問題，社会制度といったシステムの問題，人々の心の中にある差別の問題などに分けて考えていく。その際，自分が見たり聞いたりした具体的な事例を挙げることで，説得力のある話し合いとなる。そのうえで，人々の心の中にある差別意識をなくし，障害者が主体的に社会参加できる社会，障害者が地域で安心して暮らせるようにするためにどのような取組みをしていったらよいのかを話し合う。施設や設備といったハード面を障害者でも利用しやすくすること，障害者を平等に扱うシステムを整えるソフト面が重要であることは言うまでもない。しかし，それだけにとどまらず，障害のある人もない人が互いに交流する機会の増大，学校での障害者理解教育の充実といった取組みについても話し合って整理していく。

○　東京都では，来年（2020年）の夏に開催されるオリンピック・パラリンピック競技大会の成功に向け，暑さ対策，水環境，大気環境など，快適な都市環境の創出のための様々な準備・取組を進めており，あなた達は，そのプロジェクトチームの一員となった。

　夏の大会期間中に快適な都市環境を形成するためにどのような取組を

行っていくべきか。チーム内で議論し，職場の上司に説明するために必要なポイントをホワイトボードにまとめなさい。

《グループワークの方針・課題の分析》

　設問のテーマは「快適な都市環境を形成する」という非常に抽象的な課題である。ひと口に「快適な都市環境」といってもその内容は様々であるが，「夏の大会期間中の快適な都市環境」ということに着目する必要がある。夏の快適な都市環境を阻害する要因として「暑さや湿度」「密集した集団」「飲料水」「大気汚染」などが考えられる。グループワークでは，そうしたことにどのように対応していくか話し合う。具体的には，暑さ対策，人の密集しない快適な空間の創出，排気ガスや騒音への対策などを考える必要がある。個別の課題に対応するための対策と同時に，総合的な対策も考えたい。

《グループワークのポイント》

　まず，抽象的な課題である「快適な都市環境」とはどのような空間なのか，自由に話し合う。その過程で，ひと口に「快適な環境」といってもその内容は様々であることを共通理解する。次に「夏の大会期間中」ということに着目し，夏の快適な都市環境を阻害する要因について話し合う。その話し合いで「暑さや湿度」「密集した集団」「飲料水」「大気汚染」などの課題を整理し，個々の課題に対する解決策と具体的な取組みについて話し合っていく。日よけテント，ミストといった暑さへの取組み，交通機関の整備といった人の密集への取組みなどの対策の他に，休憩所の設置などが考えられる。更に，こうした物理的な対策の他にボランティアによる誘導など，総合的な取組みについても話し合ってまとめていく。

平成30年度

▼グループワーク・Ⅰ類B行政（新方式）　グループ討議時間は50分

○　東京都では，都政に関する情報について，都民が利用しやすい環境の整備を検討しており，あなた達はそのプロジェクトチームの一員となった。
　　都民が，都政に関する情報を得やすく，活用しやすくするためにはどのような工夫が必要か。チームで議論し，職場の上司に説明するために必要なポイントをホワイトボードにまとめなさい。

《グループワークの方針・課題の分析》

　都道府県や区市町村が，地域の様々な情報を発信していくことは，住民の生活向上に欠かすことができないだけでなく，農業産品や工業製品の販売，観光客の誘致といった経済・産業の振興，発展を促すうえで重要な役

割を果たす。東京都の情報を広く発信する活動は，東京都民の生活向上と東京都の活性化を促すために極めて重要であり，そのための環境整備を進めていく必要がある。グループワークでは，東京都の行政サービスや商工業などの情報を都内外に広く発信するための具体的な手法とその効果を高めるための工夫について話し合う。具体的な手法については，これまでの掲示や紙媒体に加えて，インターネットやソーシャルネットワークの活用などが考えられる。そのうえで，何を，どのように取りあげ，どう発信すれば都民が活用しやすくなるか話し合ってまとめる。

《グループワークのポイント》

　グループワークに当たっては，まず，東京都の行政サービスや観光資源などの様々な情報を都内外に発信する方法について話し合う。インターネットやソーシャルネットワークの活用などが話題に上ると考えられるが，それは大量の情報を迅速に発信することができる反面，個人情報の流出や誤った情報の発信による混乱の増大といった心配があることを確認する。そのうえで，どのようにソーシャルメディア活用した情報発信をしていくのかについて話し合って整理する。次に，都民が受け取りやすく活用しやすい情報発信にするために，何を，どのように取りあげ，どう発信すればよいか話し合う。実際の情報発信の場面を想定して具体的な内容や方法について話し合い，まとめるようにする。

○　東京都では，未来を担う人材の育成を推進している。あなた達は，世界で活躍できる人材育成に関する施策を検討するプロジェクトチームの一員となった。

　公立学校の児童・生徒が，将来，豊かな国際感覚を身に付け世界を舞台に活躍していくためには，どのような取組を行っていくべきか。チームで議論し，職場の上司に説明するために必要なポイントをホワイトボードにまとめなさい。

《グループワークの方針・課題の分析》

　グローバル化の進展により，ヒト，モノ，カネが自由に世界を駆け巡る世の中となった。これからの日本や東京都の発展を考えるとき，世界を視野に入れていかなければならない時代となった。そのために，国際化の進展に対応して世界で活躍できる人材育成を進めることが不可欠である。政府のグローバル人材育成戦略では，そうした国際人としての資質を次の3つの要素に整理している。

　　要素Ⅰ　語学力・コミュニケーション能力
　　要素Ⅱ　主体性・積極性，チャレンジ精神，協調性・柔軟性，責任感・使
　　　　命感
　　要素Ⅲ　異文化に対する理解と日本人としてのアイデンティティー
　　集団討論では，まず，国際化の進展に対応できる人材に求められる資質
や能力を整理する。それを踏まえたうえで，そうした資質・能力を育成す
るための具体的な取組みについて話し合い，グループの意見のポイントを
まとめる。
《グループワークのポイント》
　　まず，国際化の進展に対応できる人づくりを進めることの必要性，重要性
について話し合う。特に，国際都市東京のこれからの発展を視野に入れた話
し合いにすることが重要である。次に，そうした人材を育成するためにどの
ような資質や能力を身に付けさせたらよいのかを話し合う。単なる語学力だ
けでは不十分であり，主体性・積極性やチャレンジ精神，協調性・柔軟性，
責任感・使命感といった様々な資質が必要であることを確認する。また，国
際人であるためには，日本人としてのアイデンティティーをもつことが重要
であることも確認したい。そのうえで，そうした資質を育むための方策につ
いて話し合う。幼・小・中・高と学校での継続的な取組みに加え，社会人
になってからの学びも視野に入れる必要がある。また，東京都教育委員会が
その設立に関わった「東京グローバル・ゲートウェイ」の活用を考えたい。

○　東京都では，交通事故のない安全で安心な都市東京を目指している。
　　あなた達は，交通安全対策を幅広く検討するプロジェクトチームの一員
　　となった。
　　　交通事故を減らし，都民が安心して暮らせる都市とするためにどのよ
　　うな取組を行っていくべきか。チームで議論し，職場の上司に説明する
　　ために必要なポイントをホワイトボードにまとめなさい。
《グループワークの方針・課題の分析》
　　警察庁では，安心・安全な交通環境の整備として「交通安全施設等整備
事業の推進」を掲げている。これは，交通の安全と円滑を確保するための，
信号機，道路標識等の交通安全施設等の整備である。また，都市部を中心
とした「交通管制システムの整備」，交通渋滞や交通公害を緩和するための
「交通情報を提供するシステムの構築」など，様々な視点から交通環境の整
備に取り組んでいる。更に，道路交通騒音対策及び振動対策の観点から環

境対策のための交通規制も交通環境の整備の対象となっている。特に，交通量の多い東京都では，安全で安心な都市にするための交通安全対策が求められる。グループワークでは，こうした交通環境の整備の状況について話し合ったうえで，東京都の交通安全のための環境整備にはどのような課題があるのか整理し，その解決のための取組みについてまとめていく。

《グループワークのポイント》

　グループワークにあたっては，まず，交通安全のための環境整備とはどのようなことなのか，知っていることを出し合って共通理解する。信号機，道路標識といった交通安全施設だけではなく，交通管制システム，交通情報の提供なども含まれることを確認する。次に，東京都の交通環境の状況について，身の回りの事例を例にしながら具体的に話し合う。その際，実際に見たり，聞いたりした事例，東京都のデータなどを基にすることで，説得力のある話し合いにしていく。そのうえで，東京都の交通環境の整備にはどのような課題があるのか話し合って整理する。そうした話し合いを踏まえ，東京都の交通安全のための環境整備にどのように取り組んでいったらよいのか話し合ってまとめていく。

○　東京都では，自然豊かな都市環境を次世代に継承していく取組を進めている。あなた達は，その一環として都立公園の整備を検討するプロジェクトチームの一員となった。

　　都立公園の魅力を高め，時代のニーズに合わせた公園づくりを行っていくためにどのようなことが考えられるか。チームで議論し，職場の上司に説明するために必要なポイントをホワイトボードにまとめなさい。

《グループワークの方針・課題の分析》

　公園には都市公園法に基づく「都市公園」と自然公園法に基づく「自然公園」がある。都市公園の中で，東京都の建設局で管理するものを都立公園と呼び，上野恩賜公園や井の頭恩賜公園のほか動物園，植物園など82箇所が該当する。これらの都立公園は，都民のレクリエーションの空間，良好な都市景観の形成，都市環境の改善，防災性の向上，生物多様性の確保，豊かな地域づくりに資する交流の空間の提供といった目的を有している。都立公園の魅力を高め，時代のニーズに合わせた公園づくりを行っていくことは，重要な課題となっている。東京都公園審議会では，東京都の公園行政に関わって「都民の行政参画意識の高まりへの対応」「質の高い緑の都市空間の核としての公園緑地のあり方」「劣化などへ対応した公園再生」といた課題

を指摘している。これらが，都立公園の整備を検討する際の視点となる。

《グループワークのポイント》

　　グループワークに当たっては，まず，東京にはどのような都立公園があり，都民はどのように利用しているのか，どのような魅力があり，どのような役割を果たしているのかを具体的な公園の事例に即して話し合い，共通理解する。次に，そうした公園が抱えている問題点について話し合い，課題として整理していく。そのうえで，それらの課題を解決し，都立公園としての魅力を高め，時代のニーズに合わせた公園づくりを行っていくためにどのように取り組んでいったらよいか話し合う。その際，利用主体である都民の行政参画意識の高まりにどのように対応し，都民参加を促していくのかが重要なポイントとなる。いずれにしても，都立公園の魅力をすべての都民で共有し，都民と都民のつながりを強固にしていくことが重要であることを強調したい。

平成29年度

▼グループワーク・Ⅰ類B行政（新方式）　グループ討議時間は50分

○　東京都では，誰もがスポーツに親しめる社会を目指して様々な取組を行っている。あなた達は，より多くの人々にスポーツに親しんでもらえる施策を検討するプロジェクトチームの一員となった。

　　より多くの人々にスポーツに親しんでもらうためにどのようなことを行っていくべきか。チームで議論し，職場の上司に説明するために必要なポイントをホワイトボードにまとめなさい。

《グループワークの方針・課題の分析》

　　スポーツに親しむことで心身の健康の保持・増進，豊かな生活の確保など，様々な効果が期待される。また，高齢化が進む現在，健康寿命を高めるためにもスポーツに親しむ環境をつくることが重要となっている。更に，地域社会の崩壊が言われる中で，人と人との良好な人間関係をつくり，人々が互いに協力して地域のために積極的に活動することが必要となっている。スポーツは，そうした人間関係をつくるための絶好の場である。グループワークにあたっては，都民の生活の充実のために，スポーツがどのような役割を果たすことができるのかを整理したうえで，都民がスポーツに親しむための振興策について話し合う。現実的で実現可能な方策をまとめるようにする。

《グループワークのポイント》

　　まず，活力ある東京都にするために，スポーツは非常に大きな役割を果たすことができることを確認する。健康の保持・増進はもとより，健康寿

命を高めるためにもスポーツに親しむ環境をつくることが重要となっている。また，スポーツを通した人間関係づくりが地域の活性化につながることも共通理解する。したがって，スポーツ振興策は，子供からお年寄りまですべての年齢層が対象となる。そのうえで，都民のスポーツ活動を盛んにするために，どのようなスポーツ活動を，どのように取り入れていったらよいかについて話し合う。高齢者や女性でもできる簡単なスポーツの普及，そうしたスポーツのできる場の確保，指導者の派遣・養成，都民の啓発活動といったことがその具体的な視点となる。いずれにしても，具体的で，実現性のあるスポーツ振興のための方策をまとめていく。

○　東京都では，地域コミュニティの中核となる商店街の活性化を通じて地域の活力向上を目指している。あなた達は，魅力ある商店街づくりの支援策を検討するプロジェクトチームの一員となった。

　　魅力ある商店街をつくり，地域の活力向上につなげていくためにどのような支援策が考えられるか。チームで議論し，職場の上司に説明するために必要なポイントをホワイトボードにまとめなさい。

《グループワークの方針・課題の分析》

　1980年代後半あたりから，それまで活気を呈していた地域コミュニティの中核となるべき商店街の衰退が心配されるようになった。そうなってしまった原因は様々で，一概に論じることはできないが，若者人口の減少と一部地域への集中，車社会の出現と人の流れの変化，郊外型の大型ショッピングモールの設立，企業や大学等の郊外移転などが複雑に絡み合った結果であると考えられる。また，後継者がいなくて商売が続けられない，多様化した消費者のニーズに応えられないといった個人商店特有の原因も考えられる。こうした商店街の衰退は地域コミュニティの崩壊にもつながっていく。グループワークでは，どのようにしてこうした状況を克服し，地域の活力向上につながる魅力のある商店街にしていったらよいのかを話し合う。

《グループワークのポイント》

　まず，商店街が衰退することによって，どのような問題が起きるのか話し合う。次に，市街地がそのように衰退した原因を出し合って整理する。その際，東京都の具体的な事例やデータを示すことができれば，説得力のある意見となる。そのうえで，そうした状況を克服し，賑わいのある商店街にするための方策について話し合う。車社会にあわせた駐車場の整備，歩行者に配慮した街づくり，各種イベントの開催などが考えられる。公共

施設を中心部に集中させ，市街地の活性化につなげていったという例も報告されている。地域住民や各種団体等とどのように協働の場を設け，どのような取組みをしていくのかなどについても話し合い，具体的で実現可能な支援策をまとめていく。

○　東京都では，世界に開かれた国際・観光都市東京の実現に向けた取組を進めている。あなた達は国際・観光都市としての東京の魅力をより高めるプロジェクトチームの一員となった。

　　東京が，国内外から人々をひきつける国際・観光都市となるための取組としてどのようなことが考えられるか。チームで議論し，職場の上司に説明するために必要なポイントをホワイトボードにまとめなさい。

《グループワークの方針・課題の分析》

　日本政府観光局の統計によると，2017年の訪日外国人旅行者数は2,000万人を大きく超え，消費額とともに過去最高を更新した。これを受けて政府は，従来の計画を前倒しして，2020年の訪日外国人旅行者数を4,000万人とする目標を掲げている。東京にそうした外国人観光客を呼び込み，国際・観光都市にしていくことは，東京都の社会・経済の活性化につながる。そのために，オリンピック・パラリンピックを契機に日本を訪れることが想定される多くの外国人が，再度東京を訪れる方策を考えなければならない。グループワークにあたっては，まず，国際・観光都市東京にする上での課題について話し合う。そのうえで，東京に外国人旅行者を呼び込む方策について話し合う。日本らしさを体験できる企画の実施，日本を感じることのできる観光ルートの開発といった面とともに，外国人観光客が安心して日本を楽しむことのできる方策などが，そのポイントとなる。

《グループワークのポイント》

　グループ討議に当たっては，まず，東京が国際・観光都市になっていくための課題を整理する。外国人に魅力ある観光ルートの開発，宿泊施設の拡充，外国語による案内などが課題となるだろう。次に，その課題を踏まえた方策について話し合う。既に観光地になっているところだけでなく，これまで目の向けられていなかったものにスポットを当て，具体的にどのような観光ルートや体験プランを開発していったらよいのかを話し合う。特に，外国人観光客ということで，日本の良さを体験できる場面を考えていきたい。したがって，大都市の農業や林業，伝統工業などのコラボレーションなどを考えていく。更に，そうした外国人観光客が安心して日本を

楽しめるような施設や設備，ボランティア活動などについても話し合い，国際・観光都市東京にするためのポイントを整理する。

○　東京都では，水道を利用するお客さまに節水意識を高めてもらう取組を検討している。あなた達は節水意識の向上策を検討するプロジェクトチームの一員となった。

　　お客さまが，日常の生活の中から節水を意識して水道を利用してもらえるようにするためにどのようなことが考えられるか。チームで議論し，職場の上司に説明するために必要なポイントをホワイトボードにまとめなさい。

《グループワークの方針・課題の分析》

　東京の水道の水源量を水系別にみると，多摩川水系が17％，相模川水系等が3％，利根川・荒川水系が80％となっている。このように，東京は水源の大部分を他県に依存しており，水源地域の方々の協力により水資源が確保できている状況にある。また，水道事業は地球がはぐくんだ水を資源とし，安心して飲むことができる水として届けるという，地球環境と深いかかわりを持つ事業である。持続可能な社会の実現や地球温暖化防止の観点からも，水を大切に使うことが求められる。グループワークにあたっては，日常的に節水を意識して水道を利用してもらえるように，どのような取組みをしていったらよいのか話し合うことになる。家庭，学校，職場など，節水を要請する場に分けて対策を整理していくことも考えられる。

《グループワークのポイント》

　まず，東京都の水道水はどこから，どのように都民の元に届けられるのか知っていることを出し合い，他地域に依存していること，様々な状況に備えて日常的に節水することが重要であることなどを共通理解する。次に，多くの水を使う場について話し合い，家庭，学校，職場などに整理する。そこが，節水を呼びかける対象となる。そうした話し合いを踏まえ，節水に向けてどのような取組みができるか話し合う。現在でも，水道局ホームページ及びツイッターなどによる呼びかけ，都庁舎内電光掲示板による呼びかけ，東京都提供番組による呼びかけ，節水ステッカーの貼付依頼，多量使用者等に対する節水要請などが行われていることから，その効果を高める具体的な方法を話し合いたい。いずれにしても，持続可能な社会の実現という観点に立って，具体的で実現可能な方策をまとめていく。

●書籍内容の訂正等について

　弊社では教員採用試験対策シリーズ（参考書，過去問，全国まるごと過去問題集），公務員試験対策シリーズ，公立幼稚園・保育士試験対策シリーズ，会社別就職試験対策シリーズについて，正誤表をホームページ（https://www.kyodo-s.jp）に掲載いたします。内容に訂正等，疑問点がございましたら，まずホームページをご確認ください。もし，正誤表に掲載されていない訂正等，疑問点がございましたら，下記項目をご記入の上，以下の送付先までお送りいただくようお願いいたします。

> ① 　書籍名，都道府県（学校）名，年度
> 　（例：公務員試験対策シリーズ　北海道のＡ区分　2025年度版）
> ② 　ページ数（書籍に記載されているページ数をご記入ください。）
> ③ 　訂正等，疑問点（内容は具体的にご記入ください。）
> 　（例：問題文では"ア〜オの中から選べ"とあるが，選択肢はエまでしかない）

〔ご注意〕

○ 電話での質問や相談等につきましては，受付けておりません。ご注意ください。

○ 正誤表の更新は適宜行います。

○ いただいた疑問点につきましては，当社編集制作部で検討の上，正誤表への反映を決定させていただきます（個別回答は，原則行いませんのであしからずご了承ください）。

●情報提供のお願い

　公務員試験研究会では，これから公務員試験を受験される方々に，より正確な問題を，より多くご提供できるよう情報の収集を行っております。つきましては，公務員試験に関する次の項目の情報を，以下の送付先までお送りいただけますと幸いでございます。お送りいただきました方には謝礼を差し上げます。

（情報量があまりに少ない場合は，謝礼をご用意できかねる場合があります）。

◆あなたの受験された教養試験，面接試験，論作文試験の実施方法や試験内容

◆公務員試験の受験体験記

- -

<table>
<tr><td rowspan="5">送付先</td><td>○電子メール：edit@kyodo-s.jp</td><td rowspan="5"></td></tr>
<tr><td>○FAX：03-3233-1233（協同出版株式会社　編集制作部 行）</td></tr>
<tr><td>○郵送：〒101-0054　東京都千代田区神田錦町2-5
　　　　　　協同出版株式会社　編集制作部 行</td></tr>
<tr><td>○HP：https://kyodo-s.jp/provision（右記のQRコードからもアクセスできます）</td></tr>
</table>

　※謝礼をお送りする関係から，いずれの方法でお送りいただく際にも，「お名前」「ご住所」は，必ず明記いただきますよう，よろしくお願い申し上げます。

東京都のⅠ類（過去問題集）

編　者	公務員試験研究会
発　行	令和 5 年 10 月 25 日
発行者	小貫輝雄
発行所	協同出版株式会社

〒 101 − 0054
東京都千代田区神田錦町 2 − 5
　電話　03 − 3295 − 1341
　振替　東京00190 − 4 − 94061